La soie à Lyon

Cet ouvrage a bénéficié d'une aide financière
de la Région Rhône-Alpes

Document de couverture :
Satin liseré et broché, Lyon. 1740 environ.
Musée des Tissus de Lyon.
4ᵉ de couverture :
Pékin, chiné à la branche. Soie, Lyon. Louis XVI.
Musée des Tissus de Lyon.

© *Éditions Lyonnaises d'Art et d'Histoire, 2005*
2 quai Claude-Bernard 69007 Lyon
Téléphone 04 78 72 49 00 — Fax 04 78 69 00 48
e-mail editions.lyonnaises@wanadoo.fr
ISBN 2 84147 151 9

Bernard Tassinari

La soie à Lyon

*de la Grande Fabrique
aux textiles
du XXIe siècle*

Préface de Guy Blazy
Conservateur en chef du musée des Tissus
et des Arts décoratifs de Lyon

Éditions Lyonnaises
d'Art et d'Histoire

Remerciements de l'auteur

Cet ouvrage doit beaucoup à

Jean Huchard dont les recherches rigoureuses nous ont permis de préciser ou de corriger une tradition orale parfois trop complaisante,

Annie Niveau qui nous a inspiré un certain devoir de mémoire,

Bruno Bompard, Bruno Thévenet et Claude Genin avec l'aide desquels nous avons pu relier le passé à l'avenir du textile lyonnais.

Et à divers amis ou relations de travail dont l'évocation de souvenirs ou les renseignements donnés m'ont été utiles et souvent précieux.

Parmi eux :
Guy Blazy
Charles Chassagnon
Odette Condemine
Chantal Coural
Evelyne Gaudry-Poitevin
Pascale Lecacheux
Tatiana Lekhovich
Henri Pansu
Huguette Pellet
Antoine Revel
Michel Rodarie
Françoise Ryall
Micheline Tassinari
Georges Truc
la Société Tassinari & Chatel
Odile Valansot
Gabriel Vial.

A toutes et tous ma reconnaissance.

Remerciements de l'éditeur

Rassembler une telle iconographie n'aurait pas été possible sans la collaboration des principaux centres de documentation de la Ville de Lyon et de la Chambre de Commerce et d'Industrie :
le musée des Tissus,
le musée Gadagne,
la Bibliothèque municipale,
le musée des Beaux Arts de Lyon,
la Maison des Canuts,
les musées des Pays de l'Ain,
Soierie vivante.

Nous remercions tout particulièrement :
Simone Blazy, pour avoir mis à notre disposition les inestimables fonds du musée Gadagne ;
Guy et Marjorie Borgé, pour avoir retrouvé et confié des documents précieux ;
Monique Decitre pour nous avoir transmis l'iconographie qu'elle avait rassemblée pour un ouvrage sur la soierie lyonnaise, qu'elle n'a pas eu le temps de terminer avant de nous quitter ;
Lucien Poirieux, pour nous avoir légué sa passion de la soie et de son patrimoine ;
la Société Tassinari-Chatel pour nous avoir permis de reproduire documents d'archives et métiers en activité,
Bernard Tassinari, pour son témoignage si précieux et sa patience à toute épreuve ;
Nicolas Romarie pour sa disponibilité et son professionnalisme.

Textes : Bernard Tassinari
Préface : Guy Blazy
Conception graphique et mise en page :
Nicolas Romarie, Lyon
Coordination : Corinne Poirieux

Préface

Vivre et découvrir la soierie lyonnaise à travers les souvenirs de Bernard Tassinari sont la particularité et l'intérêt de cette publication qui apporte ainsi des points de vue nouveaux sur l'activité quasi-emblématique de Lyon.

Le texte de Bernard Tassinari, prolongé pour la période actuelle par ceux de Bruno Bompard, ingénieur en textiles composites, Bruno Thévenet, directeur de Engineering Maille Technologie, et Claude Genin, ancien président de Hexcel Lyon, est celui d'un acteur majeur du secteur textile du vingtième siècle. L'auteur est issu d'une dynastie dont l'histoire, y compris dans ses liens avec l'Italie, raconte l'épopée de la soierie lyonnaise qu'ont célébrée Apollinaire, Colette et tant d'autres.

L'importance du témoignage et de la mémoire comme sources de l'histoire suscite un intérêt renforcé sur le plan de la connaissance scientifique, au moment où le Conseil international des musées (ICOM) axe sa conférence générale sur le patrimoine immatériel. En plus des études menées sur les objets qui forment le fondement même du musée, les recherches ont surtout porté jusqu'à présent sur les archives écrites des institutions et des entreprises. L'appartenance de Bernard Tassinari au monde textile, son ton personnel et sa passion qui sous-tendent le récit introduisent le facteur humain et donnent vie au récit. Avec lui la reconstitution scientifique et problématique de l'histoire de la soierie s'humanise ; l'objet, la statistique, les écrits retrouvent un contexte rythmé par l'organisation du travail mais aussi par l'évocation de la vie quotidienne. Par ses souvenirs et par sa connaissance de l'univers textile, l'auteur de cet ouvrage montre comment la ville – et plus particulièrement la Croix-Rousse – s'anime et se transforme avec les ateliers. Il évoque aussi de quelles façons les évolutions économiques vécues à l'intérieur de la Fabrique trouvent un écho personnalisé dans le choix des solutions et permettent d'esquisser des perspectives d'avenir.

En 1856, à la suite des expositions nationales des produits de l'industrie et des expositions universelles, la Chambre de Commerce de Lyon décide de créer un musée industriel sur le modèle du South Kensington Museum de Londres, l'actuel Victoria and Albert Museum. Il est destiné à recevoir des collections d'échantillons et de dessins et autres objets utiles à l'industrie lyonnaise. Conçu par conséquent comme vitrine et centre de ressources au service de l'industrie lyonnaise ce « musée d'art et d'industrie » est ouvert au public en 1864, au second étage du palais de la Bourse. Pour lutter contre la concurrence textile étrangère, la Chambre de Commerce envoie des missions à l'étranger. Elle décide, à l'initiative d'Édouard Aynard, président, de transformer cette institution en un « musée historique des Tissus » qui est inauguré en 1891.

Pour le musée, ces écrits viennent actualiser la connaissance. Ce n'est pas hasard si c'est l'ancien président de la Société des amis du musée des Tissus et des Arts décoratifs qui en est l'auteur. En lui adressant nos remerciements très amicaux, en n'oubliant pas d'y associer sa femme qui a toujours été à ses côtés, je voudrais rappeler aussi que, sous son mandat de président de la Société des amis des musées, de 1984 à 1997, le musée des Tissus a pu s'enrichir de façon significative : le dernier don fait au musée avant son départ a ainsi augmenté la section des textiles lyonnais d'une pièce exceptionnelle et unique, la tenture commandée en 1730 pour le service du Roi, réalisée à Lyon par la manufacture Barnier et utilisée en 1785 pour le meuble de la grande chambre du Roi à Versailles. C'est lui aussi qui a toujours été aux côtés du musée des Tissus, en participant largement à la création de la Banque d'Images Textiles en 1992.

Bernard Tassinari a droit à toute notre reconnaissance. Nous le remercions de s'être dévoué toute sa vie à la soierie lyonnaise avec une telle gentillesse et une si grande compétence.

Guy BLAZY

Conservateur en chef du musée des Tissus et des Arts décoratifs de Lyon

Témoignage...

Les pages qui suivent n'ont pas la prétention de constituer un travail d'historien, ni de présenter, en raccourci, un cours de tissage. Nous désirons juste apporter le témoignage de ce que nous avons entendu de la bouche de nos aînés et de ce que nous avons vu de nos propres yeux. Si nous le faisons, c'est parce que le voile de l'oubli tombe rapidement sur cette activité de la soierie qui a représenté le moteur économique de notre cité durant des siècles.

Jusqu'à la Seconde Guerre mondiale, tout Lyonnais d'origine avait des attaches proches ou lointaines avec la soierie. Depuis 1940, les grands brassages de population dus aux conséquences de la guerre, puis à l'accélération des moyens de transport et à la recherche d'emploi, font que les nombreux nouveaux venus à Lyon n'ont pas connu ce lien intime avec la Soie.

La soierie lyonnaise, elle-même, a subi de profondes mutations durant le xxe siècle, du fait de l'arrivée de nouvelles matières textiles d'une part, de l'évolution technique rapide du matériel d'autre part. Si la Fabrique avait utilisé jusque-là essentiellement la soie, accompagnée parfois de fils d'or ou d'argent et d'autres matières naturelles, la découverte d'Hilaire de Chardonnet allait offrir des perspectives nouvelles. Dès 1884, ce dernier, natif de Besançon, avait réussi, à Vernay, dans le nord du département de l'Isère, à obtenir en partant d'un *collodion* à base de cellulose qu'il faisait passer sous pression à travers une filière, « une matière textile ressemblant à la soie », la *rayonne*. Mais il fallut du temps pour la mettre au point et la faire adopter par la Fabrique. La première rayonne dite de Chardonnet ou « rayonne nitrée » était très inflammable. Puis vinrent, principalement, la rayonne au cuivre dite *cupro*, la *viscose*, enfin l'*acétate*.

La *viscose* et l'*acétate* connurent leurs heures de gloire entre les deux guerres mondiales. Ces deux rayonnes étaient dérivées de la *cellulose*, mais traitées différemment. L'appellation «*soie artificielle*» attribuée fréquemment à la rayonne fut interdite par une loi du 8 juillet 1934 sur la répression des fraudes, afin d'éviter toute équivoque. La Sté Rhodiaseta, qui filait ces nouvelles matières, changea au même moment l'orthographe de son nom qui devint Rhodiaceta, le « s » de « seta » faisant trop allusion à la soie naturelle. Vers 1930 apparut un filé, la *fibranne*, au départ viscose discontinue composée de brins coupés et retordus. Pour donner une idée plus précise de l'importance prise par la rayonne dans le tissage, indiquons seulement qu'en 1938 la Fabrique lyonnaise utilisait 17 500 tonnes de rayonne et 2 000 tonnes de soie.

Cette même année Dupont de Nemours, aux U.S.A, termina la mise au point du premier fil synthétique, le *nylon*, dont il céda les licences d'exploitation en 1939 à la Rhodiaceta. Le matériel nécessaire à la fabrication de ce fil arriva en 1940 à Lyon. Par prudence il fut rapidement déballé et dispersé pour que les Allemands ne s'en empa-

Deux fabriques utilisent encore de nos jours à Lyon des métiers à bras, indispensables à certaines réalisations, entre autres celles destinées aux palais nationaux.

rent pas. La guerre était là, et le *nylon* ne fut pas produit à Lyon avant 1945. La Haute Couture parisienne avait eu le privilège, en avant-première, de recevoir en 1939 quelques paires de bas de nylon américains. Parallèlement l'I.G. Farben venait de mettre au point le *perlon*, mais les relations franco-germaniques d'alors ne permettaient guère les échanges…

Dès la fin des hostilités, de nombreux fils synthétiques apparurent sur le marché. Les filatures choisissaient ceux qu'elles décidaient de commercialiser, car l'origine chimique de ces fils permettait d'en créer sans cesse de nouveaux. Nous distinguerons au départ les grandes familles : *polyamide, polyester, acrylique, chlorofibre*. Mais chacune de ces familles procréait et, de plus, les filatures leur donnaient des appellations commerciales. Citons un exemple, celui des acryliques baptisés *tergal* en France, *courtelle* en Grande-Bretagne et *dralon* en Allemagne…

La soie restait la matière noble par excellence, qui servait de référence pour apprécier les matières nouvelles. Mais la rayonne avait ses qualités propres et disposait d'un atout maître, son prix plus abordable, qui la fit largement adopter par la clientèle. Quant aux synthétiques, dès leur arrivée sur le marché, ils connurent un vif succès, dû aux avantages pratiques qu'ils présentaient dans la vie quotidienne. En fait, les synthétiques furent définitivement adoptés après avoir été mélangés à d'autres matières qui les rendirent plus «confortables».

Depuis quelques années nous assistons à une véritable reconversion de la soierie lyonnaise qu'il conviendrait plutôt d'appeler maintenant le textile lyonnais. Après la soie, la rayonne, les synthétiques, nous en sommes au verre[1], au Kevlar, au *carbone*, à la fibre optique, et bien d'autres matières ouvrant des perspectives sur un développement considérable des tissus techniques.

Quelques précisions sur le matériel de tissage, maintenant. En 1900, il existait très peu de métiers mécaniques à Lyon même, l'énergie électrique commençant seulement à être distribuée. Les chutes d'eau ou les machines à vapeur utilisées hors de la ville comme source d'énergie ne pouvaient exister à Lyon par suite de la dispersion des petits ateliers, sauf exception. La Croix-Rousse bruissait alors de tous ses métiers à bras. Mais le nouveau matériel ne tarda pas à arriver et à se substituer progressivement à l'ancien.

Ces premiers métiers mécaniques furent perfectionnés entre les deux guerres, équipés de changements de navettes, ou de changements de canettes automatiques qui permettaient d'augmenter la productivité et de baisser les prix de revient. Un nouveau terme apparut, celui de «*menage*» car l'ouvrière ne travaillait plus seulement sur un métier, mais pouvait en mener jusqu'à quarante lorsqu'il s'agissait d'unis de qualité courante.

Signalons qu'il reste encore à Lyon de nos jours deux fabriques qui utilisent des métiers à bras, indispensables pour permettre certaines reproductions, destinées principalement aux palais nationaux, et qui ne peuvent être obtenues avec le matériel moderne. Leurs ateliers, qui contribuent à la conservation du patrimoine, doivent assurer une production délicate et ne recherchent pas les visites, car production de qualité et démonstration ne font pas bon ménage. Elles laissent le soin de recevoir les touristes intéressés aux artisans indépendants ou à des organisations telles que la Maison des Canuts, où se trouve réuni un matériel important, et à l'Association Soierie Vivante[1] qui fait visiter les derniers ateliers survivants du XIXe siècle, maintenus en l'état.

Si ce texte est consacré à la soierie lyonnaise, nous ne sous-estimons pas, pour autant, l'importance de l'industrie textile de la Loire, à Saint-Étienne, Saint-Chamond et leurs environs, ni celle de l'Isère aux multiples usines. Aussi, sans sortir de notre sujet, nous mentionnerons la rubanerie et le tressage, spécialités de la Loire que nous ne pouvons passer sous silence. Quant à Tours, à la fois très près et loin de nous, il y aurait tant à dire que nous laissons aux Tourangeaux le soin de raconter leur aventure soyeuse.

La première partie de cet ouvrage évoque l'histoire, l'environnement et la vie quotidienne des tisseurs à bras. La seconde, s'appuyant sur les acquis du passé, est une présentation et une réflexion plus large sur les inventions successives qui, jusqu'à nos jours, ont modifié le travail et le comportement de l'homme et ont permis à la Soierie d'aborder les matières textiles nouvelles avec le savoir faire nécessaire à leurs applications.

Bernard Tassinari

Les lieux de la soierie à Lyon de la Guillotière à la Croix-Rousse, par ordre croissant d'importance.
Guillotière : XVIIIe, XIXe siècles ; Brotteaux : XIXe, XXe siècles ; Vieux-Lyon et Presqu'île : XVIe, XVIIe, XVIIIe, XIXe siècles ; Croix-Rousse : XIXe, XXe siècles.

---

1. Maison des canuts : 11 rue d'Ivry 69004 Lyon ; Soierie Vivante : 21 rue Richan 69004 Lyon.

Quelques mots d'histoire

Métier à bras, avec sa planche à espolins, au premier plan. Nombre de ces métiers cessèrent de battre lors de la crise de 1929.

De Louis XI au Concorde

Il serait vain et présomptueux de prétendre conter l'histoire de la soierie lyonnaise en quelques lignes, sachant la place très importante que celle-ci tint dans la vie sociale et économique de notre ville du XVIe au XXe siècle. Aussi préférons-nous évoquer quelques dates et événements majeurs et mentionner quelques personnages célèbres qui ont émaillé cette longue période, quitte à égratigner au passage certaines légendes qui se sont forgées au fil des ans et qui n'ont parfois pas grand chose à voir avec la réalité.

1466 est une date importante pour les Lyonnais, bien qu'elle représente un échec. C'est en effet la première fois que l'on évoque la possibilité de créer à Lyon une industrie de la soierie. Louis XI décide d'implanter une manufacture dans notre ville. Son idée était de réduire « la grande vuidange d'or et d'argent ». En d'autres termes, le roi ayant constaté que l'importation de soieries contribuait largement à vider les caisses du royaume, cherchait un moyen de réduire la sortie des devises. Pour cela il ramena d'Italie techniciens et matériel afin de fabriquer ces soieries en France, puis il taxa les Lyonnais qui devaient régler les frais de l'opération. Ceux-ci rechignèrent d'autant plus qu'ils avaient obtenu, en 1462, la tenue d'une quatrième foire annuelle de quinze jours, de même durée que les trois premières. Ces foires s'échelonnaient sur toute l'année, à raison d'une par trimestre et, durant ces périodes, les soieries italiennes ou espagnoles, tant recherchées par la noblesse, pouvaient être importées et vendues hors droits et taxes, avec profit. Pourquoi, dans ces conditions, investir pour fabriquer des produits que l'on pouvait se procurer par ailleurs, et dans de bonnes conditions ? Les Lyonnais étaient des commerçants, et préféraient le rester.

Louis XI comprit rapidement et n'insista pas. Le 12 mai 1470, il ordonna d'Amboise, aux conseillers et procureurs de la ville de Lyon, d'envoyer à Tours, à leurs frais, les dix-sept Italiens ainsi que leur matériel. Cette équipe comportait un filateur, des ouvriers tisseurs, un teinturier, des mouliniers et un monteur. Louis XI pensait sans doute pouvoir mieux surveiller de son château de Plessis le bon démarrage de cette industrie et, effectivement, le tissage de la soie se développa avec succès dans cette ville. C'était une occasion manquée pour Lyon, et les Tourangeaux se piquent d'avoir orné en 1515 le Camp du Drap d'Or. Les Lyonnais n'y étaient pas...

Thomas II de Gadagne (au centre) présentant au Consulat de Lyon Naris et Turquet (à gauche) pour un projet de développement de la soie à Lyon. 1536.

Aussi, lorsque François 1er, en septembre 1536, fit de nouvelles propositions, accordant les mêmes privilèges et exemptions qu'il consentait à deux Piémontais, Étienne Turquet, commerçant expérimenté, et Bartholomé Naris, natifs de Cheresco, qui s'installaient dans notre ville pour fabriquer des velours, les Lyonnais ne se firent pas prier, et des ateliers de tissage de soie apparurent. L'industrie de la soie à Lyon est ainsi née de la volonté successive de deux rois, Louis XI et François 1er. Quant à ce qui concerne leurs

Types d'Italiens à Lyon au début du XVIe siècle d'après la Bible historiée. L'assistance technique de nos voisins contribua au développement de la soie à Lyon.

Développement des banques.
Grâce à l'arrivée des marchands banquiers italiens, l'argent circula plus aisément dans ce carrefour européen qu'était devenue Lyon, la ville aux quatre foires annuelles.

par nos proches voisins d'Italie (ils avaient une bonne longueur d'avance sur nous à cette époque dans ces deux domaines), contribuèrent grandement au développement de cette nouvelle activité. Pendant plus d'un siècle, les Lyonnais seront à bonne école, avant d'acquérir leur propre personnalité. En 1553 douze mille personnes vivent, à Lyon, du tissage.

Dès le début, la fabrique lyonnaise est composée de petits ateliers indépendants que l'on trouve dans plusieurs quartiers de la ville : à la Lanterne, aux Terreaux, près du grand Hôpital, rue de Grolée, du Griffon, de l'Arbre-Sec, de Saint-Nizier, de Saint-Georges, de Saint-Paul, au Gourguillon, à Pierre-Scize, puis rue Bellecordière et dans le quartier neuf de la Grande Côte et des Chartreux. Si nous indiquons tous ces noms, consignés dans les archives de

motivations, nous sommes libres de penser que Louis XI obéissait plutôt à des considérations d'ordre économique, alors que François 1er avait peut-être été plus sensible à la beauté des soieries italiennes qu'il avait admirées lors des guerres d'Italie.

En 1540, Lyon obtient le monopole de l'importation en France des soies *grèges* (brutes) de toutes provenances, devenant ainsi un entrepôt des soies et un observatoire incontournable permettant de savoir exactement où allait ensuite la matière première. Dès 1554, apparaît une première réglementation concernant la manufacture lyonnaise. La position géographique de Lyon, carrefour européen, et l'assistance tant technique que bancaire apportée

Versailles et sa cour étaient la plus belle des vitrines de la soierie. Jusqu'au XVIIIe siècle, les tissus d'ameublement et de robe étaient identiques. Très lourds, ils vont s'alléger peu à peu avec l'amélioration des techniques de tissage.

Arrêt du Conseil d'État du Roy établissant un droit de seigneuriage sur tous les ouvrages d'or et d'argent à raison de 20 sols par marc d'argent et de trente sols par once d'or, le 22 janvier 1678. Imprimé, Paris, 1738.

La Charité, c'est parce que les métiers n'étaient pas cantonnés sur la rive droite de la Saône. Quant à la Croix-Rousse, elle se trouvait encore, pour deux cents ans, hors de la ville, en pleine campagne.

Cependant il fallait protéger cette activité naissante et, en 1596, il n'est déjà plus possible de rentrer librement dans la profession. Quelques années après, il deviendra difficile d'en sortir, pour éviter la fuite des secrets de fabrication. Une ordonnance consulaire réserva le droit de commercialisation des soieries aux seuls maîtres. La corporation s'organisait, avec l'institution de l'apprentissage et du compagnonnage.

En 1599, un an après l'Edit de Nantes qui permettait aux protestants de travailler dans des conditions accepta-

Satin liseré et broché. Lyon, 1740 environ. La qualité de la production lyonnaise favorisa l'exportation des soieries vers l'Europe entière.

*Lampas. Décor à dentelle.
Soie, vers 1720.*
En 1605 Dangon avait monté à Lyon les premiers métiers « à la grande tire ». Sur ce type de métier seront tissées les plus belles soieries façonnées lyonnaises.

bles, Olivier de Serres, ami du ministre Sully, planta, avec l'assentiment d'Henri IV, plusieurs milliers de mûriers dans les jardins des Tuileries, s'employant à développer la sériciculture en France, qui existait déjà dans le midi.

A cette époque, Lyon fabriquait essentiellement des soieries *d'unis* : satin, taffetas, velours, draps d'or ou d'argent, et quelques petits *façonnés* réalisés à l'aide de ligatures ou aux baguettes. En 1605 Claude Dangon monte les premiers métiers « à la grande tire » implantés à Lyon et sans doute importés d'Italie. On a souvent dit que Dangon avait apporté des modifications à cette *tire*, permettant de tisser des dessins plus larges mais nous n'avons pas trouvé de preuves justificatives permettant de l'assurer. D'un autre côté en voyant la qualité des étoffes italiennes de cette époque, on peut supposer que le matériel italien était déjà performant et ne nécessitait pas de grandes améliorations[1]. Sur ce type de métier seront tissées les plus belles soieries façonnées lyonnaises, jusqu'à la fin du Premier Empire, donc pendant plus de deux cents ans[2].

En 1655, Octavio Mey, négociant lyonnais, mit au point le lustrage des soies qui augmentait le brillant du fil. Dans la seconde moitié du règne de Louis XIV, les soieries françaises acquirent leurs lettres de noblesse. La profession avait été bien structurée, dès 1667, par les règlements très contraignants de la Grande Fabrique établis sous la direction de Colbert. Le terme « Grande Fabrique » ne désignait pas seulement les fabricants mais l'ensemble des corporations qui contribuaient à l'élaboration d'un tissu.

L'émancipation, au point de vue stylistique, se fit progressivement pour donner naissance au XVIIIe à un style purement français. Est-ce à dire pour autant qu'il n'y avait pas de difficultés ? Bien au contraire. Tout semblait aller pour le mieux lorsque survint en 1685 la révocation de l'Édit de Nantes qui provoqua l'émigration d'un bon nombre de tisseurs protestants, de qualité, à qui on avait rendu l'exercice de leur profession impossible en France. Sur les 300 000 protestants qui décidèrent de s'expatrier, combien y avait-il de tisseurs ? Probablement plusieurs dizaines de milliers. Ce sont eux qui contribueront dans les années suivantes au développement de nos principaux concurrents, à Spitalfield en Angleterre, à Krefeld en Allemagne, ou encore à Zurich en Suisse.

La situation économique de Lyon au début du XVIIIe siècle n'est guère brillante. La soierie lyonnaise souffrait des deuils multiples survenus à la cour de Louis XIV. Ces deuils officiels duraient parfois plusieurs mois, au cours desquels était interdite la fabrication d'étoffes trop riches, comportant de l'or, de l'argent ou des couleurs vives. C'était d'autant plus grave que la clientèle française était alors composée de la cour, de l'aristocratie et du haut clergé, obligés de respecter ces règles officielles. La seule façon de continuer à tisser était alors de travailler pour l'exportation. Au fond, le problème n'a pas changé. Toute industrie de luxe dépend d'une obligation vitale : exporter, la clientèle française n'étant pas suffisante pour lui permettre de vivre. En outre les importations de cotonnades imprimées appelées « indien-

*Satin broché. Soie et or.
Milieu du XVIIIᵉ siècle.
Durant les deuils survenus
à la cour la fabrication d'étoffes
trop riches, avec or argent
et couleurs vives, était interdite.
La Fabrique lyonnaise en souffrit
à la fin du règne de Louis XIV.*

1. Une légende tenace tiendrait à faire croire qu'un certain Jean le Calabrais aurait introduit au XVᵉ siècle un métier destiné à fabriquer des étoffes façonnées. Aucun acte, ni à Tours ni à Lyon, n'a été trouvé à ce jour pour confirmer l'existence de cet être mythique.
2. On a gardé l'habitude de désigner ce métier sous l'appellation de métier de Dangon.
3. Ce métier se trouve au Conservatoire des Arts et Métiers à Paris et un modèle réduit est exposé au musée des Tissus, à Lyon.

nes » concurrençaient fortement les soieries. Si, à partir de 1666, des commandes royales avaient été passées à Lyon régulièrement, principalement destinées à Versailles, le Garde Meuble cessa toutes les commandes, de 1699 à 1730, engendrant un chômage grandissant.

Nous avons évoqué une première occasion manquée en 1466. Il y en eut une autre, au milieu du XVIIIᵉ siècle avec le rejet de Jacques de Vaucanson en 1744, par les tisseurs lyonnais. Vaucanson, provocateur, s'était vanté de pouvoir tisser un *façonné* avec la seule aide d'un bourricot. Il y parvint en effet dans une baraque installée à l'emplacement de l'actuelle place Maréchal-Lyautey. L'animal entraînait un tourniquet qui actionnait le métier. Les tisseurs lyonnais pris pour des ânes ne lui pardonnèrent pas. D'autant plus qu'au même moment Vaucanson participait à l'élaboration d'un règlement, celui de 1747, qui favorisait les négociants au détriment des maîtres tisseurs. L'émeute éclata, il dut s'enfuir, et on ne le revit plus à Lyon. Ce fut certainement une occasion manquée de s'assurer le concours de ce génie de la mécanique. Certaines de ses idées seront reprises soixante ans plus tard par Jacquard. Mais Jacques de Vaucanson ulcéré, sans être à court d'idées, ne s'occupa plus de son métier³ et s'intéressa à d'autres machines.

Farandole contre Jacques de Vaucansson

*Un certain Vocanson
Grand garçon
Un certain Vocanson
A reçu une patta
De los maîtres marchands
Gara, gara, la gratta,
S'y tombe entre nos mans.*

*Il a ficha lo camp
Rataplan
Il a ficha lo camp
Prions Dieu par fortuna,
Que quoque bon gaillard
Vienne trova sa fena
Perl o faie cornard.*

Atelier de tisseur à Saint-Georges.
Les plus belles pièces façonnées, celles qui bâtirent la légende, ont été tissées dans le quartier Saint-Georges, à Lyon, avant l'invention de Jacquard.

Le prestige de notre pays, joint à la qualité de la production lyonnaise, favorisa l'exportation des soieries dans l'Europe entière. Versailles était la plus belle des vitrines de la soierie et les demandes affluaient de toutes les cours d'Europe, celles de Catherine II de Russie, de Frédéric II de Prusse, de Pologne, des Pays-bas, d'Angleterre, de Hongrie et même des États-Unis naissants. Mais, à partir de 1780, malgré les splendides créations de Philippe de Lasalle, et les réalisations de Camille Pernon, pour ne citer que ces deux noms, la fabrique lyonnaise souffrait. Le retour à la nature prôné par J.-J. Rousseau, adopté, à sa façon, par la reine Marie-Antoinette, suivie par la cour, entraîna une mévente des étoffes de soie façonnées et unies en France, au profit des étoffes brodées, des linons, des mousselines anglaises et des indiennes qui faisaient fureur. Ce changement de mode joint aux très mauvaises conditions climatiques du moment, qui surenchérirent les prix des denrées alimentaires, provoquèrent une longue crise qui amena la famine à Lyon et provoqua une émeute en 1786. Ce fut, en fait, la première révolte des canuts, mais le terme était alors inconnu. On l'appela « la révolte des deux sous ». Les ouvriers en soie mouraient de faim et une souscription publique permit de distribuer du pain aux nombreux nécessiteux.

En 1787 paraît un arrêt relatif à la propriété des dessins dont s'occupera, quelques années plus tard, le Conseil des Prud'hommes créé en 1806. C'est le point de départ de la défense de la propriété artistique[4]. Les soieries façonnées, celles dont le décor est réalisé au cours du tissage et qui nécessitaient l'utilisation de la tire, ne représentent alors qu'une faible partie de la production, et pourtant c'est sur celle-ci que s'est bâtie la réputation des tisseurs lyonnais, car les façonnés lyonnais du XVIIIe sont sans doute les plus belles étoffes qu'ils aient fabriquées. Ces pièces furent tissées dans le quartier de Saint-Georges ou dans la presqu'île, avant la période croix-roussienne et avant Jacquard.

Survint la Révolution qui provoqua la fermeture d'un grand nombre d'ateliers. Louis-Gabriel Suchet, jeune fabricant de soieries, qui venait de succéder à son père[5], ne recevant plus de commandes, s'engagea en 1792 dans les armées, prit goût à la vie militaire et devint quelques années plus tard, maréchal de France et duc d'Albufera.

Tarif des prix de la façon des étoffes de soie. 1831. L'ouvrier en soie travaille selon un tarif souvent discuté, parfois discutable…

4. Entre temps, la Constituante avait élaboré deux lois, les 7 janvier et 25 mai 1791, établissant les brevets qui assuraient aux inventeurs les détenant la jouissance de leurs découvertes et garantissaient la conservation des textes de ces brevets pris au maximum pour 15 ans.

5. On sait qu'en novembre 1784 Laval demandait à Thierry de Ville d'Avray, administrateur du Garde Meuble royal que les meubles destinés à la Chambre du roi et de la reine à Compiègne « soient exécutés à Lyon sous ses yeux par les Sieurs Suchet, oncle et neveu » (Arch. Nat. 01 3575).

6. Le général Bonaparte descendait à Lyon à l'auberge du Griffon, rue du Griffon, dont l'enseigne a été dérobée dans les années 1970 en pleine journée, au nez et à la barbe des Lyonnais du quartier, qui croyaient qu'on l'enlevait pour la remettre en état. Depuis, l'immeuble a été démoli.

Bonaparte fit étape plusieurs fois à Lyon[6], entre Paris et l'armée d'Italie, et eut l'occasion de se rendre compte de l'état de délabrement dans lequel se trouvait la soierie. De 1802 jusqu'en 1813, il alimenta régulièrement les ateliers lyonnais, et encouragea tout au long de son règne les inventeurs, organisant des concours dotés de prix, dont Jacquard fut un des lauréats et bénéficiaires. Client exigeant, n'admettant pas l'erreur, il laissa dans les réserves du Mobilier impérial plus de 60 000 mètres de soieries qui n'avaient pas eu le temps d'être posés, au moment de son départ pour Sainte-Hélène.

Le XIXe siècle marque l'apogée du développement de la soierie lyonnaise. Si, au cours des siècles précédents, la soie était tissée dans toute la ville, il était devenu indispensable de créer de nouveaux ateliers, pour accroître la production en général, et pas spécialement pour accueillir les mécaniques Jacquard comme on a coutume de le dire, la majorité des métiers étant composée de métiers d'unis qui n'avaient pas besoin d'être équipés de cette mécanique. Signalons d'autre part que, contrairement à l'idée répandue, les métiers « à la grande tire » surmontés de leur *cassin*, nécessitaient sensiblement la même hauteur sous plafond que les métiers dotés de la mécanique Jacquard.

Un terme nouveau apparaît, celui de « canut », pratiquement inconnu au XVIIIe, dont l'origine est encore incertaine. Ce terme concerne uniquement la Croix-Rousse et désigne une catégorie de travailleurs : l'ouvrier en soie, c'est-à-dire le tisseur. Le canut travaille pour le fabricant-négociant qui lui fournit la chaîne, les trames et les cartons. Son ouvrage

Durant la révolte des canuts de 1848, les Voraces tinrent un rôle politique majeur.

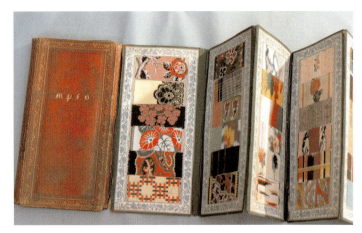

**Carnet d'échantillons
d'un commissionnaire.**
On comptait 223 commissionnaires
chargés de sillonner la planète
à la recherche de clients
au milieu du XIXe siècle.

est sanctionné par un prix de façon, souvent discuté et parfois discutable. Ceci devait engendrer quelques révoltes célèbres, celle de 1831 pour une question de *tarif* non respecté, celles de 1834 et 1848, plus politiques, les trois dites « révoltes des canuts ». Nous ne nous y attarderons pas, bien qu'elles tiennent une place importante dans l'histoire de la soierie lyonnaise ; elles ont en effet été déjà largement étudiées par les historiens.

Ces révoltes ont conduit parfois les fabricants-négociants qui en avaient les moyens à édifier des ateliers à l'extérieur de Lyon, de manière à répartir les risques. Mais en général, les canuts croix-roussiens, plus expérimentés, assuraient les fabrications les plus raffinées, dont les *rondiers* pouvaient plus facilement vérifier la bonne exécution. Les usines à l'extérieur de Lyon tissaient les unis et les articles plus courants, tout au moins au début.

D'autres raisons justifient cette délocalisation. La première fut, au moment de la Révolution, la suppression des corporations, qui allait permettre le libre exercice du métier de tisseur. La seconde fut la recherche de « prix façon » moins élevés à la campagne, avec pour corollaire une moins grande technicité. La troisième était la nécessité de créer de nouveaux ateliers, par suite du manque de place en ville.

Au milieu du XIXe siècle, la Fabrique lyonnaise utilisait largement la soie, provenant des magnaneries des Cévennes qui subvenaient à la moitié de ses besoins, l'autre étant fournie en grande partie par le Piémont et le Levant. Les élevages cévenoles furent décimés par une maladie épidémique appelée pébrine. « Tous ne moururent pas, mais tous furent atteints ». La production de *grège* (plus de 2 200 tonnes en 1853) chuta des 4/5e dans les dix années qui suivirent. Cette épidémie toucha également nos voisins italiens. C'est alors que les Anglais, maîtres des mers, assurèrent une bonne partie de notre approvisionnement en nous fournissant des soies en provenance de Chine. Nous en avions besoin car la demande d'étoffes de soie était en constante augmentation. Pasteur, appelé à l'aide, vint à Alès, indiqua le remède (plus de propreté dans les magnaneries qui manquent d'asepsie), mais le temps perdu ne fut jamais rattrapé.

A cette époque des établissements se développèrent en Extrême-Orient, créés par des marchands de soie lyonnais. En 1869 était inauguré le canal de Suez qui évitait aux navires reliant l'Orient à l'Occident d'avoir à contourner l'Afrique par le cap de Bonne Espérance, réduisant considérablement le trajet.

Voici quelques chiffres pris dans « l'Indicateur de la fabrique lyonnaise en 1866 » qui permettent de se faire une idée plus précise de l'activité de la soierie au milieu du XIXe siècle. Outre les 95 000 métiers campagnards et les 30 000 lyonnais [7], on décompte à Lyon à ce moment-là :
- 122 marchands de soie,
- 354 négociants-fabricants,
- 84 teinturiers,
- 51 liseurs,
- 25 peigniers,
- 112 marchands,
- 28 fabricants de navettes,
- 20 dégraisseurs,
- 69 apprêteurs.

Bien entendu, il s'agit d'entreprises et non d'individus. Terminons cette énumération non exhaustive en signalant l'existence de 223 commissionnaires en soieries qui sillonnent la planète à la recherche des clients [8].

Après 1870 apparurent les premiers métiers mécaniques qui allaient progressivement se substituer aux métiers à bras, mais ils ne pouvaient être installés dans la ville. Il fallait une source d'énergie fournie par l'eau ou la vapeur, dif-

---

7. Les statistiques données concernant le nombre de métiers manquent de précisions. On n'est jamais certain qu'il s'agisse de métiers d'unis, de façonnés, de métiers en marche ou de métiers à l'arrêt.

8. Les comptes rendus de voyage de l'un d'entre eux, Adolphe Delphin, neveu de Juliette Récamier, prouvent qu'il fit seize traversées de l'Atlantique nord pour se rendre aux USA de 1841 à 1857, dont quatre en trois mâts à bord du « Louis Philippe » et du « Duchesse d'Orléans » qui mettaient 23 à 35 jours suivant l'humeur des vents pour arriver à destination. Ensuite les steamers réduisirent la traversée à douze jours. Chaque voyage était une véritable aventure et l'équipée pouvait durer plusieurs mois.

ficile sinon impossible à obtenir *intra muros*. Le gaz déjà distribué restait inquiétant. C'est donc seulement à partir de 1898, date du début de la distribution de l'électricité, que ces premiers métiers mécaniques à moteur électrique purent être implantés à la Croix-Rousse, progressivement, et souvent au rez-de-chaussée des immeubles en raison de leur poids. Il y eut alors dissociation entre la vie familiale et la vie professionnelle.

Hors de Lyon, à quelques rares exceptions près, au cours de la seconde moitié du XIXe naquit une formule originale, « les usines pensionnats ». Un groupe de religieuses vivant dans l'enceinte de l'usine, assurait hors du travail quotidien effectué en atelier, le logement, la nourriture, la formation religieuse, l'éducation ménagère, et d'une manière générale, la bonne tenue d'une communauté de jeunes filles. Celles-ci, issues de la campagne environnante, devaient être célibataires. Il arrivait qu'elles soient admises dès l'âge de 13 ans à condition qu'elles aient réussi leur certificat d'études. Une partie des salaires servait à régler la pension, l'autre était mise de côté pour l'intéressée jusqu'à son départ définitif de l'établissement. Lorsqu'elles étaient atteintes par la limite d'âge, en général 25 ou 26 ans, et si elles n'avaient pas encore trouvé l'élu de leur cœur, ces jeunes filles repartaient avec un petit pécule en poche, la connaissance d'un métier, quelques bons principes, et mieux équipées pour se débrouiller dans la vie que si elles étaient restées à la ferme. Cette forme d'organisation, moins courante depuis le début du XXe siècle, disparut définitivement en 1942. Elle a été critiquée par certains mais, dans la mesure où les employeurs étaient corrects, et dans le contexte de l'époque, elle a rendu service à bon nombre de jeunes femmes[9].

Au XXe siècle le nombre d'ateliers à bras déclina rapidement au profit des usines mécaniques. On peut dire, suivant la formule de Jean Vaschalde, que Lyon ne tissait plus guère mais fabriquait. En effet la plupart des sièges sociaux des sociétés se trouvait dans la ville, supervisant des moyens de production très dispersés dans la région. Jusqu'en 1930, la soierie lyonnaise fut, en valeur absolue, la première industrie française exportatrice, elle exportait alors les deux-tiers de sa production.

Bon nombre des vieux métiers cessèrent de battre lors de la crise de 1929, à laquelle succéda la Seconde Guerre mondiale. Les quelques usines existant à Lyon eurent ensuite tendance à quitter Lyon, après la disparition d'Édouard Herriot, grand défenseur de la soierie ; la municipalité décourageant alors le maintien des fabrications textiles à l'intérieur de la ville. Il fallait transformer la Croix-Rousse en quartier résidentiel, au risque d'en faire une cité dortoir. Et pourtant, si quelques ateliers mécaniques de tissage pouvaient être bruyants, ils ne furent jamais polluants…

Cinquante ans après la Seconde Guerre mondiale, où en est la soie à Lyon ? Son utilisation est devenue bien marginale. La Fabrique en tisse de moins en moins chaque année. Il semble que la consommation soit tombée en dessous de 200 tonnes de soie en 2003. C'est un grave problème qui concerne également l'Italie. En revanche il convient de mettre en parallèle les 16 500 tonnes de rayonne, les 21 000 tonnes de synthétiques utilisées annuellement, et les 37 000 tonnes de fibre de verre.[10] Mais sans oublier que les plus beaux tissages sont toujours à base de soie car il doit y avoir un rapport entre la beauté de la matière première et la qualité du travail de l'homme. D'un autre côté, de nombreuses étoffes sont imprimées en Europe sur des supports en soie importés d'Extrême-Orient à des prix défiant toute concurrence. Si nous voulons sauver cette industrie de la soie dans notre région, il faudra un regain de créativité, faute de quoi cette filière deviendra purement artisanale.

Le savoir-faire développé autour de la soie apporte sa contribution à l'élaboration de produits textiles nouveaux qui offrent des perspectives prometteuses. Le nez du Concorde est assez emblématique du début d'une ère nouvelle, celle des tissus techniques.

---

9. Seule à notre connaissance les Maisons Gindre et Bonnet avaient un pensionnat à Lyon. Les jeunes filles passaient en moyenne cinq à six ans dans ces établissements. Les Petits-fils de Claude-Joseph Bonnet eurent jusqu'à 700 pensionnaires mais à Jujurieux où se trouvait sans doute la plus importante « usine pensionnat » de notre région qui perdura pendant un siècle.

10. Nous n'avons pu obtenir de statistiques postérieures à l'année 2000.

Une fausse histoire de la soie

Je voudrai écrire du ver à soie une histoire apocryphe où, par exemple, nos croisés le rapporteraient de l'Orient. Une vague de mollesse nous arriverait de la sorte, une maladie d'amour, une épidémie de luxe à cause d'un microbe rapporté d'Antioche ou de Jérusalem par nos jeunes seigneurs.

L'amour étant d'abord l'amour de Dieu, l'étoffe somptueuse habille nos prêtres et nos églises. Elle se combine avec le vitrail et l'encens. Elle est lourde, solide, riche, puissante, royale. Royale ! Pompe de l'église et pompe des rois dont la France aimait croire qu'ils étaient fils du soleil…

De Dieu au diable, des rois à la femme, la pente est vite. Peu à peu (dans ma fausse histoire) on verrait l'amour sous l'apparence de cette fille garçon ou de ce garçon fille ingénieusement couché au musée de Naples, se mettre debout, cruel ou cruelle, guerrier ou guerrière, avec une armure de soie plus scintillante que l'or et plus invincible que toutes les cotes de mailles.

Voici décidée l'étoffe réglementaire de l'uniforme des troupes d'amour.

Certes, la soie restera divine et royale et forte… mais désormais la femme s'en empare. Pour lui plaire la soie va traduire en langue orientale des couleurs de nos peintres, revêtir nos meubles, ondoyer, pétiller, déferler, chatoyer, prendre une place mystérieuse entre le visible et l'invisible, jouer un rôle comparable à celui que Michelet accorde au café sous la Régence, devenir une chose caressante et vivante, la chevelure de l'Industrie (j'allais écrire en employant les calembours du lyrisme grec : la blonde crinière de Lyon) où la figure des hommes se plonge et qui chauffe les sens…

La soie est devenue un épiderme plus fin que l'épiderme véritable. Le jour approche où elle attirera nos baisers comme une peau vraiment parfaite, où, sans elle, une jambe aura l'air d'un membre écorché vif.

Or, tandis que je chante ces louanges, une rumeur approche et des orgues profondes. Quel est ce cortège, cette cérémonie magnifique ? Rien d'autre que les noces de la soie et de l'or, couple royal de France.

Jean Cocteau, 1926
Extrait de la plaquette du trentenaire de la maison Coudurier Fructus Descher.

L'origine de la soie remonte à plus de vingt siècles avant J.-C. et se localise en Chine.
La cueillette des cocons d'après une estampe chinoise.

La soie, matière première

Il faut bien l'avouer, dans notre métier, tout commence par un meurtre. Pour pouvoir filer la soie, il est indispensable d'asphyxier la chrysalide qui a succédé au ver à l'intérieur du cocon. Et ceci avant que cette même chrysalide ne donne naissance à un papillon qui s'efforcera de s'évader de sa prison en sectionnant les fils composant le cocon. Mais il n'y pas d'autre alternative pour filer la soie en continu, ou alors il faudrait carder les cocons et se contenter d'obtenir un fil de soie discontinu, la *schappe*. Pour nous donner bonne conscience, ajoutons que le papillon du ver à soie, si on lui laisse la vie sauve, est fort laid et mal pourvu, juste capable à la sortie du cocon de pondre des œufs pour perpétuer l'espèce, avant de mourir dans les heures qui suivent. Mais n'allons pas plus loin, car il n'y a jamais eu de filatures de soie à Lyon, seulement des marchands de soie qui établissent le lien indispensable entre les filatures et la Fabrique lyonnaise.

Cette soie provenait et provient, suivant les périodes, du Levant, du Piémont, des Cévennes, de la Chine, du Japon, et plus récemment du Brésil. L'Inde est un gros producteur mais tient à utiliser sur place la production de ses filatures pour donner du travail à ses ressortissants.

Avant de voir comment nous utilisons cette matière, il convient de répondre à trois questions. Qu'est-ce que la soie ? D'où vient-elle ? Et par quel cheminement ?

La soie est une matière animale produite, entre autres, par certains lépidoptères dont la famille des *Bombyx* fait

Pour filer la soie, il est indispensable d'asphyxier la chrysalide qui a succédé au ver à l'intérieur du cocon.

La soie est une matière animale. La chenille Bombyx se transforme en chrysalide après avoir filé son cocon.

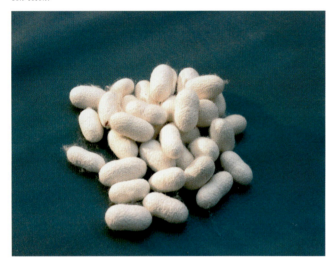

partie. Ces insectes sont à métamorphoses, c'est-à-dire qu'ils passent de l'état de larve à celui de chenille pour ensuite se transformer en chrysalide après avoir filé leur cocon, avant de finir papillon. Il existe une grande variété de vers à soie mais l'espèce que nous préférons est celle du *Bombyx mori*, un des membres de la famille Bombyx, qui se nourrit de feuilles de mûriers. Il peut être élevé dans toutes

« Que de richesses dues à un simple petit insecte! Le ver à soie occupe et fait vivre des provinces entières de la France. » Ainsi était présentée la culture du ver à soie dans le plus célèbre des manuels scolaires du XIXe siècle.

les régions tempérées ou tropicales et, suivant les conditions climatiques, l'éleveur peut obtenir deux récoltes annuelles, et la soie est dite bivoltine, ou plus, et la soie est alors dite polyvoltine.

Dans les dernières années du XVIe siècle, Olivier de Serres, né à Villeneuve-de-Berg en Ardèche, avait bien obtenu d'Henri IV l'autorisation de planter des mûriers dans le jardin des Tuileries en vue d'élever des vers à soie, mais cette tentative spectaculaire ne survécut pas au geste fatal de Ravaillac. Le *Bombyx mori* s'élève donc facilement dans nos régions. Mieux encore, dans le sud de la France où la sériciculture se développa principalement en Provence, dans le Languedoc puis dans les Cévennes [1]. Au début du XIXe, la soie du Piémont jouissait d'une solide réputation et dans les archives, nous constatons qu'il était souvent précisé sur les commandes du Mobilier impérial, que seul l'*organsin* du Piémont devait être utilisé.

Outre cette soie du Bombyx, nous employons à Lyon, en quantité moindre, celle des *Anthéraea* qui se nourrissent de diverses feuilles d'arbres et nous donnent le *tussah*, appelé soie sauvage. A la mode ces dernières années, ce fil est moins régulier, mais ses irrégularités accrochent la lumière et le rendent scintillant. D'autres espèces animales produisent également de la soie ; dans l'Antiquité, le *Byssus* était utilisé, provenant du filage des filaments de certains mollusques. Plus près de nous, l'araignée de Madagascar secrète une soie qui possède des qualités exceptionnelles sur lesquelles se penchent nos chercheurs qui aimeraient les ajouter par mutations génétiques à celles du Bombyx [2].

Le ver à soie est exigeant, il faut s'occuper de lui constamment durant les six semaines de son élevage. Au XIXe siècle, les jeunes Cévenoles abandonnaient l'école durant cette période. Dès la scolarité obligatoire voulue par Jules Ferry en 1881, cette absence devint impossible. Des saisonniers agricoles se déplaçaient en France en fonction des besoins de l'agriculture ; ces emplois précaires ont aujourd'hui disparu. Tant qu'il y eut suffisamment de magnaneries (lieux d'élevage du ver à soie) en activité, il fut possible de faire fonctionner les filatures des Cévennes. La dernière filature était celle de Maison Rouge à Saint-Jean-du-Gard qui ferma ses portes en janvier 1965. Elle termina son existence en filant des cocons importés. Depuis, diverses tentatives ont été faites pour relancer la sériciculture, mais ces opérations restent très artisanales et ne peuvent répondre aux besoins d'une industrie. Une seule tentative importante, pilotée par des spécialistes, dénommée «Eurochrysalide» et qui avait bien démarré, avorta récemment pour des raisons inexplicables. A titre indicatif, en 2002 la Chine produisait environ 60 000 tonnes de soie, l'Inde 15 000 et la Thaïlande 1 000. Lyon en consomme à peine 200 [3].

L'origine de la soie remonte à plus de vingt-six siècles avant J.-C. et se localise en Chine, où la légende rapportée par Confucius veut qu'une jolie princesse chinoise reçut, en don du ciel, un cocon tombé mystérieusement dans sa tasse de thé, cocon qu'elle eut la curiosité de dévider... La Chine, qui développa pendant des siècles le tissage de cette précieuse matière, défendit jalousement ses secrets afin de pouvoir conserver un marché de luxe fort lucratif, car déjà les étoffes de soie s'exportaient. C'est ainsi qu'elles parvenaient jusqu'à Rome aux premiers siècles de notre ère où

---

1. En 1709, dans les Cévennes, à la suite d'un hiver très rigoureux, la plupart des châtaigniers périrent et furent remplacés par des mûriers. A partir de ce moment, la sériciculture se développa et devint rapidement la principale ressource de cette région jusqu'à l'épidémie de pébrine au milieu du XIXe siècle.

2. Cette étude fait partie des travaux que mène l'Unité nationale séricicole située quai Jean-Jacques-Rousseau à La Mulatière (69). D'audience internationale, celle-ci travaille depuis des années en collaboration avec le CNRS et des chercheurs américains et japonais à l'amélioration des performances du Bombyx. Certes on savait déjà tirer la soie, directement à la sortie de la glande séricigène du Bombyx pour obtenir un gros fil monobrin qui sert aux sutures chirurgicales, ou encore l'utiliser pulvérisée dans l'industrie cosmétique. Mais des perspectives nouvelles apparaissent dans le domaine biomédical concernant les soins aux grands brûlés, les vaccins, et permettant peut-être un jour de se substituer aux antibiotiques. Le Centre séricicole s'intéresse également aux nouvelles espèces de mûriers bas sur pied et à croissance rapide, dont la cueillette est plus facile.

3. En 2004, la Chine assurait plus de 70 % de la production mondiale de soie grège, qui elle-même ne représentait que 0,18 % de l'ensemble des fibres textiles mondialement produites.

chaque kilo était échangé contre un kilo d'or. En revanche, tout individu surpris en train de sortir du fil de soie de Chine était immédiatement décapité. Mais, comme toujours, les secrets ne peuvent être indéfiniment gardés. Au

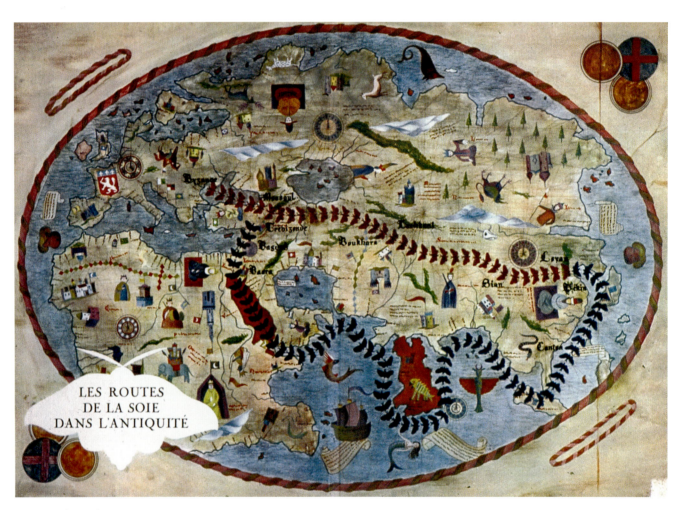

Carte ancienne des « routes de la soie ». Tout comme celles des épices, ces routes partaient de l'Extrême Orient et convergeaient vers la côte est de la Méditerranée.

VIe siècle après J.-C., deux moines nestoriens du mont Athos, sans doute chargés de mission par l'empereur Justinien, réussirent à rapporter à Byzance, cachés à l'intérieur de leurs bâtons de pèlerin, quelques œufs de bombyx nommés *graines*. Grâce à eux la sériciculture, puis le tissage se développèrent au Moyen-Orient. Les Byzantins nous ont laissé quelques merveilleux exemples de leur production.

Après la chute de Byzance, les Arabes contrôlèrent avec grand profit ce que l'on a appelé «les routes de la soie»; il s'agissait aussi de celles des épices. Ces routes terrestres et maritimes partaient de l'Extrême-Orient et convergeaient en direction de la côte est de la Méditerranée. De là, les Arabes ont transmis l'art du travail de la soie à l'ensemble du pourtour méditerranéen, et plus spécialement en Espagne et en Sicile. Par la Sicile et l'Italie, cette activité est remontée vers le Nord.

La soie était travaillée modestement en France depuis le Moyen Age. Il existait de petits ateliers de production de soie unie à Reims, Poitiers, Troyes, Paris, en Provence, en Avignon (cité papale qui ne faisait pas partie du royaume). Après l'essai infructueux de 1466, soixante-dix ans plus tard, à l'incitation de François 1er le tissage de la soie se développa à Lyon, pour atteindre son apogée à la fin du Second Empire. Les marchands de soie qui fournissaient le fil finançaient leurs achats grâce à l'appui des banques de dépôt qui s'étaient créées à Lyon sous le Second Empire. La plus connue, le Crédit Lyonnais, devint même la banque française la plus importante avant la fin du siècle. Citons un marchand de soie lyonnais parmi d'autres, réputé à cette époque, Arlès-Dufour[4], qui excellait dans ce travail. Ses bureaux étaient implantés à Lyon, Paris, Saint-Étienne, Marseille, Grenoble, Zurich, et Londres.

Vers 1850 les élevages de vers à soie français, principalement dans les Cévennes, furent décimés par la pébrine. Entre 1856 et 1865, la production des cocons tomba de 26 millions de kg de cocon à 5,5. Cette maladie parasitaire était latente depuis le XVIIe siècle mais elle prit soudainement une ampleur considérable en Italie comme en France. Il fallut alors avoir recours à d'autres sources d'approvisionnement. Les Anglais assurèrent le relais pendant quelques années, la soie arrivant d'Extrême-Orient par bateau au Havre, en passant par Londres. Rappelons qu'en désespoir de cause Pasteur fut consulté pour lutter contre la pébrine. Ses consignes d'asepsie furent appliquées, mais bien tard. Le canal de Suez sera inauguré trois ans après en présence de l'impératrice Eugénie. Il raccourcissait alors considérablement la route de la soie et son ouverture profita grandement à Marseille qui devint le terminus de nos lignes maritimes d'Extrême-Orient.

De nos jours les marchands de soie à Lyon peuvent se compter sur les doigts d'une main, la quantité de soie utilisée pour le tissage s'étant considérablement réduite au profit d'autres matières, principalement les synthétiques. Mais nous avons toujours recours à eux pour obtenir la matière première. Ils sont, comme autrefois, les intermédiaires entre la filature et le fabricant, que la filature se trouve en Chine ou à Saint-Jean-du-Gard. Les fabricants pourraient traiter directement avec les filatures, ce qui est le cas du plus gros consommateur de fil de soie de notre région, mais pour les autres, qui ont besoin de quantités moindres, le marchand de soie s'avère bien utile. Ce dernier est en quelque sorte le grossiste d'une matière de luxe. Mais son rôle ne s'arrête pas là. Les balles de soie qu'il reçoit contiennent de la *soie grège*, rarement utilisable dans sa grosseur initiale.

Cette appellation «grège» signifie que la *fibroïne* qui compose l'élément principal de la soie, est entourée d'un vernis protecteur nommé «grès» sécrété par le Bombyx lorsqu'il file son cocon, d'où l'appellation de «soie grège». Ces fils, à la sortie de la filature, ne correspondent pas toujours à ceux que l'on désire utiliser. Ils doivent donc passer

---

[4]. Il eut pour successeur Ennemond Morel, qui fonda la Sté Chabrière-Morel-Journel en 1885.

Flotillons de fils de soie grège. Ces fils doivent passer chez le moulinier pour être transformés, subir une torsion et être assemblés.

chez le *moulinier*, appelé aux siècles précédents *ovaliste*. Les marchands de soie, en relation avec les mouliniers, assuraient le montage du fil pour un grand nombre de fabricants, et livraient à leurs clients le fil demandé. Le moulinier se charge donc de la transformation du fil de soie qui peut subir une torsion et être assemblé. Il y avait 58 mouliniers, ou ovalistes, recensés en 1866, qui obtenaient à la demande une grande variété de fils. Ces mouliniers, bien moins nombreux de nos jours, se sont reconvertis et texturent beaucoup de fils synthétiques.

Les mouliniers proposaient :
– le *poil*, fil de grège tordu sur lui même. Sa torsion peut être donnée à droite ou à gauche ; on la dénomme torsion S ou torsion Z.
– l'*organsin*, qui est un retors obtenu par l'assemblage de plusieurs *bouts* de poil recevant une torsion inverse de celle des bouts qui le composent. Cet organsin est surtout employé en chaîne. Il existe des organsins à 2, 3, ou 4 bouts. Plus ils sont tordus, plus leur résistance est grande, mais au détriment de leur brillance.
– la *trame*, fil obtenu par l'assemblage de plusieurs fils de grège recevant une faible torsion ce qui donne du gonflant mais moins de résistance au fil. Comme son nom l'indique elle est surtout employée en trame.
– le *crêpe* ou assemblage de plusieurs fils de grège qui reçoivent de très fortes torsions pouvant atteindre 3 500 tours au mètre. Ce fil est plus spécialement destiné au teint en pièce.

Bien d'autres fils de soie existent, comme la *grenadine*, le *cordonnet*, l'*ondé*, d'un emploi moins courant et sur lesquels nous ne nous attarderons pas.

Il convient toutefois de dire quelques mots sur les fils métalliques, les plus précieux, c'est-à-dire ceux qui accompagnent parfois la soie et contribuent à la beauté et la richesse de l'étoffe. Les *tireurs d'or* furent pendant longtemps regroupés autour de l'actuel passage de l'Argue [5] nommé ainsi en souvenir de l'argue, machine indispensable et fiscalement très contrôlée, qui permettait de transformer le lingot en *trait*, gros fil métallique rond constituant la matière première utilisée par le *guimpier*. Les métaux utilisés sont l'or, l'argent, et le cuivre, réservé à des productions plus courantes. Ce que l'on appelle fil d'or est en général un fil d'argent recouvert d'une fine pellicule d'or, obtenu soit par *tréfilage*, après passage dans une filière, soit par *galvanoplastie*. En orfèvrerie, on parlerait de vermeil mais le terme n'est jamais employé dans le textile. Le trait est ensuite écrasé au laminoir et donne la *lame*. Cette lame plate peut être utilisée en l'état ou servir à monter des filés. Le *guimpier* (79 recensés en 1866) produira à la demande un filé or composé d'une lame d'argent dorée enroulée autour d'une âme en soie ou en coton, ou un frisé constitué par un fil monté sur un ondé fin. Le *guimpier* peut fabriquer un grand nombre de fils métalliques comme la *laminette*, le *filé riant*, l'*étincelle* et d'autres, dont les seuls noms évoquent l'éclat lumineux. Nous avons l'habitude dans la profession de désigner les soieries qui utilisent ces fils par l'appellation « brocarts ». Ce terme, déjà utilisé au XVIIIe siècle, n'a pas de signification technique et fait froncer le sourcil des spécialistes du Centre International d'Étude des Textiles Anciens dont le siège se trouve au musée des Tissus, mais il est bien pratique à l'usage, car il situe immédiatement le genre d'article dont on parle. De nos jours, ces fils précieux sont parfois remplacés par des *fils métalloplastiques* comportant des sels métalliques serrés entre deux pellicules cellulosiques. C'est dommage, mais le fil est moins onéreux et ne craint pas l'oxydation.

Le marchand de soie vend au fabricant sa soie par *balle* ou *paillon*. Cet emballage de forme cubique, contient 50 à 60 kilos de matière se présentant en *flottes*, terme habituellement employé pour la soie, l'équivalent de l'écheveau pour la laine.

Il n'y pas si longtemps, on voyait encore sur les quais du Rhône des dizaines de balles empilées sur les trottoirs lors des livraisons faites aux marchands de soie [6]. Il paraît que les balles de soie étaient stockées de la même façon sur les quais des ports d'Extrême-Orient en attendant leur embarquement. Et si les soies sentaient parfois un peu fort à leur arrivée, c'est parce que les chiens étaient venus marquer leur territoire au départ, là-bas.

Avant d'être livrée au fabricant chaque balle devait passer à la Condition des Soies [7] chargée de déterminer le pourcentage d'humidité qu'elle contenait. La facture définitive du marchand était établie à l'issue de ce contrôle. Les fabricants avaient parfois recours aux *essayeurs de soie* qui donnaient leur avis sur la qualité de la soie, et son utilisation. Cette profession a disparu vers 1930.

Le contenu de la balle ouverte à la fabrique était vérifié par la *metteuse en mains*. A l'aide du *trafusoir*, grosse che-

Le crêpe est l'assemblage, à très forte tension, de plusieurs fils de grège. **Crêpe Georgette pour robe d'après midi. Impression deux couleurs. Dessin de Okolow (Paris), gravé par Bender (Imp. par Gillet Fils). S.A. J. Dubost, 1930.**

---

5. Sous l'Ancien régime, il existe trois villes possédant une argue royale : Paris, Lyon et Trévoux. L'argue royale de Lyon était située dans une allée peu avenante où s'étaient regroupés les métiers de la métallurgie. En 1825, cette rue fut transformée par l'architecte Farge en un luxueux passage couvert et prit dès lors le nom de passage de l'Argue.

6. Chez le fabricant, les paillons vides disparaissaient immédiatement, alors que les autres emballages, eux en cartons, restaient. J'ai mis longtemps à percer le mystère. Les garçons de peine les escamotaient discrètement. Ils avaient un accord avec les maraîchers de Caluire (69) car les paillons placés autour des cardons à l'automne leur permettaient de blanchir dans de bonnes conditions. En échange les garçons recevaient pour Noël ce précieux cardon qui, préparé à la moelle, est une merveille culinaire lyonnaise.

7. Voir le chapitre Condition des soies, p. 175.

Siège de la Chambre du Roi Louis XV à Versailles (trois fils d'or, deux d'argent).
Les soieries qui utilisent des fils métalliques d'or ou d'argent sont appelées ordinairement des « brocards ».

Bordure de la Chambre de l'Impératrice à Compiègne.
Le fil d'or est en général un fil d'argent recouvert d'une fine pellicule d'or.

Filé et frisé. Salle du Conseil. Fontainebleau.
Le filé or est composé d'une lame d'argent dorée enroulée autour d'une âme en soie ou en coton. Le frisé or est enroulé autour d'un fil ondé enroulé en hélice autour d'un autre fil, plus fin…

ville horizontale d'une dizaine de centimètres de diamètre, montée sur pied et sur laquelle les flottes étaient passées à cheval successivement pour examen. Ces femmes qui groupaient les flottes par *mains* de quatre flottes, avaient un toucher extraordinaire : les yeux fermés, elles étaient capables de détecter entre l'extrémité de leurs doigts un bout manquant sur un *organsin*. Si ce manque persistait, elles mettaient à part les flottes défectueuses, c'était ce que l'on appelait les « *écarts* » qui, importants, faisaient l'objet d'un avoir sur facturation. Les progrès accomplis dans le moulinage ont souvent permis de supprimer cette opération. Mais un fil d'*organsin* défectueux dans une chaîne de *taffetas* laisse une trace longitudinale tout au long d'une pièce et peut la rendre invendable.

La *balle* était rarement utilisée dans sa totalité en une seule fois. La soie était « disposée » en fonction des instructions reçues du service de fabrication qui indiquait les quantités à mettre en travail. La soie inutilisée, protégée par son grès, peut se conserver pendant des dizaines d'années, à condition d'être gardée au sec, à l'abri de la lumière. Seule la poussière peut la recouvrir, mais cette dernière tombe avec le grès au moment du *décreusage* qui précède la teinture.

Le marchand de soie vend au fabricant sa soie par balle ou paillon. Au début du XXe siècle, les balles de soie provenaient souvent d'Extrême-Orient où les filatures étaient nombreuses et réputées.

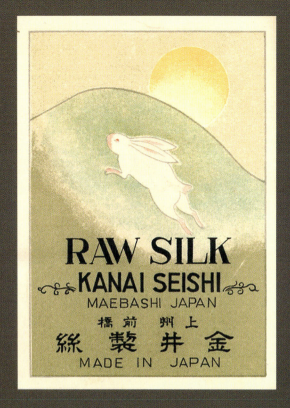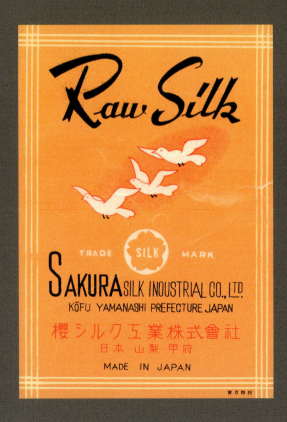

Le métier, quel métier ?

Tisseur d'uni sur métier à bras vers 1914.

Le vocabulaire de l'ouvrier en soie

Les termes utilisés dans le texte qui suit étaient encore couramment employés au début du XXe siècle à Lyon. Certains, depuis, sont en voie de disparition, ils sont malgré tout indispensables pour décrire et expliquer le fonctionnement du métier. Ils ont été adoptés à Lyon et ne peuvent constituer un vocabulaire textile totalement applicable hors de notre région.

Au cours de cinq siècles de travail de la soie, ce vocabulaire, technique mais souvent populaire, compte tenu de l'importance capitale de cette activité soyeuse dans notre ville, s'est constamment enrichi de termes nouveaux se rajoutant aux premiers, nés au XVIe siècle, et issus souvent de l'italien.

Des histoires de chaîne et de trame

Nous savons tous que pour produire un tissu, dit croisement (par opposition à la maille), il faut une *chaîne* et une *trame*. A Lyon, jusqu'à la fin du Second Empire, ce tissu s'exécutait manuellement, c'est-à-dire sur métier à bras, les métiers mécaniques prenant alors progressivement la relève.

Dans le tissage à bras, les jambes et les mains du tisseur actionnent les organes du métier nécessaires à l'exécution du tissu : la jambe droite du tisseur va dans un premier temps actionner une pédale, ou marche, placée sous la chaîne près du sol afin de permettre la séparation de la chaîne en deux nappes. Ensuite la main gauche du tisseur repousse vers l'arrière le battant, et sa main droite lance la navette d'un coté à l'autre suivant différentes méthodes que nous évoquerons plus loin. Enfin la main gauche attire vers elle le battant pour opérer le *tassage* ou *battage*, c'est-à-dire amener la dernière trame insérée bien perpendiculairement à la chaîne contre les précédentes qui font déjà partie du tissu.

Dans le tissage mécanique, la vapeur, l'eau, et finalement l'électricité remplacent l'énergie fournie précédemment par la jambe du tisseur. Le cycle complet est alors programmé et la tisseuse n'a pas à intervenir. Son rôle consiste à *embrayer* son métier puis à en surveiller le bon fonctionnement, à réparer les fils de chaîne qui cassent et à approvisionner en trame. Si un incident mécanique survient elle avertit le *gareur*. Au fil du temps, le gareur est devenu *mécanicien gareur*, puis *mécanicien régleur*.

On désigne sous le nom de *chaîne* les fils qui se déroulent de l'arrière vers l'avant du métier, disposés parallèlement les uns aux autres, et dans une largeur convenue. Cette chaîne, dont la densité varie suivant le résultat recherché, est enroulée ou *pliée* sur un cylindre de bois appelé *ensouple* ou *rouleau de chaîne* ou plus simplement encore *rouleau de derrière*, qui se place sur deux supports fixés sur les pieds arrière du métier. Deux *orillons*, épaulements en général à coulisses, permettent de placer l'*ensouple*[1] arrière à la hauteur voulue.

En se déroulant vers l'avant du métier, la chaîne s'étale et l'intervalle compris entre l'*ensouple* et les organes chargés d'actionner les fils s'appelle *longueur*. Dans cette longueur tous les fils sont *envergés*, c'est-à-dire encroisés sur deux baguettes en général rondes, de poirier poli, appelées *verges* ou *cannes d'envergures*. Si le premier fil est placé au-dessus de la première canne et au-dessous de la seconde, le second sera disposé inversement, c'est-à-dire au-dessous de la première et au-dessus de la seconde. Cette envergure a un triple rôle :

1) conserver les fils à la place qui leur a été attribuée à l'*ourdissage*, au cours de l'opération de préparation de la chaîne,

La longueur et les cannes d'envergure, en bois de poirier poli, vus de l'arrière du métier à bras.

Le rôle de la tisseuse sur métier mécanique consiste à en surveiller le bon fonctionnement, et à réparer les fils qui cassent. **My Mué.**

La guidane, grosse bobine en bois placée à côté du rouleau de chaîne, servait à compléter des fils de chaîne manquants.

2) permettre au tisseur de retrouver facilement l'emplacement d'un fil cassé au cours du tissage,

3) supprimer les tenues provoquées par les fils qui auraient pu se trouver groupés par *musettes* au cours de l'ourdissage, à la suite d'un nœud par exemple.

Il arrive qu'un fil casse derrière le montage et s'enroule autour de plusieurs fils de chaîne voisins qui ne peuvent plus passer et provoquent d'autres casses. Cela se nomme une *tenue*. La chaîne comporte sur chaque bord, ou rive, des fils de *lisière* ou *cordons*. Ces lisières sont renforcées et bordées à leur tour par une *cordeline*, gros fil destiné à retenir la trame lors de son lancement par le tisseur à bras. Entre le tissu et son cordon s'interpose, parfois, en ameublement, les *mignonettes*, petites bandes d'unis de même armure et de même couleur que le fond du tissu façonné, destinées à faciliter le travail du tapissier lors de la pose de l'étoffe. Au XIXe siècle, on créa des cordons rayés de différentes couleurs qui devaient permettre de distinguer soit des types de qualité, soit des origines de fabrication, c'est ce que l'on appelle les lisières *parlantes*, mais elles n'ont pas encore vraiment parlé…

Dans le cas où quelques fils manquaient sur une chaîne dont le nombre de fils avait été mal calculé ou modifié, on avait recours à la *guidane*, comportant un certain nombre de fils enroulés sur une grosse bobine en bois placée à côté du rouleau de chaîne.

Suspendues près du montage se trouvent les *jointes* qui ne sont autres que des gros *roquets* enfilés sur une cordelette au-dessus de la longueur et contenant chacun une couleur de la chaîne en organsin afin de *rhabiller* les fils

La chaîne reçoit une bonne tension grâce à la bascule. Ici la besace est remplacée par des poids.

---

1. Au printemps les cirons, vers à bois, risquaient de sortir de l'ensouple. Mme Bret préparait alors sa colle à l'ail : elle laissait mijoter pendant quelques heures dans une casserole au coin du feu, des gousses d'ail avec un peu d'eau. Les gousses fondaient petit à petit jusqu'à former une colle épaisse et pestilentielle qu'elle prenait sur la pointe d'un couteau pour obstruer les trous de sortie des cirons. L'odeur était épouvantable mais le résultat efficace. Il fallait éviter à tout prix l'apparition d'un ciron sur un rouleau de chaîne car pour voir le jour celui-là risquait de passer à travers la chaîne en coupant des fils, ce qui la rendait alors inutilisable.

cassés, c'est-à-dire de les réparer. Alors que la *bobine* a des joues bien perpendiculaires à son axe, le *roquet* possède juste un simple épaulement à ses deux extrémités, qui est suffisant pour recevoir la même quantité de soie, compte tenu de la finesse du fil enroulé d'une façon particulière lors du *dévidage*. Le roquet en bois tourné est exclusivement réservé à la soie, et les bobines aux autres matières.

La chaîne reçoit une bonne tension grâce à la *bascule* chargée d'en assurer l'uniformité tout au long du tissage de la pièce. La moindre irrégularité de tension des fils peut produire un *variage* qui donne un aspect irrégulier au tissu avec, dans le sens trame, des alternances de parties mates ou brillantes. Cette bascule a donc pour mission de freiner le déroulement de la chaîne. Il en existe différents types.

Dans la région lyonnaise, hors de la ville, on voyait plutôt des *bascules à besace*. La *besace* est une caisse en bois placée entre les deux pieds arrière du métier. Elle se trouve suspendue par deux solides cordes qui entourent plusieurs fois les colliers latéraux du rouleau avant d'aller s'attacher à un point fixe. Le rouleau se trouve donc enserré par ces cordes, et plus la besace est chargée, plus le rouleau a de la peine à tourner[2].

A Lyon même on utilisait souvent des *bascules montantes* dites *bascules à savoyard*. La puissance du freinage était donnée par un contrepoids suspendu à l'extrémité d'une longue corde, qui après être passée sur une poulie accrochée aux poutres apparentes du plafond, descendait s'enrouler sur le collier du rouleau. Lorsque le contrepoids, choisi en fonction de la tension désirée, arrivait au niveau du plafond, il était nécessaire de le ramener dans sa position basse en déroulant la corde qui s'était enroulée progressivement autour du collier du rouleau. La hauteur sous plafond correspondait à la longueur de chaîne que l'on pouvait tisser sans avoir à ramener le savoyard à la position basse. Cette opération aurait été trop fréquente, donc

---

2. Je me souviens aux environs de Charlieu avoir reproché à un tisseur de ne pas tenir sa chaîne assez «tirante». Ce contrôle s'opère facilement en tapotant sur la chaîne avec une main bien à plat. Le tisseur alla chercher dans la cour de sa ferme toutes les pierres qu'il put trouver, et les mit petit à petit dans la besace jusqu'à obtenir la tension désirée.

inadaptée, sur les métiers mécaniques rapides, mais restait acceptable sur des métiers à bras à production lente. Et en contrepartie on obtenait une très bonne régularité de tension.

Il y avait un troisième système basé sur le principe de la *bascule romaine*. Il comportait une corde qui, après avoir fait trois fois le tour du collier du rouleau, se trouvait attachée à une extrémité d'un levier, un contrepoids plus ou moins lourd étant fixé à l'autre bout de celui-ci, et le talon attaché à un point fixe. Ce système était assez pratique mais le déroulement de la chaîne plus saccadé.

Pour obtenir un tissu il faut donc, avant chaque passage de trame, séparer les fils de chaîne en deux nappes, entre lesquelles le tisseur passera sa navette contenant la trame. Cette ouverture ainsi créée se nomme la *foule* ou encore le *pas*. Un terme plus ancien existe, la *médée*, qui est la partie de la chaîne située entre le montage (ou le *remisse*) et l'étoffe ; c'est l'espace dans lequel se forme le pas.

Le métier à bras permettait d'obtenir des nuances que l'on a perdues avec les métiers mécaniques. En dissociant le

Que ce soit sur métier à bras ou sur métier mécanique, il faut séparer les fils de chaîne en deux nappes entre lesquelles la navette va passer.

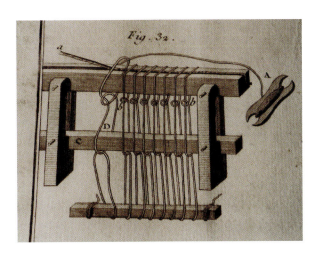

Pour actionner les fils, on utilise les lisses ou cadres pour les étoffes unies.

mouvement des jambes et celui des bras, le tisseur pouvait choisir le moment où il tassait sa trame lors du battage – battage à pas ouvert ou battage à pas fermé – pour obtenir des touchers différents, alors que sur métier mécanique ces subtilités n'ont pas cours, le réglage étant fait une fois pour toutes, pour obtenir la meilleure rotation possible du métier.

Préalablement à l'insertion de la trame il y a donc soulèvement et étirement d'une partie des fils de chaîne, ce qui les fragilise. Pour réduire au maximum les risques de casse, il convient d'utiliser pour la soie des navettes assez plates qui réduisent la *foule* au maximum.

Les fils passent alternativement dessus ou dessous la trame en fonction d'un ordre déterminé par l'armure. L'*armure* c'est donc le mode de croisement des fils de chaîne et des coups de trame dans un certain ordre et une certaine proportion. Par convention à Lyon, un *fil* désigne un fil de chaîne, et un *coup*, un fil de trame. Cela évite bien des erreurs. La *réduction*, autrefois, indiquait uniquement la densité de la trame. Le terme est maintenant également employé pour indiquer la densité de la chaîne en précisant « réduction chaîne ».

D'autre part, distinguons deux catégories de tissus : les *unis* et les *façonnés*. Les étoffes façonnées comportent un décor réalisé au cours du tissage en conjuguant ou en opposant différents effets d'armure alors que l'uni ne donne qu'un grain, pas un dessin, et ne fait que répéter une armure, ou plusieurs mises en parallèle ou en alternance.

Pour actionner les fils, on utilise les *lisses* ou *cadres* pour les étoffes unies, et les *maillons* pour les étoffes façonnées. Dans ces lisses sont regroupés les fils ayant le même jeu alors que dans les maillons sont passés individuellement les fils de chaîne pour permettre la réalisation du dessin. L'ensemble des lisses prend le nom de *remisse* et l'ensemble des maillons *corps de maillons* ou *montage*. Sortant du remisse ou du montage, les fils vont passer dans le *peigne*.

Celui-ci est composé d'une série de lamelles d'acier placées en parallèle, maintenues encadrées, et entre lesquelles passent les fils de chaîne. L'intervalle entre deux lamelles s'appelle la *dent du peigne*. Bien entendu, suivant l'écart choisi entre chaque lamelle, on obtient une densité de dents très variable que l'on évalue en pouces, le *pouce* étant une unité de mesure très utilisée dans le tissage à bras et qui existait bien avant l'intronisation du système métrique. Dans le tissage de la soie on trouve toujours plusieurs *fils en dent*, car aucun peigne n'a une densité de dents suffisante pour passer un fil en dent. Un beau satin peut dépasser 130 fils au centimètre… Le peigne est fixé sur le *battant*, dont nous parlerons plus loin, et permet de placer la trame bien perpendiculairement à la chaîne.

Pour réaliser un bon tissage il faut que la chaîne se déroule régulièrement, de l'arrière vers l'avant du métier. Par conséquent, l'étoffe qui vient d'être tissée doit être reçue sur des *rouleaux* ou *ensouples*. Il y en a au minimum deux à l'avant : le *rouleau d'étoffe* ou *rouleau de devant*, sur lequel s'enroule le tissu après être passé sur le *rouleau poitrinière* ainsi nommé car c'est celui qui est le plus proche de la poitrine du tisseur au cours de son travail. Pour le velours, il faut un rouleau spécial pour ne pas abîmer le poil, qui ne doit pas s'enrouler serré.

En 1811, un certain Dutillieu, fabricant de son état, mit au point le *régulateur*. Cet appareil permettait d'obtenir un enroulement régulier de l'étoffe au cours du tissage.

Les éléments du métier à bras

Ce métier en bois comporte quatre *pieds*, nommés parfois *potences*, entretoisés à leur partie supérieure par deux *estases* horizontales dans le sens de la longueur et deux *clefs* ou traverses horizontales dans la largeur. Pour éviter tout vacillement du métier, des *ponteaux* calent celui-ci sur le plafond de l'atelier, en général à poutres apparentes. Sur chacun des deux pieds avant se niche le *caissetin*, petite boîte en bois cubique à portée de main, muni de son couvercle sur charnière. C'était le vide-poches du canut[3].

Le *battant*[4] suspendu aux *estases* et oscillant se compose d'une double traverse inférieure, la *masse*, dans laquelle se trouve encastrée la *verguette*, languette de bois poli sur laquelle glissera la navette et au-dessus la *poignée*. Entre ces deux éléments s'insère le *peigne* dont nous avons parlé plus haut. De chaque côté du battant peut se trouver la *boîte*, qui reçoit la navette. Ces boîtes n'existaient pas jusqu'à l'invention au XVIIIe siècle, du système de la *navette volante* qui permettait au tisseur de lancer sa navette, sans la toucher, à l'aide d'une poignée suspendue devant lui. Auparavant le tisseur devait obligatoirement lancer sa navette[5] d'une main et la recevoir de l'autre, à l'extrémité opposée du métier. C'est sans doute une des raisons qui font que les tissus anciens n'étaient pas réalisés dans de grandes largeurs.

Sortant du montage, les fils passent dans le peigne, composé de lamelles d'acier maintenues dans un cadre.

---

3. Celui-ci était censé y mettre les canettes en réserve, mais j'y ai surtout trouvé, chaque fois que je levais un couvercle par curiosité, un « paquet de gris » accompagné du carnet de papier Job indispensable pour rouler les cigarettes…
4. D'après Claude Villard, le battant du métier à bras devrait s'écrire « battand » avec un « d » en souvenir de son constructeur Battendier.
5. La navette aurait été inventée par Léonard de Vinci pour permettre d'accélérer le tissage.
6. La largeur de tissage la plus courante était de 54 cm mais pouvait varier à condition d'avoir un métier assez large. Certaines soieries anciennes ont seulement 48 cm. En revanche, les brocards de la chambre du roi Louis XIV ont été tissés en 110 cm de large.

L'ensemble des arcades, des maillons et des fuseaux s'appelle le montage.

La mode des châles

La mode des châles en France entre 1800 et 1870 nécessita l'utilisation de nouveaux métiers permettant de tisser jusqu'en 180 cm de large[6] et pour lesquels il fallait avoir recours au lanceur : il s'agissait d'un gamin dont le rôle était de recevoir et de lancer les navettes sur ces métiers en grande largeur. Cette mode des châles fut introduite en France par l'impératrice Joséphine et disparut vers la fin du Second Empire. Les châles furent tout d'abord importés des Indes, puis fabriqués en France à partir de 1806 à la suite du blocus continental. Au début maladroitement, puis avec plus de bonheur. Les plus beaux châles étaient réalisés à Paris, les qualités moyennes à Lyon, et les moins belles à Nîmes, mais dans tous les cas, la préparation était longue et le tissage nécessitait un très grand nombre de cartons pouvant atteindre 100 000 mais variant suivant le nombre de coloris et la hauteur du dessin.

Battant à simple boîte, destinée à recevoir la navette lors de ses allers et retours. Cette boîte n'existait pas lorsque le tisseur lançait sa navette d'une main et l'arrêtait de l'autre…

La mode des châles en France nécessita l'utilisation de nouveaux métiers entre 1800 et 1870.

Un battant à double boîte permet de lancer plusieurs couleurs de trame successivement.

Le caissetin, muni de son couvercle, était le vide poche du tisseur qui, appuyé à 45° sur la banquette, pouvait garder toute la force de ses jambes pour actionner le métier.

A partir de 1840, on fabriqua des battants à double boîte pour les métiers à bras, ce qui permettait de lancer plusieurs couleurs de trames successivement sans avoir à arrêter le métier pour changer de navettes.

Pour actionner le métier à bras il est nécessaire d'avoir recours aux jambes du tisseur ; les *marches*, ou *pédales*, permettent de faire lever les fils. Les jambes peinent le plus et pourtant on parle toujours de tissage à bras… Le tisseur dispose d'une petite planche mobile la *banquette* qui rappelle la « miséricorde » des chanoines, souvent inclinée à 45°, réglable grâce à deux orillons et située entre les deux pieds avant du métier. La banquette lui fournit un appui mais en aucun cas un siège. En effet il doit concentrer ses forces dans les jambes pour enfoncer la marche, ce qui ne serait plus le cas s'il était assis. L'effort qu'il doit fournir pour enfoncer cette marche varie en fonction du tissu fabriqué et de l'organisation du métier[7].

Séparer la chaîne en deux nappes, est le rôle d'un organe placé sur la partie supérieure du métier, différent selon les époques et ce que l'on attend de lui.

Pour produire un uni tous les fils ayant le même jeu sont placés, on l'a vu, dans un cadre appelé *lisse*, l'ensemble des lisses constituant le *remisse*. Pour fabriquer un taffetas, il suffit théoriquement de deux lisses puisque chaque fil pair a le jeu inverse des fils impairs. Un fil sur deux va se lever pour laisser passer la trame, et au coup suivant le mouvement sera inversé. De simples poulies mettant chacune en relation une lisse qui lève et une lisse qui baisse suffisent. La *carête* à bâti en bois, qui donne le même résultat, était fréquemment employée. Pour des armures plus importantes on a recours à la *ratière* ou à la *mécanique d'armure*.

Pour les façonnés, le *montage* (soit l'ensemble des organes qui va permettre à chaque fil de chaîne d'avoir un jeu indépendant de ses voisins afin de pouvoir réaliser un dessin) est nettement plus compliqué. Jusqu'au début du XIXe siècle on a utilisé différents systèmes, dont le plus connu est le métier à la *tire* venant d'Italie, importé selon la légende par un certain Jean le Calabrais, individu mythique qui ne laisse aucune trace écrite ni à Lyon ni à Tours. Vers 1606 Claude Dangon aurait cherché à améliorer ce métier pour permettre de tisser plus rapidement les grands dessins façonnés. Mais là encore les précisions manquent et l'on trouve surtout des lettres réclamant des subventions en vue d'améliorations à venir.

Le métier à la tire exigeait, en plus du tisseur, un *tireur* situé latéralement. Le tisseur manœuvrait les pédales pour commander les lisses donnant la structure de base, et le tireur intervenait pour la production du décor. Le tireur détenait le programme permettant de réaliser le dessin. Ce programme était composé de *lacs* horizontaux disposés à l'avance sur le *semple*, ensemble de cordes verticales accrochées aux cordes du rame. Le *rame* au XVIIIe siècle à Lyon comportait très souvent 400 cordes, placées à cheval sur un ensemble de poulies nommé *cassin*, et qui redescendaient verticalement au cœur du métier pour se lier aux arcades. A chaque corde de rame correspondaient autant d'arcades qu'il y avait de rapports dans la largeur du tissu. Chaque arcade possédait un maillon dans lequel passait un fil ou une série de fils. Le tireur, dit *tireur de lacs*, attirait horizontalement vers lui dans un premier temps le lac pour dégager les cordes sélectionnées et dans un second temps les tirait vers le bas ce qui faisait lever les fils de chaîne correspondant à l'autre bout du système. Il y avait autant de *lacs* que de trames à passer pour constituer le rapport du décor. Il semble qu'aux XVIe et XVIIe siècles on ait surtout cherché à augmenter les possibilités de la tire pour obtenir des grands dessins, alors qu'au XVIIIe on tentait de trouver un moyen pour permettre au tisseur de façonné de se passer du *tireur de lacs*.

Le tisseur dispose d'une petite planche mobile, la banquette, qui lui fournit un appui.

---

7. Lorsqu'une tisseuse, debout sur sa marche, n'arrivait pas à l'enfoncer, il fallait la remplacer par un homme plus lourd. Mais cet incident se produisait rarement.

Le montage du métier de façonnés équipé de la mécanique Jacquard

Ce terme désigne l'ensemble des arcades suspendues aux *collets* de la mécanique au cours du *colletage* et qui sont répartis d'une manière très précise à travers les *planchettes d'empoutage* choisies en fonction de la densité du montage[8]. Les arcades sont dotées d'un *maillon* ou *cafard* dans lequel passent un ou plusieurs fils de chaîne et à leur base se trouve attaché un *plomb* ou, dans une version plus moderne, un *fuseau* métallique. Plomb ou fuseau jouent le même rôle : par leur poids, ils assurent la verticalité des arcades et les empêchent de s'emmêler entre elles au cours du tissage.

Le montage est complété par la présence de lisses de levée ou de lisses de rabat grâce auxquelles il est possible de réaliser des armures par fil. Sans elles, tous les fils passant dans le même maillon auraient le même jeu. Le montage est une opération longue et minutieuse, réalisée par le *monteur de métier* qui termine son travail en passant les fils de la première chaîne à travers les arcades, éventuellement les lisses, et le peigne. Ce passage des fils est parfois exécuté par la *remetteuse*. Le tisseur ne voulant pas renouveler cette même opération lors de l'installation d'une seconde chaîne préfère perdre un ou deux mètres de la première qu'il laisse en place. Il noue alors la seconde chaîne, fil par fil, à la première, à l'arrière du métier. Après quoi il tire délicatement à l'avant du métier la chaîne finissante, qui entraîne à sa suite la nouvelle, la fait passer à travers le montage puis le peigne, et le nouveau tissage peut commencer. L'opération qui consiste à relier chaque fil d'une chaîne à la suivante s'appelait *tordage*. La *tordeuse*, après avoir plongé le bout de son pouce et de son index dans un petit seau contenant

Aperçu de l'ensemble des arcades constituant le montage.

---

8. Ces arcades étaient autrefois en *lin*, maintenant remplacé par du *polyester* ce qui prolonge considérablement leur durée de vie. Amélioration qui, jointe à la désaffection pour les façonnés, a provoqué la disparition des *monteurs*.

Tenture de Tchesmé. Dessin de Philippe de Lassalle, après 1771. Lampas broché, fond cannetillé, soie.
Ce façonné a été réalisé sur un métier « à la tire », qui exigeait en plus du tisseur, un tireur placé latéralement pour la production du décor.

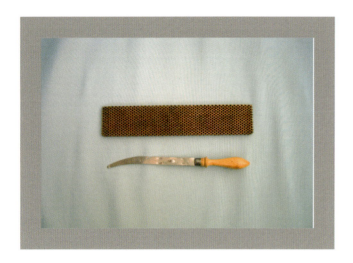

La planchette d'empoutage, que l'on choisissait en fonction de la densité du montage, sur les métiers de façonnés. La passette, elle, aidait à insérer les fils réparés dans la bonne dent du peigne.

Le sceau de la tordeuse, qui reliait chaque fil d'une chaîne à la suivante, et la bobine de velours, dont la gorge de gauche servait à placer le contrepoids.

une potion magique de sa composition[9], prend entre ses deux doigts un fil de chaque chaîne rapprochées l'une de l'autre et les roule sur eux-mêmes. Ce léger collage suffit pour permettre à la nouvelle chaîne d'être ensuite tirée à l'avant du métier. Si le tisseur se contentait d'être appuyé sur sa banquette, la tordeuse avait à sa disposition une chaise spéciale haute sur pieds pour être à la hauteur de ses chaînes afin de travailler dans de bonnes conditions.

La *tordeuse* était une travailleuse indépendante. On lui mettait un petit mot dans sa boite aux lettres, un peu à l'avance, avec les indications du travail à faire et un trousseau de clés. Habituée des lieux, elle venait dans l'atelier en dehors des horaires de travail et, quand la tisseuse arrivait le matin, son métier était prêt à repartir. Après la Seconde Guerre mondiale se généralisa l'emploi de la *noueuse*, petite machine d'une grande précision qui faisait de véritables nœuds à une vitesse pouvant dépasser 200 nœuds à la minute ; par prudence on atteignait rarement cette vitesse avec des fils de soie[10].

Canettes et navettes à bras

Les *canettes* sur lesquelles s'enroule la trame sont de deux formes différentes suivant que la trame est appelée à se dérouler ou à être défilée. Dans les *canettes à la déroulée*, le *tuyau* ou *quiau*, est une petite bobine en bois tournant sur un axe métallique immobile nommé *pointiselle*. Des tuyaux plus petits servent à préparer les *espolins* passés lors du tissage du broché[11]. La canette *à la défilée* est conique.

La préparation de la canette à la déroulée et des *espolins* se fait au *rouet*, celle de la canette à la défilée sur des *canetières verticales*, ou des *canetières assembleuses* s'il y a réunion de plusieurs fils de trame. Elles présentent l'avantage d'assembler les fils avec une très faible torsion ce qui donne plus de gonflant au décor fait par la trame. Pour alimenter les métiers mécaniques, on utilisera les *canetières horizontales*, plus rapides, et certains métiers seront même dotés de leur propre canetière.

Les *navettes* (qui abritent les canettes) pour métiers à bras sont de quatre types :

1) les navettes dites à la main, ou navettes lancées, qui contiennent une *canette à la déroulée*. Elles sont très belles, présentent la forme d'un croissant, et sont souvent munies de deux roulettes dont les axes ne sont pas tout à fait parallèles de façon à mieux faire plaquer la navette le long du peigne.

2) les navettes à bouton, soit à la déroulée, soit à la défilée, destinées à être lancées au bouton (c'est-à-dire à l'aide de la poignée à la disposition du tireur),

3) les navettes à plusieurs canettes placées dans une boîte et lancées au bouton. Elles sont de taille très variable suivant qu'elles contiennent deux ou trois, ou même quatre canettes. Ces dernières sont de vraies pièces de collection, et notre musée des Tissus n'en a même pas une à présenter... Elles comportent toutes un *agnolet*, petit œil de verre par où sort de la navette le fil de la canette. Le *conducteur*, qui équipe les navettes à la défilée, est une demi ellipse en cuivre fixée au flanc de la navette et munie de tendeurs qui, lors du tissage, sera placée du côté opposé au peigne, son rôle étant de déposer la dernière trame insérée le plus près possible de l'étoffe déjà fabriquée.

4) les navettes à brocher, dites boîtes, de petites dimensions, qui contiennent les espolins.

Navette et boîtes contenant les espolins sur un métier à bras en fonctionnement.

La navette des métiers mécaniques, très robuste, est, elle aussi, renforcée à ses deux extrémités symétriques de pointes en métal. Sa partie centrale, évidée pour recevoir la canette, est garnie à l'intérieur de fourrure de chat sauvage pour freiner le défilement de la trame en fin de course de la navette[12]. Elle comporte dans l'épaisseur du bois un système élastique qui régularise la délivrance de la trame.

---

9. A base sans doute de lait et de gomme arabique, mais jamais une bonne tordeuse n'a livré complètement sa recette.

10. Les noueuses remplacèrent progressivement les *tordeuses* qui n'avaient pourtant jamais démérité, mais la Sécurité Sociale exigeant qu'elles soient considérées comme des salariées et non comme des indépendantes, les charges sociales qui en découlaient condamnaient cette profession au profit de la machine.

11. Sur les petites navettes à brocher qui contiennent les *espolins*, la *pointiselle* est souvent remplacée par une plume de volatile partiellement ébarbée. Le terme « espolin » vient de l'italien *espolino*. Pour certains tisseurs ce terme désignait la petite navette de broché et pour les autres le tuyau chargé de trame qu'elle contenait. Mais tout le monde se comprenait.

12. Chaque année le marchand de chat sauvage passait proposer ses peaux à l'atelier ; on les découpait ensuite en lanières avant de les coller sur les faces internes de la navette. La peau de lapin était trop fragile.

Les quiaux sont des petites bobines vides sur lesquelles s'enroule le fil de soie.

La partie centrale de la navette est évidée pour recevoir la cannette, et garnie de fourrure de chat sauvage pour freiner le déroulement de la trame en fin de course…

La navette volante est souvent munie de deux roulettes non parallèles afin de mieux plaquer contre le peigne.

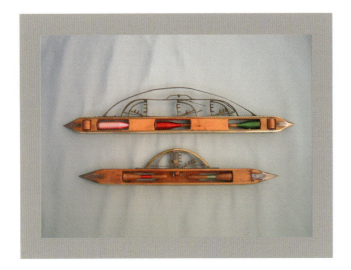

Les navettes à conducteur, souvent à plusieurs canettes, sont devenues de vraies pièces de collection.

Le tisseur protégeait son travail, ou façure, à l'aide du panaire.

Quelques accessoires

Le tisseur protégeait sa *façure*, partie de l'étoffe se trouvant entre le battant et le rouleau poitrinière à l'aide du *panaire*, morceau de cuir assez large pour couvrir l'étoffe. Il avait à sa disposition des *forces*[13] pour couper les fils de soie dépassant des nœuds avec l'aide des *pincettes*, et la *passette* pour insérer les fils réparés dans la bonne dent du peigne. Devant le montage se trouvaient parfois des *pantins*, commandés par un crochet de la mécanique au bout duquel pendait un petit plomb avec un *mouchet* de soie teinte. Lorsqu'une couleur changeait dans le décor, le pantin se levait, indiquant le coloris à remplacer. Le tisseur prenait alors sur la *planche à espolins* le nouveau ton à introduire dans la navette. A la place du pantin, il pouvait y avoir une *sonnette*[14] qui tintait lorsque l'arcade à laquelle elle était suspendue se levait.

Sur un pied avant du métier se trouvait une petite glace à la disposition du tisseur pour lui permettre de contrôler son travail, l'endroit du tissu se trouvant à l'envers sur le métier[15].

Dans l'atelier il y avait souvent un *ratelier* où les peignes étaient classés selon leur densité. Pour maintenir, au cours de la fabrication, l'étoffe dans la bonne largeur, le tisseur

Forces et quart de pouce en cuivre sont les principaux outils du tisseur.

La planche à espolins est située sur le montant du métier; en dessous, nous retrouvons le cassetin.

---

13. Ces forces sont les ancêtres de nos paires de ciseaux et ressemblent étonnamment à celles que l'on présente sous vitrines dans les musées de la période romaine. Les forces utilisées pour les velours ont une forme spéciale afin d'éviter au tisseur de toucher le poil avec sa main.

14. Petite clochette.

15. Ce mode de tissage est dit «endroit dessous». Il a pour but de réduire au maximum l'effort à fournir pour le tissage. En effet chaque fois qu'un fil lève, le tisseur doit effectuer une pression de quelque 20 grammes pour enfoncer sa pédale. Si la chaîne comporte 6 000 fils, il vaut mieux choisir le mode de tissage qui nécessite la plus faible levée des fils. C'est donc pour économiser les forces du tisseur que l'on tissait «endroit dessous». Lorsque le métier mécanique a pris la relève du métier à bras on a continué à appliquer le même principe mais ce fut alors pour économiser le matériel. En revanche, lorsqu'il y a des trames brochées à passer on ne peut faire autrement car les espolins doivent obligatoirement sortir à l'envers de l'étoffe.

La sonnette tintait pour indiquer le changement d'une couleur brochée.

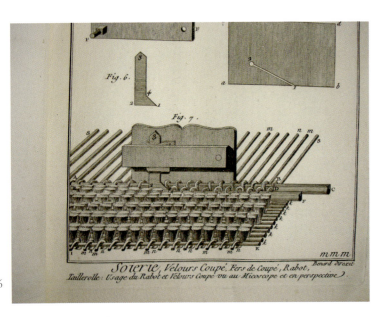

Soierie, velours coupé, fers de coupé, rabot. Usage du rabot et velours coupé.

avait recours au *tempia* ou *templet*, petite planchette articulée, armée à ses deux extrémités de pointes acérées que l'on piquait dans les deux lisières pour tenir le tissu tendu dans sa largeur. Ce *tempia* devait être déplacé fréquemment au fur et à mesure de l'avancement du tissage et ne pouvait donc convenir qu'au tissage à bras. Sur métier mécanique, on utilisait le *tempia à molettes* qui maintenait le tissu en largeur tout au long du tissage sans avoir à être déplacé.

Les *fers* servaient à tisser le velours à bras. C'étaient de fines baguettes métalliques de deux genres : les unes rondes, comportant à leur extrémité un petit bout d'os pour les reconnaître. Les autres dotées d'une cannelure dans laquelle le veloutier venait insérer la lame de son *rabot* ou de son *pince* pour couper les fils de la chaîne poil qui passaient à cheval sur ce fer et devaient former le poil du velours. Sur les métiers mécaniques on produit des *velours double pièces*, obtenus par le tissage simultané de deux chaînes placées au métier l'une au-dessus de l'autre. Une troisième chaîne dite « poil » va d'une pièce à l'autre, tandis qu'une lame d'acier bien affûtée effectue un mouvement de translation horizontale le long d'une glissière entre les deux premières chaînes, pour couper le poil. Ainsi, la pièce supérieure a son poil orienté vers le bas et la pièce inférieure son poil orienté vers le haut. L'intervalle entre les deux pièces, réglable, donne la hauteur du poil. Le velours produit est uniquement coupé et non bouclé.

Unis et façonnés

Au XIXe siècle, avant l'introduction des métiers mécaniques, les façonnés ne représentaient pas 20 % des métrages fabriqués sur métiers à bras. Les unis étaient composés de *taffetas*, de *sergés*, de *satins*, considérés comme étant les armures de base, de leurs dérivés, ainsi que des *velours* et des *gazes*, dernières venues à Lyon. Plus de 60 % des unis étaient des taffetas.

Dans les dérivés de ces *taffetas* nous classons les Louisines, les Nattés, divers Gros de Tours, Gros de Naples, divers *cannelés*, *canetillés*, les *failles*, les Ottomans, les Royales…

Ensuite, il y avait les *sergés*, qui présentent une côte en diagonale et leurs dérivés : Gabardine, Diagonale, Chevrons divers, Losanges, Régences. Le *twill*, appellation commerciale, non lyonnaise, est un sergé très employé comme support d'impression.

Puis, les satins, qui existent dans de nombreuses versions : plus le fil est fin, la densité chaîne forte, et le *flotté* long, plus le satin sera brillant.

Le velours uni tissé à bras nécessite, nous l'avons déjà dit, deux chaînes : l'une de fond et l'autre dite de poil, car pour obtenir un mètre de velours il va falloir 1,05 m à 1,10 m de chaîne fond, alors qu'il faudra 4 à 6 m de chaîne poil. C'est ce que l'on appelle l'*embuvage*, qui s'exprime en pourcentage, rapport existant entre le mètre de tissu fini et le métrage de chaîne nécessaire à son exécution[16].

Enfin la *gaze*, peu commercialisée en soie de nos jours, eut son heure de gloire pour les voilages d'ameublement et certains emplois industriels. Elle s'obtenait également à l'aide de deux chaînes, l'une composée des fils droits, et l'autre des fils de tour qui avaient la possibilité grâce à un montage approprié de contourner les fils droits.

Certains tissus associent différentes armures comme le *pékin* ou le *gourgourand*, qui sont des unis rayés à bandes d'armures différentes dans le sens de la chaîne. La *bayadère*, quant à elle, forme des bandes d'armures différentes mais dans le sens trame. L'*imberline* est un satin rayé lourd utilisé pour l'ameublement. Ces unis, pour la plupart, ont été tissés sur métiers mécaniques, dès que ceux-ci ont été opérationnels.

Les façonnés sont des tissus dont le décor peut être formé soit par des effets de chaîne, soit par des effets de trame, soit par des armures différentes du fond. Parmi les façonnés les plus courants :

– les *damas* comportent une seule chaîne et présentent un effet mat ou brillant constitué souvent par la face trame et la face chaîne d'un même satin ou d'un même sergé, mais aussi par l'association de deux armures différentes,

– les *lampas*, techniquement, comportent une chaîne de fond et une chaîne de liage, voire même deux dans le cas du

C'est pour économiser les forces du tisseur que l'on tissait « endroit dessous ».

---

16. S'il n'y avait qu'un seul rouleau d'ourdissage, très rapidement les fils destinés au poil resteraient tendus et les fils de fond flotteraient.

Le gourgourand est un uni rayé à bandes d'armures différentes dans le sens de la chaîne.

Les droguets juxtaposent plusieurs armures et des dessins aux couleurs multiples.

lampas *taille-douce*, dont le rôle est de lier le décor réalisé à l'aide de plusieurs trames supplémentaires lancées, lattées ou brochées,

– les *lampassettes* qui sont des tissus pour ameublement composés habituellement d'un fond satin et d'un sergé trame formé par deux fils pour que l'inclinaison des lignes de liage soit suffisante. La lampassette cherche à imiter les effets de trame des lampas d'où le nom donné à cette étoffe,

– les *droguets* sont caractérisés par la juxtaposition de plusieurs armures et des petits dessins obtenus par des effets de trames lancées dont les couleurs sont multiples. Ces trames sont dites *lattées interrompues* si les couleurs changent au cours du tissage. Les droguets étaient utilisés au XVIIIe siècle pour les gilets d'hommes.

- les *brocatelles* comportent deux chaînes et deux trames au minimum. Le décor se détache en satin très en relief fait par la chaîne sur un fond en sergé. Le relief bien particulier de ce tissu est obtenu par une tension appropriée des chaînes et des trames. Les anciennes brocatelles avaient toujours une des trames en lin.

D'autres façonnés dont le décor est réalisé par la chaîne, ce qui nécessite un ourdissage parfois complexe avec plusieurs rouleaux de chaîne pour tenir compte des variations d'embuvage, portent des noms surprenants : mexicaines, haïtiennes, broderies.

Les velours façonnés sont nommés *coupés* si le dessin s'enlève en velours coupé ou *frisé* si le velours fait des boucles. Mais si le velours comporte du frisé et du coupé, il est dit *ciselé* : c'est ce que l'on appelle commercialement le *velours de Gênes*. Les Italiens ont bien mérité ce rappel de leur présence car ils tissaient à la Renaissance de magnifiques velours et transmirent leur technique aux Lyonnais.

En ameublement, on emploie souvent l'appellation *velours jardinière* pour désigner un grand dessin exécuté en velours ciselé comportant de multiples couleurs. Si la même couleur de poil est présente sur toute la largeur de l'étoffe, elle constitue un corps. S'il y a deux couleurs sur toute la largeur on parle de double corps, et trois, triple corps. Un même corps pouvant comporter en alternance des couleurs différentes.

Lampas de la Chambre de la Reine Hortense à Arnenberg (1830).
Le décor des tissus façonnés peut être formé par des effets de chaîne ou de trame, ou encore par des armures différentes du fond.

La chaîne poil qui permettra de réaliser un velours façonné, coupé, frisé, ou ciselé, doit être placée sur une cantre, c'est-à-dire un cadre supportant l'ensemble des bobines sur lesquelles sont enroulés les fils de poil. En effet, chacun de ces fils doit rester indépendant de ses voisins car son déroulement est fonction de sa contribution au décor. C'est ce que nous avons appelé plus haut l'embuvage. La cantre supporte couramment de 800 à 1600 bobines dont le déroulement se trouve freiné par un léger contrepoids fixé à la petite gorge de chaque bobine et assurant une bonne tension des fils.

Le velours *au sabre* ne doit en aucun cas être confondu avec les velours *au fer*. C'est un effet obtenu après le tissage grâce à une petite lancette d'une quinzaine de centimètres de long, manipulée à la main, et qui sert à couper des flottés de satin. L'armure du tissu est prévue pour supporter ce traitement : le satin comporte un *liage* redoublé et le fond

Lampas latté, endroit et envers. Le décor est lié à l'aide de plusieurs trames.

Les brocatelles comportent deux chaînes au minimum et deux trames, dont une en lin.

du tissu est renforcé par une chaîne de liage. Cet effet est réservé aux soieries de Haute nouveauté, car s'il est très beau, il ne contribue pas à améliorer la résistance du tissu.

Le terme *broché* est utilisé à tort, commercialement, pour désigner n'importe quel façonné comportant un décor de plusieurs couleurs. Il est utilisé également à tort pour désigner un type de tissu. En réalité c'est une technique d'insertion : la trame brochée n'est pas passée d'une lisière à l'autre du tissu mais seulement dans la partie où elle contribue à la réalisation du décor. Elle ne réalise pas forcement seule le décor, il y a des *damas brochés* et des *lampas brochés*. Un grand dessin broché implique obligatoirement un tissage à bras. Mais on peut obtenir un effet approchant en laissant flotter les trames lancées du décor à l'envers du tissu pour les découper après le tissage. C'est le cas du *lancé découpé*[17], qui n'est pas broché. La technique du broché offre plusieurs avantages. Quel que soit le nombre de trames brochées, le fond du tissu conserve toute sa

---

17. Les fabricants lyonnais n'aimaient pas le lancé découpé qu'ils assimilaient à un truquage.

Velours ciselé, dit commercialement Velours de Gênes.

Le velours jardinière désigne un grand dessin de velours ciselé aux multiples couleurs.

Les bobines de la cantre.
Détail. *Un léger contrepoids fixé à chaque bobine assure la bonne tension du fil.*

finesse alors que le même tissu traité en *lampas* devient rapidement très épais et ne peut plus être drapé. D'autre part, on réalise une économie importante de matière en brochant, et c'est intéressant lorsqu'on emploie des trames de grandes valeurs, en métal précieux[18] par exemple.

LES DÉFAUTS DU TISSAGE

Prenons les principaux par ordre alphabétique :

– l'*arbalète* se produit lorsqu'un bouchon apparaît dans la chaîne. La trame s'y accroche et se tend comme la corde d'une arbalète dont le bouchon serait la flèche.

– l'*arrachure* est provoquée après le tissage, lors du *pincetage*, quand on enlève brusquement un bouchon qui entraîne avec lui un fil de chaîne ou un morceau de trame.

– le *crapaud* se produit en cas de défaillance du remisse ou du montage. Le fil de chaîne n'étant plus commandé fait des siennes.

– l'*impanissure* est une ternissure du tissu souvent difficile à atténuer.

– la *lardure* se forme lorsque la navette a pris des fils qu'elle aurait dû laisser. Cela peut se produire si la chaîne n'est pas assez tendue ou la foule insuffisamment ouverte.

– le *pas failli* se produit si le tisseur se trompe de marche avec son pied, et fait lever une mauvaise lisse.

– la *trame tirante* se manifeste si la trame a rencontré des difficultés pour se dérouler. Elle est trop tirée et il faut parfois la détendre en la coupant vers la lisière du côté d'où elle est partie.

---

18. Débutant dans la vie professionnelle je n'avais pas saisi pourquoi il y avait une balance de précision au service fabrication, mais lors des premières commandes de brocarts, à partir de 1950 pour le rideau de scène de l'opéra de Gabriel à Versailles, il fallut apprendre à calculer les quantités de fils nécessaires pour commander en une seule fois tout le fil d'or nécessaire à la réalisation, même si elle s'échelonnait sur plusieurs années, afin d'être sûr d'avoir un métal ayant le même reflet. Au prix de la matière, il était préférable de ne pas prévoir trop large pour que l'opération demeure rentable…

Le velours au sabre *est obtenu après avoir coupé les flottés de satin grâce à une petite lancette. C'est un effet réservé aux soieries de Haute Nouveauté.*

Pour réaliser un effet broché, il faut que la trame soit passée seulement dans la partie où elle contribue à la réalisation du décor. Les boîtes contiennent les fils de couleurs différentes.

La cantre, utilisée pour le tissage du velours, supporte de 800 à 1 600 bobines.

Lampas broché, fonds taffetas, soie et filé or, Pernon, 1785. Meuble d'été de la Chambre de Louis XVI à Versailles.

Les mesures

Pourquoi est-on resté fidèle au pouce (valant 2,707 cm), ancienne mesure de longueur en France ? Car un peigne pour le tissage est toujours défini par son nombre de dents au pouce. Sans doute parce que pour modifier toutes les données établies en pouce bien antérieurement à l'adoption du système métrique, il aurait fallu introduire de nombreuses décimales afin d'obtenir des équivalences correctes. Nous rencontrons les mêmes problèmes avec l'euro[19]…

---

19. D'ailleurs l'introduction du système métrique ne fut guère glorieuse puisque son application décidée en 1791 ne devint impérative qu'au 1er janvier 1840, sous le règne de Louis-Philippe, 49 ans plus tard… Et pourtant ce système présentait un réel intérêt, en introduisant une unité de mesure standard. Auparavant chaque province avait son aune qui pouvait varier de quelques centimètres autour de 1,18 m suivant les régions. Napoléon 1er avait même tenté d'imposer une aune métrique de 1,20 m mais, sur les registres du début du XIXe siècle. On constate que, lorsque les commandes officielles étaient passées en mètres, le teneur de livres mettait de côté l'équivalent en aunes.

Lampas broché, fond satin, décor à dentelle. Soie, filé or et frisé argent. Début du XVIIIe siècle.

Différentes règles utilisées par les fabricants pour mesurer le tissu.

Pour exprimer la grosseur du fil, c'est-à-dire son *titrage*, on utilisait des unités de mesure variables suivant les matières. Pour la soie, on exprimait le titre en *deniers*, poids en grammes de 9 000 mètres de fil. Depuis quelques années, on utilise le *decitex*, poids en grammes de 10 000 mètres de fil. Pour le coton, dès le XXe siècle, on utilisa le numéro métrique qui représente le nombre de kilomètres au kg et plus récemment, on en vient au decitex.

On avait également l'habitude de compter le nombre de fils de la chaîne en *portées*. C'était un vieux terme d'ourdissage. La portée faisait 80 fils. La demi-portée répondait au doux nom de *musette* et comportait 40 fils. Une chaîne de damas de 120 ou de 160 portées était plus facile à exprimer qu'une chaîne de 9 600 ou de 12 800 fils !

En 1950 la *décomposition*, ou *analyse*, d'un échantillon se faisait encore à l'aide du *quart de pouce*, petite plaque de cuivre percée d'une ouverture d'un quart de pouce dans un sens et d'un centimètre dans l'autre, solidaire d'un montant comportant, fixée à distance convenable, une petite loupe ; celle-ci permettait de compter le nombre de fils lorsque l'on posait correctement l'outil sur le tissu. Un bon technicien ne se déplaçait jamais à Lyon sans avoir sur lui son quart de pouce, protégé dans son étui de cuir fatigué, et sa paire de petits ciseaux à bouts ronds. Cette *décomposition* permettait de connaître la densité chaîne et trame, ainsi que le titrage, et de calculer le peigne, le montage, le nombre de chemins dans la largeur du tissu, le bon papier de mise en carte, le nombre de cartons, enfin tous les éléments nécessaires à sa fabrication.

*Les petits outils familiers
du technicien…*

Dans l'atelier du 43, rue Coste à Caluire, en 1980, le rouet et les métiers à bras.

La technique du tissage et son évolution

Ce chapitre est incontournable à qui veut donner un aperçu de la recherche constante qui s'est poursuivie au cours des siècles en vue de perfectionner le tissage. Nous l'avons dit, pour fabriquer un tissu croisement, il faut au minimum une chaîne et une trame. La chaîne se déroule de l'arrière vers l'avant du métier. Le tisseur, par différents procédés, au départ à l'aide de ses doigts, ensuite de mailles et de lisses, a appris à séparer la chaîne en deux nappes entre lesquelles il insère sa trame. Pour que celle-ci soit bien perpendiculaire à la chaîne, elle est tassée à l'aide d'un peigne qui fut d'abord en roseau, puis métallique poissé, et enfin soudé. Le tisseur a ensuite amélioré le support de la trame en passant progressivement d'une planchette à différentes sortes de navettes, avant d'arriver il y a quelques années à la *lance*.

L'*armure toile* est la plus anciennement connue dans l'histoire du tissage. Peut en témoigner la «tunique pharaonique» exposée au musée des Tissus de Lyon, une toile de lin aux quarante siècles d'existence (le taffetas est la version soie de la toile). Sergés et satins vinrent plus tard. Puis ont été fabriqués des tissus dits «*façonnés*» dont le décor était réalisé au cours du tissage, et non pas sur le tissu fini comme c'est le cas pour l'impression. Nous avons peu de renseignements précis sur les premières techniques utilisées en Chine pour fabriquer les façonnés avant le début de l'ère chrétienne. Il fallait en tout cas déjà une *tire*, c'est-à-dire un système qui permettait de sélectionner les fils de chaîne.

Les métiers «à la grande tire» étaient déjà utilisés en Italie au XVe siècle. Un ouvrier en soie lyonnais, Claude Dangon, tisse sur ce type de métier dans sa ville en 1605. Il touche une subvention de 200 livres tournois accordée par le Consulat pour avoir introduit «les velours turques avec fonds de satin, et d'autres étoffes non encore mises en œuvre en la dite ville, et pour le dédommager du voyage par lui fait devant le Roy qui aurait pris plaisir de voir les premiers essais des dites étoffes». Il ne semble donc pas qu'il ait inventé la grande tire, comme on a coutume de le dire, mais plutôt monté des métiers sans doute importés d'Italie à l'aide desquels il produisait des beaux façonnés et obtenait des subventions. Un privilège de cinq ans lui fut accordé pour avoir «apporté en France la manufacture des étoffes d'or, d'argent et de soye à fleurs et figures dans la ville de Lyon». Il n'est fait aucune allusion à une quelconque invention. Les motifs façonnés obtenus étaient sans doute plus importants qu'auparavant mais n'oublions pas que l'on tissait déjà depuis longtemps la soie à Tours et à Lyon. Dans l'année qui suivit, Dangon avait monté 12 métiers de grands façonnés et en 1607 Henri IV lui fit donation de 6 000 livres lui accordant le titre de « Maître ouvrier du Roy ». Ce métier est appelé italo-français par les spécialistes pour le différencier du métier chinois que l'on peut voir maintenant au musée de Bourgoin-Jallieu.

La « petite tire » a été mise au point plus tardivement et fut progressivement améliorée par toute une série de petits inventeurs. Le montage préparatoire du métier était beaucoup plus long, il fallait donc que la production soit assurée pour amortir les frais de préparation. D'autre part ce métier dit aussi « aux boutons » ou à « quilles » ne permettait qu'un rapport de dessin limité. En revanche il évitait certaines erreurs de tissage qui se produisaient avec la grande tire. On eut pendant longtemps recours à ce type de métier dont on mentionne encore l'existence dans le quartier Saint-Georges au XIXe. Il permettait au tisseur de réaliser de petits façonnés, le tireur actionnant successivement une série de boutons placée sur le côté du métier ; chaque bouton commandant la levée des fils permettant le passage d'une trame[1].

Le matériel, en bois, employé à cette époque se trouve décrit avec minutie dans la *Grande Encyclopédie* et dans *L'art du fabriquant d'étoffes de soie* du Nîmois Paulet, publié en 1775. Dans sa préface, l'auteur écrit : « Lyon me semble la première ville de manufacture de l'Europe. Néanmoins, on ne saurait nier que Nîmes et Tours se disputent l'honneur du second rang ». Il explique ensuite que Nîmes exploite plus de métiers que Tours, mais que Tours utilise la « grande tire » et fabrique de plus belles étoffes que Nîmes qui travaille à l'aide de la « petite tire ». Une reproduction de la « grande tire » a été réalisée par des professeurs de l'école municipale de Tissage de Lyon en 1939 en partant d'un rapport fait par les maîtres gardes de Lyon à l'Académie des Sciences, datant de 1775. Elle se trouve exposée à la Maison des Canuts. D'ici peu, nous pourrons voir un métier à la « grande tire », un peu différent, mais plus authentique, au musée historique de Lyon, rue de Gadagne.

Sans rentrer plus avant dans le fonctionnement complexe de ces métiers il faut tout de même signaler que, grâce à eux, ont été réalisées les plus belles soieries du XVIIIe siècle et du Premier Empire. Les soieries destinées à Versailles, à Frédéric II de Prusse, à Catherine II de Russie, à la cour d'Espagne, à Stanislas Leszczynski et même à Napoléon Ier sont antérieures au bon fonctionnement de la mécanique Jacquard, ne l'oublions pas. L'inconvénient de la « grande tire » était donc la nécessité pour le tisseur d'avoir, en permanence, un assistant, et parfois deux ou même trois, pour tirer les lacs sur le côté du métier.

Diverses tentatives furent faites au XVIIIe pour améliorer le tissage des *façonnés*. Le passementier Basile Bouchon, dès 1725, conçut un système placé latéralement sur le métier, qui permettait de sélectionner, grâce à un papier troué laissant passer des *aiguilles*, reliées à des crochets auxquels étaient suspendus les fils de chaîne. Malheureusement, ces aiguilles étaient trop peu nombreuses.

Jean-Philippe Falcon, en 1742, inventa la chaîne de cartons enlacés qui, pivotant sur un prisme, remplaça le papier de Bouchon. Il augmenta le nombre des *aiguilles* afin de l'aligner sur le nombre de cordes du *semple*. Le système était encore disposé sur le côté du métier. On constate donc qu'en 1742 le principe du carton perforé que l'on a voulu attribuer à Jacquard existait déjà dix-huit ans avant sa naissance. Mais la présence d'une seconde personne restait nécessaire pour assister le tisseur. Il ne s'agissait plus d'un *tireur de lacs*, mais d'un aide qui présentait les cartons un par un, ce qui permettait un tissage plus rapide qu'avec la tire. Le tisseur ne pouvait pas encore travailler seul sur son métier.

---

1. Voir Paulet, *L'art de lire les dessins à boutons*, chap. 8, page 931.
2. L'Anglais Cartwrigt a fait tourner en 1785 un métier mécanique à l'aide de la machine à vapeur de Watt.
3. En 1779, Philippe de Lasalle rappelle qu'il est l'inventeur de ce système qui permet de changer le dessin sur le métier en une minute, ce qui facilite l'exécution « de très grands dessins qui ne pouvaient se faire qu'avec beaucoup de difficultés et avec une dépeine extraordinaire » (A.N.F. 12 1444B 12/02/1779).

Vers 1748, Jacques de Vaucanson revint au papier perforé de Bouchon et positionna sa mécanique au-dessus du métier, mais il plaça ce papier perforé sur un cylindre. Cette rotation permettait de présenter après chaque passage de trame une nouvelle rangée du papier devant les aiguilles pour opérer une nouvelle sélection.

Le premier métier mécanique présenté par Jacques de Vaucanson n'ayant pas suscité l'intérêt qu'il méritait[2], Philippe de Lasalle inventa le *semple mobile* en 1775 qui allait faciliter le tissage des grands dessins de façonnés et permettre de gagner du temps lors de leur réalisation, en lisant les semples d'avance, que l'on accrochait au métier et décrochait successivement, pour remplacer les semples précédents. Ceux-ci pouvaient être conservés en vue d'une réutilisation[3]. Lasalle dut exploiter lui même son procédé comme fabricant. L'histoire fait peu de cas de cette inven-

Tissage d'un velours ciselé.
Le tisseur, à l'aide des lisses, sépare la chaîne en deux nappes entre lesquelles passe la trame.

Le tisseur lance sa navette à l'aide d'une poignée suspendue devant lui, qu'il tire vers le bas.

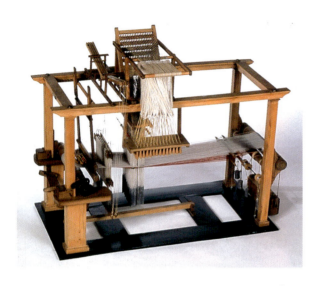

1
2

3
4

5
6

tion géniale, car son utilisation fut limitée dans le temps : la mécanique Jacquard allait apporter une nouvelle solution au problème du tissage des façonnés sous la Restauration, quarante ans plus tard.

D'autre part, jusqu'en 1757 la navette était lancée d'une main et récupérée de l'autre. Un Anglais, John Kay, inventa la *navette volante*, qui permettait au tisseur de lancer sa navette, sans la toucher, à l'aide d'une poignée suspendue devant lui, qu'il tirait vers le bas. Cette poignée reliée par des cordelettes à un taquet en buffle nommé *rat*, qui coulissait dans une boîte placée sur le côté du battant, permettait, en donnant un coup sec à l'arrière de la navette, de lancer celle-ci d'un bout à l'autre de celui-ci, où se trouvait une seconde boîte. Ce système permit d'accélérer le tissage de bon nombre d'étoffes unies puis d'augmenter la largeur du tissu.

En cette fin de siècle, les recherches continuèrent et apportèrent des possibilités nouvelles. Rappelons simplement quelques noms de ces artisans ingénieux qui n'étaient souvent que des tourneurs, des menuisiers, des mécaniciens qui furent occasionnellement des inventeurs et aidèrent la Fabrique : Brun, Ponson, Verzier, Pipon, Dardois, Jacques et Nicolas Currat, Claude Rivet, André et Jean Saint-Michel, Reynier et plus tard Augustin Coront. Ils furent oubliés pour laisser la place à Jacquard qui réalisa la synthèse des trouvailles antérieures et attacha son nom à une mécanique lui assurant la célébrité :

– de Basile Bouchon il avait retenu le principe des *aiguilles*,

Mise en carte de la tenture dite de Crimée, commandée par Catherine II à Philippe de Lassalle pour commémorer la conquête de la Crimée par Potemkine en 1783.

Six modèles réduits de Marin au musée des Tissus de Lyon montrant les inventions qui ont précédé et inspiré celles de Jacquard.
1. Métier aux boutons.
2. Métier de Bouchon.
3. Métier à la tire.
4. Métier de Falcon.
5. Métier de Vaucanson.
6. Métier à mécanique Jacquard.

Pages suivantes :

A gauche, portrait de Catherine II, Impératrice de Russie, dans son médaillon fleuri. Philippe de Lassalle, 1771.

A droite, portrait de la Comtesse de Provence. Philippe de Lassalle. Ces portraits le firent connaître de toute l'Europe.

– de Jean-Philippe Falcon l'enlacement des *cartons*,
– de Jacques de Vaucanson l'emplacement de la mécanique au-dessus du métier, non plus latéralement comme l'avaient fait Falcon et Bouchon, évitant le recours au *cassin*[4], et le *cylindre* qu'il transforma en parallélépipède afin de bien faire plaquer ses *cartons* sur une surface plane. Il créa une chaîne continue de cartons en reliant le dernier au premier, ce qui permettait de tisser les rapports successifs d'un dessin sans arrêter le métier.

Le décor façonné du salon de la chapelle du Grand Trianon. Premier essai d'utilisation de la mécanique Jacquard par le fabricant Pernon.

Le système Jacquard

Cette mécanique comporte un bâti en bois placé au sommet du métier et qui supporte tous ses organes. A l'intérieur de ce bâti se trouvent des *crochets* verticaux auxquels sont suspendus à leurs parties inférieures, par l'intermédiaire des *collets*, les *arcades* munies de maillons dans lesquels passent les fils de chaîne. A leur partie supérieure les crochets sont recourbés. Chaque crochet est solidaire d'une *aiguille* horizontale poussée du côté où se trouve le carton par un ressort nommé *élastique* placé à l'autre extrémité de l'aiguille. Si l'aiguille rencontre un carton non percé, l'aiguille et son crochet solidaire restent en arrière. Si, au contraire l'aiguille rentre dans un trou du carton percé, elle est poussée en avant par l'élastique et le crochet correspondant va se positionner au-dessus d'une *lame de griffe*. Cette lame de griffe animée d'un mouvement de va-et-vient vertical se lève avant chaque insertion d'une nouvelle trame, et entraîne avec elle les crochets qui se trouvent au-dessus d'elle. Le *cylindre*, nom donné au parallélépipède autour duquel se déroule la chaîne de cartons au moyen de dents de bois nommées *pedonnes*, vient plaquer contre les aiguilles et tourne d'un quart de tour grâce à la *lanterne* qu'accrochent les *loquets* à chaque ouverture du pas présentant un nouveau carton, prélude à une nouvelle sélection.

L'ensemble des *cartons* perforés et enlacés nécessaire pour réaliser le rapport complet du décor se nomme *dessin*. Chaque carton perforé qui donne une nouvelle sélection des fils de chaîne correspond au passage d'une seule trame. Un dessin comporte donc autant de cartons qu'il y a de trames à passer pour tisser un rapport complet du décor.

La mécanique fonctionnait mal et ne devint opérationnelle qu'à partir de 1817, lorsque Breton eut achevé la mise au point et fit breveter la pièce coudée qui permettait de dégager franchement le cylindre avant de le faire tourner, évitant ainsi aux cartons de se déchirer. Tout au long du XIXe siècle, en gardant le même principe, on chercha à en tirer le meilleur parti.

En 1811, le fabricant Dutillieu, fabricant, mit au point le *régulateur*. Cet appareil fixé sur le pied avant droit du

Le régulateur inventé par Dutillieu en 1811 permettait d'obtenir un enroulement régulier du tissu.

Pour que le tapissier, à la pose, puisse raccorder les lés, le tisseur devait s'assurer de la régularité de son tissage. **Tapisserie du bureau du maire. Hôtel de Ville de Lyon. Tassinari-Chatel.**

métier, actionné par le mouvement du battant puis de la mécanique, permettait d'obtenir un enroulement régulier du tissu, alors qu'auparavant le tisseur devait s'assurer de la régularité de son tissage afin que la hauteur du dessin soit toujours la même, sinon le tapissier à la pose ne pouvait plus raccorder les lés. Les bons tisseurs y parvenaient très bien à l'aide de petits bouts de ficelles comportant des nœuds qui leur servaient de repères. Ce régulateur était une innovation appréciée, et sur une soumission des fabricants

---

4. Cadre incliné placé au sommet du métier et garni de petites poulies sur lesquelles passent les cordes du rame. Ces cordes descendent ensuite s'accrocher aux arcades verticales.

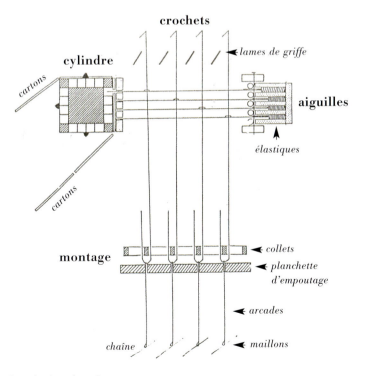

La mécanique du système Jacquard

Grand-Frères au mobilier de la Couronne, en 1817, nous pouvons lire : « Nous nous engageons de plus, à faire fabriquer sur les métiers à régulateur dont M. Dutillieu est l'inventeur et par le moyen desquels la hauteur de chaque dessin se trouve toujours parfaitement égale les diverses commandes de damas… » Un peu plus loin est indiquée la redevance à verser pour chaque aune produite à l'aide de ce *régulateur*.

Petites astuces et grands effets

Vers 1980 la conservation du palais de Fontainebleau nous avait confié, en vue de sa reproduction, un échantillon d'origine de la bordure des tentures murales de la chambre de l'Impératrice. Nous avions mesuré la hauteur d'un rapport de dessin afin de choisir le bon rochet à placer sur notre régulateur et, après plusieurs mois de travail, en plaçant la nouvelle fabrication à côté de l'ancienne, nous eûmes le désagrément de constater que les deux lés dont le tissage partait du même point du dessin, divergeaient ensuite. La première fabrication avait été réalisée en 1788, avant l'invention de Dutillieu et chaque rapport de dessin avait une hauteur légèrement différente. Nous n'y avions pas pris garde et c'était grave car le décor de la bordure verticale de la tenture murale devait se raccorder aux angles avec celui de la bordure horizontale. Nous ne pouvions y arriver alors que nos aînés malgré leurs irrégularités de tissage mais sans doute avec leurs petites astuces de métier y étaient parvenus. Il fallut rectifier, en calculant la moyenne des hauteurs de dessin sur une grande longueur, car nous ne voulions pas renoncer à l'utilisation du régulateur. Cette bordure a tout de même été posée grâce à la compréhension du Conservateur et la base de la bordure incriminée se trouve cachée derrière le lit de l'Impératrice.

Deux systèmes furent mis au point, qui pouvaient se fixer sur le battant contre le peigne, afin de fabriquer plus rapidement les tissus utilisant des trames brochées, c'est-à-dire des trames qui n'étaient pas passées sur toute la largeur du tissu. Ces systèmes se nomment le brocheur et la brodeuse.

Le *brocheur* permettait, s'il y avait par exemple huit motifs dans la largeur du tissu, de passer d'une seule fois la même couleur dans les huit motifs. Fixé sur le battant, il recevait de la mécanique un mouvement qui l'abaissait ou le relevait suivant la nécessité du tissage. Cette merveille d'ingéniosité était très fragile et de modèles différents suivant la largeur du tissage, le nombre de motifs dans la largeur, et le nombre de couleurs à passer [5]. Nous avons encore vu fonctionner un métier équipé d'un battant brocheur vers 1960 dans la région lyonnaise, qui produisait un petit façonné de soie, très beau, mais ce fut la dernière fois.

La *brodeuse* souvent nommée « brodeuse au tonneau », concernait plutôt les tissus légers, genre mousseline. Le *tonneau*, petit cylindre de cuivre de 11 mm de diamètre et de 35 mm de longueur, laissait échapper sa trame par une *cheminée*. Sa faible taille permettait de brocher jusqu'à quarante motifs dans une largeur de 80 centimètres.

Ces deux systèmes, qui faisaient gagner du temps, eurent leurs heures de gloire mais surtout pour les tissus de robe car leurs possibilités restaient limitées à des dessins de petite largeur ce qui était peu souvent le cas, au XXe siècle, pour les soieries d'ameublement. Ils disparurent pratiquement à Lyon avant la Seconde Guerre mondiale.

Bien que l'on date la mécanique Jacquard de 1805, elle ne devint vraiment opérationnelle que sous la Restauration. Mais, compte tenu des investissements nécessaires pour acquérir ce nouveau matériel, on trouvait encore des métiers à la « grande tire » à Lyon en 1828. Ils disparurent vers 1830. Il est possible que les tisseurs de façonnés aient profité de leur déménagement de la presqu'île ou du Vieux-Lyon vers la Croix-Rousse, pour abandonner leur « grande tire » encombrante et s'équiper de mécaniques Jacquard. Mais à cette époque on signale encore deux mécaniques de Falcon fonctionnant 45, rue Saint-Georges dans le Vieux-Lyon et quelques-unes de Verzier, montées dans divers petits ateliers. Breton prit le 28 février 1815 un brevet de

---

5. Mme Baron, rue du Mail, possédait tous les modèles existants, les entretenait, et les louait aux tisseurs. Pendant la crise des années 1930, personne ne venant l'aider ou prendre sa suite, elle préféra dans son désespoir détruire tout son matériel en fermant ses portes.

*Mousseline brochée métal.
Maison Henri Bertrand
(1920–1930).*

La « petite » mécanique 104 (crochets) qui donnait l'armure fut rapidement adjointe à la grande mécanique qui donnait la forme du dessin.

perfectionnement de la mécanique dite « à la Jacquard » suivi d'un additif le 17 janvier 1817 concernant la pièce coudée qui rendit opérationnelle la mécanique Jacquard.

A partir de cette date on a constamment cherché à améliorer les possibilités de cette mécanique à *bâti* en bois. Si Jacquard avait choisi un compte de 400 crochets pour sa première mécanique, c'est sans doute parce que cela correspondait au *simple* classique utilisé pour la « grande tire », comme le signale Breton. Par ailleurs, s'il voulait que les maîtres-ouvriers acceptent sa mécanique, il était préférable de leur proposer un compte correspondant à celui qu'ils avaient l'habitude d'utiliser. Mais rien n'empêchait d'aborder d'autres comptes plus modestes comme celui de 80. A partir de 1825 : 104, 200, ou plus ambitieux, on passa à 500 puis à 600, 700, 900 pour arriver à 1200, 1500 et même 1800 crochets lors de la mode des *châles*. C'était théoriquement merveilleux, mais les cartons de 900 ou de 1200 étaient déjà difficiles à manipuler dans les petits ateliers parce que trop volumineux, et qu'ils se déchiraient[6].

Pour embrocher, on introduisait des *aiguilles* métalliques entre deux *cartons* qui débordaient aux deux extrémités. Ces aiguilles étaient placées tous les 40 cartons environ et permettaient de suspendre le dessin qui formait ainsi un grand accordéon accroché au *berceau* de la mécanique.

Si les petits dessins embrochés étaient suspendus près du *cylindre* sur un berceau ou *chemin de fer* qui permettait un bon déroulement de la chaîne des cartons, le dernier carton étant attaché au premier, il était impossible de suspendre de la même manière tous les cartons d'un grand dessin. En général on les utilisait groupés par paquet de mille. Chaque paquet était posé sur un petit chariot bas, à roulettes, que l'on amenait près du métier au moment de son utilisation[7].

La mécanique Jacquard de 104 crochets fut rapidement adjointe à la grande mécanique qui donnait la forme du dessin, son rôle étant de se substituer aux multiples pédales

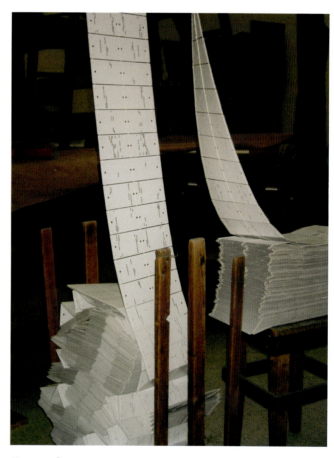

Paquets de cartons en situation d'utilisation sur métiers à bras. Les cartons devenaient vite encombrants et représentaient un volume important.

Le système Verdol (1883) remplace la chaîne de cartons enlacés par une bande de papier continue.

---

6. Quant aux 1800 je n'en ai jamais vu, seulement entendu parler. Ils durent disparaître au moment où cessa la fabrication des châles.

7. Imaginez l'encombrement que pouvait provoquer dans l'atelier, le stockage d'un dessin de 40 000 cartons, ce qui n'était pas rare, pour approvisionner un seul métier. Et s'il y avait plusieurs dessins on ne pouvait plus circuler entre les métiers.

à la disposition du tisseur sur le métier à la « grande tire », qui permettaient de donner l'armure.

Étienne Maisiat, professeur à l'École spéciale de Commerce de Lyon, prit le brevet n° 3546 du 10 novembre 1827 concernant le montage à *tringles* qui sera adopté vers 1840. Ce système permettait, grâce à une combinaison ingénieuse, de travailler avec une seule mécanique dont certains crochets étaient réservés à la commande des tringles qui donnent naissance aux armures. L'inconvénient des tringles est qu'elles permettent la réalisation d'une seule armure percée sur les cartons du dessin, sans possibilité d'en changer, alors que les lisses étaient commandées par une petite mécanique annexe dont il était facile de changer les cartons pour obtenir une autre armure.

Le principe de fonctionnement de la mécanique Jacquard étant acquis, tout au long du XIXe les chercheurs se sont ingéniés à en améliorer les possibilités. Les progrès accomplis dans la métallurgie permettent à Eugenio Vincenzi, natif de Modène, d'obtenir un nouveau modèle à *bâti en fonte*, fonctionnant avec un chaîne de cartons enlacés qui n'offrait pas plus de possibilités que la Jacquard mais dont le volume était plus réduit. La mécanique peut comporter 1, 2 ou 3 compartiments égaux de chacun 400 crochets. Vincenzi prend le brevet n° 18914 du 17 juillet 1857. Au début, les tisseurs ne manifestèrent pas un enthousiasme délirant car cela les obligeait à changer de matériel, et donc à faire des frais, mais ils se rendirent vite compte des avantages qu'apportait ce nouveau format de cartons. Etant donné l'exiguïté des ateliers, il était parfois impossible de tisser en même temps deux grands façonnés, par suite du manque d'espace pour stocker les cartons Jacquard trop encombrants. Une partie du travail devait alors partir ailleurs.

Enfin Jules Verdol (1831-1906), reprenant l'idée de Bouchon, remplace la chaîne de cartons enlacés par une bande de papier continue, conservant les divisions égales adoptées par Vincenzi. Le premier brevet de Jules Verdol portant le n° 155454, date du 15 mai 1883. Un autre brevet sera pris le 10 décembre 1902, demandé pour 15 ans par la « Sté anonyme de mécanique Verdol » et délivré le 18 mars 1903. Les Ets Jules-Verdol et Cie avaient été créés à Paris dans le XXe arrondissement et en 1891 le siège sera transféré à Lyon. Verdol ne cessera de perfectionner son système, améliorant d'une part la qualité de son papier qui, au début, variait en fonction de l'hygrométrie ambiante, dans des ateliers qui n'étaient pas encore climatisés[8], et d'autre part la précision de sa mécanique, ce qui permettra d'augmenter progressivement la vitesse de rotation des métiers de façonnés.

Il fallait aller au-delà de Jacquard pour démontrer que si, pour beaucoup, avec lui tout est dit, en réalité, tout au long du XIXe siècle, son système n'a cessé d'être amélioré afin de diminuer l'encombrement des cartons nécessaires et leur poids. C'est ainsi qu'à la fin du siècle, pour insérer 1 000 trames à l'aide de mécaniques d'environ 1 200 crochets il fallait :

– 88 mètres de cartons Jacquard pesant 53 kilos,
– 70 mètres de cartons Vincenzi pesant 15 kilos,
– 27 mètres de papier Verdol pesant 2,15 kilos.

Les cartons Vincenzi comme les cartons Jacquard devaient être enlacés les uns aux autres à l'aide d'une machine fournie au XIXe par Singer, spécialiste anglo-américain de la machine à coudre. Dans les cas où le décor du tissu était très large, on assemblait plusieurs mécaniques.

Les mécaniques conçues pour les métiers à bras furent adaptées aux premiers métiers mécaniques de façonnés qui leur succédèrent, après quelques petites modifications. Elles finirent leurs jours à un rythme accéléré.

La largeur de tissage la plus courante, sur métier à bras, était, nous l'avons déjà dit, de 54 cm. Cette largeur n'avait rien d'immuable. Le tisseur dont les bras ne pouvaient s'allonger pour lancer sa navette à la main, avait des problèmes pour tisser en grande largeur s'il ne disposait pas du *lance navette*. Ce lance navette était pratique s'il n'y avait que peu de couleurs de trame différentes à passer, car on a fabriqué de nombreux battants à simples *boîtes*[9], beaucoup moins à double boîtes et très peu à triple boîtes. Au-delà, il fallait lancer à la main.

Certains métiers furent spécialement construits au XIXe pour tisser en grande largeur[10]. S'ils produisaient du façonné broché, il était parfois nécessaire d'avoir deux tisseurs travaillant côte à côte et, dans ce cas, il était préféra-

Réunis ensemble, cartons Jacquard, cartons Vincenzi et papier Verdol.

Atelier de tissage mécanique vers 1910.
Bientôt toutes les trouvailles techniques s'appliquent aux métiers mécaniques.

316. - LYON. - Industrie de la Soie - Le Tissage Mécanique

8. Il fallut des années à Verdol pour mettre au point un papier « qui ne bouge pas ». Je me souviens de certains lundis matins douloureux. L'atelier n'ayant pas été chauffé durant deux jours, des piqûres se produisaient parce que les perforations du papier ne se trouvaient plus exactement en face des aiguilles de la mécanique. Le lundi après-midi, tout rentrait dans l'ordre. Le problème fut résolu grâce au papier Nonvar qui tint compte de la rétractation du papier plus forte dans un sens que dans l'autre.

9. La boîte est le logement situé de chaque côté du battant dans lequel rentre la navette.

10. Il existait encore un métier de ce genre chez Georges Mattelon (10, rue Richan à la Croix-Rousse), aujourd'hui équipé pour faire du taffetas caméléon comportant trois trames de couleurs différentes passées en même temps, et doté d'un marcheur qui dispense le tisseur de pousser son battant actionné alors par les pédales, et donne un battage très régulier.

ble que ceux-ci s'entendent bien et travaillent à la même cadence. Il existe aussi des *battants* dits *à clinquettes*, qui rendent le peigne mobile et permettent un tassage très doux de la dernière trame insérée au tissage, ou *à marcheur* et, dans ce cas, le tireur n'a plus à manœuvrer le battant à la main.

Sur les métiers mécaniques, le battant n'est plus suspendu. Il est muni de deux jambes, dites *jambes de battant*, pivotant sur un arbre situé à la partie inférieure du métier et le tisseur n'agit plus directement ni sur le battant ni sur la navette ; celle-ci est lancée mécaniquement à l'aide du *sabre* nommé aussi *fouet*, sorte de lame de bois rigide muni d'un *taquet* qui frappe l'arrière de la navette pour la projeter dans la boîte située à l'autre extrémité du battant. C'est la *chasse*, intégrée dans le mouvement du métier, un procédé brutal et bien anti-mécanique mais encore utilisé de nos jours. Toutes les trouvailles techniques sont orientées dorénavant vers ces nouveaux métiers : améliorations qui permettent de diminuer le temps d'arrêt de la machine. Tout est conçu pour aller plus vite. On recherche la productivité, nécessaire pour rester concurrentiel, mais dangereuse pour le maintien de la qualité. Les soieries tissées auparavant sur métiers à bras, et qui peuvent s'exécuter sur métiers mécaniques, sont progressivement transférées sur ces derniers. Les métiers à bras seront réservés aux fabrications les plus complexes qui ne peuvent être tissées autrement. Les créations seront réalisées sur les métiers mécaniques. Les navettes étant lancées mécaniquement, on peut tisser dans la largeur désirée, il suffit pour cela de choisir le métier qui convient.

Les tissus de Nouveauté auront une largeur de 90 cm, ceux d'ameublement passeront de 54 à 130 cm, ce qui n'est pas sans poser problème pour la reproduction d'un document ancien. En effet, 130 n'est pas un multiple de 54. Il faut procéder à des arrangements pour obtenir un nombre de rapports complets dans la largeur, ce qui n'est pas toujours possible sans détruire l'harmonie du dessin.

Après avoir installé une seule *boîte* de chaque côté du battant, on en mit plusieurs, créant ce que l'on appela les *mouvements de boîtes*. Il y eut le *mouvement à coups pairs* qui permettait d'avoir plusieurs boîtes d'un seul côté du métier et une seule de l'autre, chaque navette faisant un aller et retour avant de laisser la place à la suivante. Il y eut également le *mouvement pick-pick* qui nécessitait plusieurs boîtes de chaque côté du battant et qui permettait de passer autant de navettes que de couleurs moins une puisqu'il fallait toujours une boîte vide pour recevoir la navette qui venait d'être lancée. Les *pick-pick* les plus courants comportaient quatre boîtes de chaque côté, parfois on arrivait à six, rarement à huit. Plus le mouvement était compliqué, plus la vitesse du métier était réduite.

Pour le tissage des articles fins utilisant des navettes, il fallait fréquemment arrêter le métier pour changer les canettes vides et assurer l'approvisionnement. On mit au point le changement de navettes automatiques et le changement de canettes automatiques qui s'effectuait sans intervention manuelle de la tisseuse.

Les métiers sont successivement équipés de *casses chaîne* et de *casses trame* mécaniques, puis électriques avant de devenir électroniques, qui interrompent immédiatement la marche du métier en cas de rupture d'un seul fil. Pour les articles qui nécessitaient un déroulement particulier de la chaîne, on inventa le donneur automatique de chaîne.

Après la Seconde Guerre mondiale apparurent les métiers *à jet d'eau*, sur lesquels une petite buse située à l'extrémité du métier projetait une goutte d'eau qui entraînait le fil de trame d'une lisière du tissu à l'autre. Ce métier ne travaillait que des fils synthétiques insensibles à l'humidité, mais il fallait sécher le tissu rapidement après le tissage pour éviter la formation de moisissures. Pour remédier à cet inconvénient, on remplaça l'eau par un *jet d'air*. Parallèlement, apparut le métier Sulzer qui lançait une succession de projectiles entraînant la trame avec eux.

A partir de 1960, la machine à tisser se substitue progressivement au métier à navettes. Dans ce nouveau sys-

Les machines à tisser sont équipées de casses trame électroniques, qui interrompent la marche en cas de rupture d'un seul fil.

Atelier mécanique, montée Georges-Kubler à la Croix-Rousse. Pour les dessins en grande largeur, un assemblage de deux mécaniques Verdol est nécessaire. Ici, le travail s'effectue grâce à 5 rouleaux de chaîne…

tème, la *navette* est remplacée par une *lance* extra-plate qui pince le fil se trouvant sur le cône d'alimentation latéral, le transporte jusqu'au côté opposé, avant de revenir à vide. Cette lance nécessite, pour l'insertion de la trame, un angle d'ouverture de la chaîne beaucoup plus réduit que celui qui est indispensable au passage de la navette, ce qui permet, à la fois d'accélérer considérablement la vitesse de la machine et de moins fatiguer la chaîne au moment de son ouverture. D'autre part, sur chaque cône d'alimentation plusieurs kilos de matière représentent des centaines de *canettes* qui ne sont plus à remplacer lorsqu'elles sont vides. Les machines, sauf casses imprévues, peuvent tourner durant des heures sans s'arrêter.

Rapidement les machines sont passées à la *double lance* : une de chaque côté du métier, qui va au devant de l'autre. La première est porteuse d'une trame qu'elle transmet à la seconde venue à sa rencontre, à mi-course, ce qui permet de doubler la vitesse de production.

Cette énumération n'est pas exhaustive car l'évolution est constante… Ce volet, contemporain, sera abordé dans la dernière partie de cet ouvrage, consacrée aux textiles d'aujourd'hui.

Atelier Tassinari & Chatel à Fontaines. Métier mécanique monté.

*Un tissu façonné réalisé
sur métier mécanique.*

88

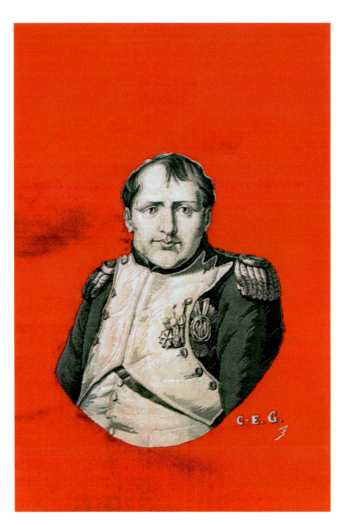

Portrait tissé (endroit/envers) de Napoléon Ier, qui contribua largement à la réhabilitation des soieries en imposant à la cour le port de somptueux vêtements et dans ses palais en Europe les plus riches décorations.

La Croix-Rousse au XIXe siècle

Napoléon 1er contribua largement à la réhabilitation des soieries en imposant à la cour le port de somptueux vêtements d'apparat et en exigeant une riche décoration dans tous ses palais en Europe. Les différentes mesures qu'il prend alors vont donner un nouvel essor à Lyon. La soierie, pour se développer, a besoin d'espaces, que le plateau croix-roussien lui fournira. Toutes les étoffes étaient tissées alors sur des métiers à bras, il y avait donc beaucoup plus de métiers d'unis que de métiers de façonnés. Au recensement de 1808, alors qu'il n'existe encore aucun métier à la Croix-Rousse, on compte sur les trois arrondissements lyonnais 10 812 métiers et seulement 535 tireurs de lacs. Or, il faut impérativement, au minimum, un tireur par métier de façonnés. On peut logiquement en déduire qu'il n'y a que 535 métiers de façonnés sur un total de 10 812 métiers. Quant à la mécanique Jacquard, elle n'est pas encore au point.

Non seulement certains tisseurs lyonnais quittent la ville pour ce faubourg non encore intégré à Lyon, mais l'on assiste à l'arrivée des Dombistes, des Dauphinois, des Savoyards, tous attirés par ce métier prometteur, avec, en outre et à la clé, certains avantages fiscaux comme les réductions de l'impôt foncier et de la contribution mobilière consenties par la commune, et l'absence de droits d'octroi puisque l'on se trouve hors de Lyon.

Le canut

Les tisseurs en soie de la Croix-Rousse furent les maîtres incontestés du plateau, de 1815 à 1870. Surnommés « canuts » avec plus ou moins de bonheur, il convient de préciser le terme. Tout le monde est d'accord pour réserver cette appellation aux tisseurs croix-roussiens, mais de qui parle-t-on ? D'un tisseur à bras ? D'un tisseur mécanique ? Ou encore d'un tisseur indépendant ? Ces questions appellent des réponses précises.

Jusqu'à la fin du XIXe siècle, il n'y avait que des métiers à bras à la Croix-Rousse. Dans ce cas, le canut est donc un tisseur à bras. Aujourd'hui on peut les compter sur les doigts des deux mains. S'agissait-il de tisseurs indépendants travaillant chez eux, sur métiers à bras ou mécaniques ?

Il n'en reste plus beaucoup. Si l'on veut parler des tisseurs des derniers métiers mécaniques, il faut éliminer les tireurs à bras des deux ateliers des fabricants spécialisés, car ce sont des tisseurs salariés.

Comme tisseur à bras indépendant à la Croix-Rousse, il n'existait plus, jusqu'à l'année 2004, que le doyen Georges Mattelon, décédé depuis… Toujours prêt à montrer aux visiteurs les secrets de son atelier, il le faisait à une seule condition : que vous ne l'appeliez pas *canut*. Précisons que quelques tisseurs à bras ont migré dans le Vieux-Lyon, afin d'avoir pignon sur rue.

Le terme de « canut » apparaît, semble-t-il, pour la première fois, en 1805 dans un ouvrage de Lasselve, professeur de théorie de tissage au Conservatoire des Arts à Lyon, *Description raisonnée du métier à la petite tire*. L'auteur y mentionne « la triviale dénomination de canut ». Certes, en 1831, l'appellation « canut » connaît son heure de gloire lors de la révolte bien connue, mais dès 1832, *l'Écho de la Fabrique*, journal des ouvriers en soie, organise un concours pour remplacer ce mot, sobriquet pour eux péjoratif. Quarante-et-un termes sont proposés parmi lesquels : textorycien, armuratisseur, artisseur, bombixier, bombitisseur, sericarier, seritextor, omnitisseur… Personne ne se met d'accord sur un choix et le projet demeure sans suite.

En 1835, dans les premières biographies sur Jacquard, parues juste après sa mort, figure le mot « canut », toujours accompagné d'un qualificatif réducteur comme « le pauvre canut », « le malheureux canut ». En 1842, dans son *Tableau historique administratif et culturel de la ville de la Croix-Rousse*, Bunel écrit : « Cette classe honorable désignée sous

Le canut de sortie.
« Monsieur Mentalent, Monsieur Mentalent, Ah ! Monsieur Mentalent, je vous demande bien pardon si je ne coupe pas mon eau pour vous saluer ! » *Scènes lyonnaises, lithographie.*

Canut en tenue de travail et portant son peigne (1830).

Georges Mattelon sur son métier 10, rue Richan à la Croix-Rousse.

le nom injurieux de canut ». Certes, Laurent Mourguet, au début du XIXe siècle, emploie le terme canut, et quarante ans plus tard Pierre Dupont s'écrie dans son poème *La soie* : « A vos fuseaux, chantez fileuses, chante canut sur ton métier ». Puis, en 1899, Aristide Bruand compose le célèbre *Chant des canuts* dont les paroles sont fortement inspirées d'une pièce allemande, *Le linceul*, de Gehart Hauptmann. Mais cette appellation originale du tisseur, qui ne pouvait que séduire poètes, chansonniers et rimailleurs, n'avait pas dans leur esprit une signification péjorative, mais plutôt bon enfant.

Si Michelet, notre historien national, a jugé bon de décrire les ouvriers en soie comme « une des races les plus chétives d'Europe, souvent difformes, aux chairs molles », c'est qu'il n'a pas eu le temps de regarder travailler un ouvrier en soie sur son métier. Le tissage requiert énergie, attention, adresse et constance, jamais de mollesse[1]. Lamartine, quant à lui, a dépeint « les pauvres canuts » la larme à l'œil mais sans doute en les voyant de Paris ou de Saint-Point...

---

1. J'ai connu en 1950 un tisseur à bras surnommé « le Cuirassier », en raison de sa petite taille, car il ne devait pas dépasser 1,50 m. Mais sa morphologie n'avait pas été modifiée par l'exercice de sa profession. Si vous lui aviez tenu de tels propos, vous auriez vite compris, au tapis, qu'il n'avait pas les chaires molles.

Georges Mattelon

Le barde de la Croix-Rousse, infatigable malgré ses 90 ans, était l'un des derniers témoins d'une époque révolue. Son témoignage est important car ses maîtres étaient tisseurs au XIXe siècle... Ainsi, il rapportait qu'en 1935, alors qu'il rentrait de son service militaire, la mère Perrot, plieuse, lui avait conseillé d'aller se présenter à l'atelier Delacquis, rue de Sève. Là, le père Delacquis accepta de lui confier un de ses douze métiers qui faisaient alors de la soie pour cravates. Dans cet atelier travaillaient onze compagnons, dont Fory « gueule d'amour », Bouvier retraité des wagons-lits, et Paul « le danseur ». L'atelier fonctionnait de 7 heures du matin à 18 heures le soir, avec une pose midi pour déjeuner. A ce moment-là les compagnons se regroupaient dans un coin, au sud, et sortaient leur repas. Vers 13 heures, Georges Mattelon qui avait pris sa matinée, entra dans l'atelier en s'exclamant « Bonjour les canuts ! ». Paul « le danseur », qui devait approcher 1,90 m se redressa avec son brûlot au coin de la bouche et lui rétorqua : « Ça t'écorcherait la gueule de dire "Bonjour les tisseurs ?" ». Tous les autres compagnons gardèrent le silence et le mirent en quarantaine l'après-midi. Le soir, ils partirent sans même lui dire au revoir. Georges Mattelon, ne comprenant pas ce qui se passait, alla voir le père Tribollet, vieux croix-roussien. Celui-ci lui dit : « Tu es malade, tu fais une drôle de mine ? ». L'arrivant avoua que les compagnons ne lui adressaient plus la parole. Questionné, il ajouta : « Je suis rentré à 13 heures et je leur ai dit "Bonjour les canuts !" ». La réponse fut immédiate : « Mon pauvre Georges, il y a cinquante ans tu serais à l'hôpital », et il ajouta : « Il ne faut jamais dire canut à un tisseur à la main, c'est la dernière des insultes ». Nous étions en 1935, et à la même époque les maraîchères de la Croix-Rousse frappaient encore leurs bourricots récalcitrants qui transportaient les légumes au marché en leur criant : « Avance ou je vais te faire canut. »

Prière de Guignol : « Seigneur, préservez-moi d'un bourgeois ruiné, d'un riche parvenu, de la conscience d'un financier, de ceux qui entendent tous les jours des messes et de ceux qui multiplient les serments. »

Guignol, homme de cœur ayant horreur de l'injustice.

Le boulevard des Canuts n'a été dénommé ainsi qu'en novembre 1961, par décision du Conseil municipal. A partir de ce jour, les enseignes portant le mot « canut » ont fleuri en abondance, qu'il s'agisse de cafés, de murs, de boulodrome, de magasins, de pain, de République. Ce ne fut jamais le cas auparavant. On ne trouve pas le mot *canut* dans les archives publiques, l'État civil, les actes notariés, les recensements, les hypothèques, ou les délibérations, ce qui tend à prouver que ce mot n'était pas reconnu officiellement. D'ailleurs, l'appellation de tisseur, elle-même, est semble-t-il assez tardive. Justin Godart appela son étude sur la soierie lyonnaise « *L'ouvrier en soie* », il n'a jamais employé le terme « canut ».

Il semble que ce soit précisément au moment où disparaissaient ceux qui auraient pu prétendre à cette appellation, que l'on chercha à relancer ce mot, sans doute à des fins touristiques ou commerciales, mais en dénaturant sa signification. D'un terme visiblement peu apprécié des anciens ouvriers en soie, on a voulu faire un titre de gloire. Méfions-nous des détournements de l'Histoire. Le mot canut fait bien partie de notre vocabulaire lyonnais, mais il convient de le conserver avec nuance.

Essayons d'établir le profil de ce tisseur. Nous sommes aidés par Laurent Mourguet, taffetatier pendant quelques années, jusqu'à ce que son premier métier l'ait abandonné. Juge et partie, il a grandement contribué à immortaliser l'i-

Canut endimanché.

Pour les loisirs du canut, rien ne vaut la boule lyonnaise.
Le Clos Jouve, à la Croix-Rousse.

---

2. Mourguet est né à Lyon vers 1768. Aîné de sept enfants, il en eut lui-même dix. Après la Révolution, il ouvrit trois théâtres de marionnettes où il tenait le rôle de Polichinelle, vieux personnage de la comédie italienne. Il eut alors l'idée de remplacer Polichinelle par Guignol qui symbolisa le canut. Il créa ensuite le solide Gnafron, savetier truculent à la trogne rubiconde, toujours prêt à défendre son ami Guignol. Mourguet se retira à Vienne, en Isère, où il mourut en 1844. Je me souviens encore du père Neichtauser dont la femme était l'arrière petite-fille de Mourguet. Nous allions le voir dans les coulisses à l'entracte du spectacle qu'il donnait quai Saint-Antoine. C'était avant 1939…

mage du canut grâce à sa marionnette de Guignol. C'est un tisseur croix-roussien, en général de taille moyenne, plein d'entrain et d'humour, les yeux grands ouverts sur ce qui l'entoure, homme de cœur ayant horreur de l'injustice, ce qui le pousse assez facilement à rouspéter. Il classe parmi les méchants son propriétaire, les fabricants et le commissaire de police. Lorsqu'il sort de son atelier après son travail, il retrouve dans la rue des bruits qui lui sont familiers : le *patintaque* des métiers d'unis ou le *bistanclaque* des métiers de façonnés. Bon vivant, il discute alors des événements du moment et boit un coup. Pour Gnafron, son fidèle compagnon, ce sera toujours du Juliénas, hors droits d'octroi, car nous sommes à l'extérieur des remparts, qui seront démolis en 1865[2].

Il aime chanter et rythmer ainsi les grands moments de son existence. C'est pourquoi le répertoire des ouvriers en soie est abondant au XVIIIe siècle comme au XIXe : nous trouvons la complainte des taffetatiers de 1723 succédant à une

Bon pour un bain. Société de Secours Mutuels des Ouvriers en Soie de Lyon et des villes suburbaines. Imprimé. Lyon. Début du XIXe siècle.

Soierie politique lyonnaise au XIXe siècle. Soierie « au drapeau tricolore ». Copie papier de motif tissé.

chanson sur les rubans. Puis ce sera la farandole des taffetatiers contre Jacques de Vaucanson. Sans oublier la déclaration d'amour de l'apprenti Jérôme Roquet. Au siècle suivant les révoltes des canuts apportent une nouvelle source d'inspiration. Il ne s'agit plus alors de complaintes mais de chants revendicatifs : « Vivre en travaillant ou mourir en combattant »[3]. Le tisseur n'hésite pas à se faire parolier. Il va aussi parfois à l'opéra et fait partie des chœurs. Il y a parmi les tisseurs d'excellents conteurs, des comédiens[4].

En général, il se marie avec une compagne de travail ou tout au moins choisie dans la profession. Pour ses repas, il apprécie les paquets de couenne, les tabliers de sapeur sautés aux petits oignons, les os de china (échine de porc), les légumes et principalement les pommes de terre qu'il surnomme truffes, le pain, et termine habituellement avec ce mélange de fromage blanc, de fines herbes, d'ail et d'échalotes hachées que l'on nomme « claqueret » puis « cervelle de canut »[5]. Le tout accompagné d'un petit beaujolais[6]. Enfin, pour ses loisirs, rien ne vaut la boule lyonnaise…

Il existe une hiérarchie chez l'ouvrier en soie. Au sommet de la pyramide se trouve le *maître tisseur*. Il est chez lui dans son atelier, possède son propre matériel (ses métiers, une mécanique ronde, un *rouet* et souvent son *ourdissoir*). Sa femme le seconde en assurant la préparation des matières. Il est aidé par un ou plusieurs compagnons, qu'il loge et dont il partage la façon. Enfin, il assure parfois la formation d'un apprenti. Par conséquent ce n'est pas un ouvrier au sens où on l'entend de nos jours. C'est un petit patron, contrairement au compagnon qui, lui, est un véritable ouvrier tisseur. Leurs intérêts ne seront pas toujours les mêmes, mais la solidarité professionnelle les gardera unis lors des grands événements sociaux et économiques.

Le maître tisseur discute avec le fabricant le prix de façon d'un article et lorsqu'ils se sont mis d'accord, ce dernier lui adresse la matière *chaîne*, la matière *trame*, et s'il s'agit de *façonnés*, les *cartons*. Les maîtres tisseurs ont du caractère et ne se laissent pas faire. Et ils savent le montrer : en 1831, lorsque les fabricants reviennent sur le tarif qu'ils ont accepté, ils stoppent leur travail et marchent sur l'Hôtel de Ville pour revendiquer le respect de la parole donnée. Ce sera le point de départ de l'une des révoltes des canuts…

L'industrie de la soie étant très cyclique, les « *meurtes* » étaient fréquentes[7]. Rast Maupas, à la fin du XVIIIe siècle, avait déjà conçu un projet de caisse de secours pour le chômage puis on avait imaginé la création d'un Mont de Piété. Au XIXe, il faut rappeler l'existence de nombreuses sociétés d'entraide et de devoirs mutuels chez les tisseurs à Lyon, qui furent des pionniers en ce domaine. C'était d'autant plus nécessaire que l'époque n'était pas tendre pour les « sans travail ». Voici ce qu'écrivait le ci-devant J.-B. Restout qui venait d'être nommé en septembre 1792 inspecteur conservateur général du Garde-Meuble national : « La Convention a accordé des secours aux ouvriers de Lyon ; ces secours donnés à l'oisiveté ne peuvent que grever et nuire à la chose publique : les ouvriers payés à ne rien faire se livrent plus facilement aux insurrections, ils consomment promptement le secours donné, il en faut bientôt de nouveaux et les malveillants, les mauvais sujets se mêlant parmi eux, on ne distingue plus le citoyen de l'ennemi public… » *(Extrait des archives du Mobilier national).*

Tableau remis aux Compagnons tisseurs ferrandiniers lors de leur admission. Les derniers ont été confiés à la Maison des Canuts.

Compagnons tisseurs ferrandiniers lors d'une séance solennelle.

3. Monique Decitre nous a laissé de belles pages sur ces chants dans son ouvrage sur les *Fêtes et chansons historiques et politiques*, Lugd, 1995.

4. Fernand Rude écrira à propos des canuts : « Une véritable élite intellectuelle s'était formée parmi eux, dont les représentants se distinguaient par leur culture, par la vigueur, l'élévation de leur esprit, par leur goût artistique, par leur sens des justes revendications sociales, par leur conception de l'honneur ouvrier… »

5. Les jours de fête, il se régale de bugnes parfumées à la fleur d'oranger. La cuisine lyonnaise, issue de celle que consommaient nos canuts, est loin des trois étoiles qui font la réputation gastronomique de Lyon aujourd'hui. Il fallait le souligner dans le cadre de cette étude…

6. Voici l'appréciation portée en 1810 par un honorable associé de l'Académie de Lyon et de Villefranche : « L'on sait que le vin est, de toutes les boissons, la plus convenable à l'artisan lorsque celui-ci n'en abuse point. Le vin fortifie, ranime son courage, lui donne un fond de gaieté qui ne lui permet point de réfléchir à ses peines. Dans l'ouvrier en soie, il ne provoque point, comme fait l'eau, cette transpiration abondante et quelquefois si funeste aux étoffes de soie. »

7. C'est le nom donné par les tisseurs aux périodes de « vaches maigres ».

Les tisseurs, avant même 1831, avaient organisé une société de secours mutuels afin d'aider les plus démunis, le « Devoir Mutuel ». Mais, bien qu'ils n'aient jamais hésité à revendiquer depuis de nombreuses années, durant l'année 1831, date de la révolte des canuts, certains commencent à se grouper en société compagnonnique, et prennent le nom de *tisseurs ferrandiniers*. Si l'on sait que la *ferrandine* qu'ils fabriquent, entre autres étoffes, est un satin comportant une chaîne soie, les avis divergent sur la matière trame : lin, laine, ou coton, rien n'est garanti. Leur fête est celle de l'Assomption. Ils adoptent comme couleurs le vert, symbole d'espérance et le rouge, celui de l'honneur. Les autres sociétés compagnonniques existantes mettent malgré tout dix ans à les reconnaître comme « frères en devoir, et enfants de Maître Jacques », et quand il veulent établir leur réseau de « mères » chargées d'aider les compagnons en difficulté, il arrive que des ouvriers s'inquiètent de la présence d'étrangers dans leur ville. Les effectifs vont croître néanmoins jusqu'à la fin du xixe siècle. Les ferrandiniers font un tour de France moins long que celui des autres compagnons car les villes de la soie ne sont guère nombreuses. Cependant Tours, Saint-Étienne ou Nîmes sont évidemment incontournables. Au xxe siècle, c'est le déclin, et petit à petit la notion de combat s'estompe… Les cours n'ont plus lieu, par manque d'élèves. Le dernier secrétaire des compagnons tisseurs ferrandiniers à Lyon était Félix Bessy. En 1948, il faisait encore passer les oraux de fin d'année aux élèves de l'École supérieure de Tissage. A son décès, Jean Varambon, qui avait pris la suite de son atelier, donna les archives lyonnaises des « Compagnons tisseurs ferrandiniers du devoir » à Lucien Berger, fondateur de la Maison des Canuts.

Une certaine relève a été assurée grâce au concours créé en 1923 par l'Éducation Nationale et destiné à décerner le titre de « Meilleur ouvrier de France » aux candidats reçus ayant réalisé eux-mêmes et présenté trois chefs d'œuvre à un jury national. Grâce à cela, une certaine recherche visant la perfection a été maintenue, mais l'esprit compagnonnique s'est à jamais perdu dans le tissage. Il est heureusement conservé dans les métiers du bâtiment.

Chant des tisseurs-ferrandiniers
(Air de « Elle aime à rire, elle aime à boire »)

*Quand le quinze août nous rassemble
En un banquet aussi joyeux,
Les verres remplis de vin vieux,
Frères, gaiement trinquons ensemble
A notre art offrons des lauriers.
Ce n'est pas tout que de bien boire
En ce beau jour chantons la gloire
Des Compagnons Ferrandiniers*

*Beaux ouvrages de Saint-Étienne,
Paris vous imite tout bas ;
Tours fait brocatelle et damas ;
Le drap vient d'Elbeuf et de Vienne.
Partout gagnons de beaux deniers.
Le Rhône, la Seine et la Loire
Sur leurs bords répandent la gloire
Des Compagnons Ferrandiniers.*

*Aux Devoirs nous rendons hommage
En tissant leurs signes flatteurs ;
Je veux parler de ces couleurs,
Insignes du Compagnonnage,
Nous ne serons pas les derniers,
Séculaire ordre en ton histoire
Une page dira la gloire
Des Compagnons Ferrandiniers :*

*Si notre art, qui fleurit en France,
N'est peint dans ces couplets flatteurs,
Pour Dauphiné la Clef-des-Cœurs,
Mes frères, un peu d'indulgence :
Il n'aspire pas aux lauriers
Promis au temple de mémoire,
Mais il se consacre à la gloire
Des Compagnons Ferrandiniers.*

Chaque tisseur avait sa spécialité et n'aimait pas en changer. Il existait beaucoup de *taffetatiers* et de *satinaires*, puis venaient les veloutiers, les tisseurs de façonnés, dont les *brochetiers*, beaucoup mieux payés que les tisseurs d'unis. Cela ne correspondait pas forcément à un niveau de compétence mais plutôt au matériel dont le tisseur disposait, à ses préférences, et aux demandes du moment.

*Lithographie de J.B. Bourgeat.
Brevet de compagnonnage sur lequel
figurent les outils du tisseur.
Le compagnonnage est organisé
depuis le XVIe siècle. Mais ses
origines remontent à la construction
du temple de Salomon.*

Depuis quelques années on a tendance à appeler « soyeux » toute personne travaillant la soie. C'est une erreur. Ce terme était réservé aux fabricants négociants et si vous aviez appelé autrefois « soyeux » un maître tisseur, il aurait éclaté de rire. Fier de son titre, il n'en voulait pas d'autre. Un teinturier, un imprimeur, un ourdisseur n'ont jamais été des soyeux. Respectons la signification des mots, c'est une façon de conserver son patrimoine.

*La place de la Croix-Rousse
à la fin du XIXe siècle.*

Les lieux

Revenons maintenant à la Croix-Rousse. On a souvent tendance à englober sous cette appellation le plateau et les pentes qui composent la colline de la Croix-Rousse. Or, séparant les deux, existe encore en 1800 un rempart datant du XVIe siècle, situé sur l'emplacement actuel du boulevard de la Croix-Rousse, qui devait protéger la ville des invasions possibles arrivant par le plateau. Ce plateau est essentiellement agricole. Les propriétés possédées précédemment par les ordres religieux et la noblesse ont, pour la plupart, disparu pendant la Révolution, souvent morcelées et rachetées par de riches particuliers. La Croix-Rousse, commune récente née en 1793 de sa séparation d'avec Cuire (rattachée, elle, à la commune de Caluire), ne compte guère plus de 4 000 habitants en 1808.

En 1812, dans le lotissement du clos Dumenge, les premiers métiers croix-roussiens sont montés. Cet exemple est suivi par la veuve d'Antoine Pailleron puis par des investisseurs, parfois fabricants. La population va décupler au cours du XIXe siècle à la suite de l'implantation de nombreux ateliers de tissage, à la recherche de bâtiments adaptés au montage de leurs métiers équipés de la mécanique Jacquard.

Comme il s'agit de construire des immeubles abritant des ateliers, l'architecture est fonctionnelle et sans fioritures. Les bâtiments, dotés de solides escaliers en pierre, comportent en général deux demi-volées entre chaque étage, avec les lieux d'aisance situés sur le palier intermédiaire. Il faut avant tout loger le tisseur et ses métiers, au moindre coût. En revanche, chaque étage doit pouvoir héberger des métiers à bras susceptibles éventuellement d'être équipés de leur mécanique, qui nécessite au minimum quatre mètres sous plafond. Il faut de grandes ouvertures pour laisser entrer la lumière. Les fenêtres sont deux fois plus hautes que larges. Leur disposition à intervalles réguliers contribue à donner aux façades un aspect particulier. A l'intérieur, le sol est en carreaux de terre cuite non vernie, le plafond est à poutres apparentes. Les poutres et les solives de bois sont utilisées par le tisseur pour caler ses métiers, souvent ébranlés par les coups de bat-

Boutique de canut au milieu du XIXe siècle. Tableau tissé par les canuts de la Croix-Rousse, traité dans le style imagerie d'Epinal.

tant qui les font vibrer, et pour suspendre divers accessoires utiles au cours du tissage.

Il n'y a pas de dissociation entre la vie familiale et la vie professionnelle qui s'écoulent dans le même local, et à tous les étages des immeubles. Une partie du local est consacrée aux métiers, l'autre au logement. Jusqu'à la fin du Second Empire l'atelier-logement classique est en général organisé de la manière suivante : les deux/tiers de la surface sont réservés à l'atelier sur toute la hauteur. On y trouve deux à quatre métiers, plus le matériel de préparation. Le dernier tiers est consacré à la partie habitation. Il est coupé en deux dans sa hauteur, comportant en bas la chambre du maître et de son épouse, la cuisine, la souillarde et, en haut, sur la soupente, le lieu de couchage du compagnon ou de l'apprenti, auquel on accède par une petite échelle, et un espace pour le stockage[8].

Le chauffage était assuré par un gros poêle à charbon ou à bois, car le volume à chauffer était important à cause de la hauteur sous plafond. Dès la fin du XIXe siècle, le poêle Leau, bien lyonnais, était le plus fréquemment employé. Ce poêle, assez haut, avec peu de surface au sol, doublé à l'intérieur de briques réfractaires, était souvent muni à sa partie supérieure d'une lyre pour récupérer le maximum de calories. Une fois garni à l'anthracite, et après un certain délai de mise en température, il rayonnait.

L'éclairage était correct, au XXe siècle, grâce à l'électricité, mais avant ? Bien sûr, à la Croix-Rousse les immeubles neufs étaient dotés de hautes fenêtres, mais quand les jours étaient courts ou lorsqu'il faisait mauvais temps, il fallait avoir recours au *chelu*, petite lampe à huile. On en mettait jusqu'à quatre par métier de façonnés, garnis d'huile d'olive pour éviter les *machurons* qui auraient sali l'étoffe.

Le 24 mars 1852 la Croix-Rousse est rattachée à Lyon avant d'en devenir le 4e arrondissement. Claude-Marius Vaïsse sera nommé préfet-maire l'année suivante et s'occupera des aménagements collectifs indispensables : le réseau d'adduction d'eau, les égouts, le pavage des rues, puis les conduites de gaz, l'hôpital. Après plusieurs années de discussions, la ficelle de la rue Terme fonctionnera à partir de 1862. Elle a été supprimée il y a quelques années pour créer un tunnel routier. La ficelle Croix-Paquet sera réalisée plus tard et n'ouvrira que le 12 avril 1891, toujours avec l'idée de mieux relier le plateau à la presqu'île, et les tisseurs aux fabricants. Elle se transformera un siècle plus tard en métro-crémaillère.

Les grands travaux d'urbanisme entrepris par Vaïsse dans la presqu'île contribuèrent à éliminer les derniers ateliers de tissage, qui durent se replier sur la Croix-Rousse. En revanche, il en restera entre Saint-Georges et Saint-Paul non touchés par ces travaux, jusqu'au début du XXe siècle.

En 1865, Napoléon III déclare que les fortifications ne servent plus à rien, ni contre l'ennemi ni contre l'émeute. Il souhaite les remplacer par un boulevard d'au moins quarante mètres de large. Le boulevard de la Croix-Rousse mettra deux ans à se réaliser. Il aura trente-six mètres de large sur deux kilomètres de long, et sera orienté d'ouest en est. Dans le sens sud-nord, la Grande rue est un axe très ancien, dans le prolongement de la Grande Côte, qui constituait la seule voie importante pour relier Lyon à la Dombes. Les immeubles se construisent, qui ne dépassent pas, au début, trois étages car ils ne doivent pas avoir une hauteur de plus d'une fois et demie la largeur de la rue. Mais, progressivement, la règle n'est plus respectée et les immeubles atteignent quatre et parfois cinq étages, le dernier niveau moins haut que les autres…

L'ÉVOLUTION DU NOMBRE DE MÉTIERS À LYON

Si nous reprenons le recensement de 1808, dans les trois arrondissements de Lyon qui existent alors, ne comprenant pas encore celui de la Croix-Rousse, on compte 5 035 ateliers et 10 812 métiers au total (tissage et passementerie réunis). Donc une moyenne légèrement supérieure à deux métiers par atelier. D'autre part, sur mille métiers de façonnés, 535 sont « à la grande tire » et 400 équipés de l'appareil Verzier. Enfin, plus de la moitié des métiers d'unis font du taffetas.

---

8. Le local où vivait Félix Bessy au 3e étage, à l'angle de la rue Belfort et de la rue Dumenge, correspondait à cette description. La soupente à laquelle j'accédais par une petite échelle ne devait pas faire plus de 1,80 m de haut et m'obligeait à baisser la tête par précaution. L'atelier Ressicaud dont la visite est proposée par l'association Soierie Vivante illustre bien cette répartition entre la partie habitation et la partie atelier.

Société de secours mutuels pour les ouvriers en soie, par Poncet A. Jeton, argent, Lyon, 1850.

Face de jeton en argent (1850) par Caqué F. Napoléon III fit profondément modifier l'urbanisme de la Croix-Rousse.

Colonne de la Chambre du Roi à Versailles sur métier à bras. Restitution. 1980.
La production des façonnés va baisser à partir de 1863.

Prouesse technique. La Marseillaise en plusieurs feuillets tissés en soie. Œuvre de la Maison Chatel et Tassinari (1892)

Combien y a-t-il de tisseurs et de métiers à la Croix-Rousse ? En 1808, aucun. Mais, à partir de 1815, les premiers métiers installés augmentent progressivement, jusqu'en 1860, date à laquelle il semble y en avoir près de 40 000. Ce chiffre n'est qu'approximatif, car les statistiques réunissent la ville et le plateau, les métiers d'unis et de façonnés sont souvent confondus, et les métiers à l'arrêt, dont le nombre varie fréquemment suivant la mode et les événements, ne sont pas décomptés. Un préfet, dans un rapport adressé à Paris, avouera son impuissance à établir un chiffre exact[9].

Dès 1850 cependant, une légère baisse du taux de croissance de la soierie se fait sentir. En 1860, la compétitivité décline et, en 1870, Lyon a déjà perdu son quasi monopole. La Chambre de Commerce, inquiète, multiplie les mises en garde à la profession. En 1876, elle consigne dans un rapport que « non seulement le métier n'a subi aucune modification mais, depuis que la fabrique produit surtout des unis, la valeur du métier a plutôt diminué ». En effet, la spécialisation dans l'uni entraînait la baisse du nombre des métiers de façonnés Jacquard, dont la valeur était plus élevée. Plus tard la Chambre de Commerce déclarait : « La Fabrique de Lyon n'entre encore que partiellement dans la voie des usines, pour le tissage des étoffes. »

Tous les efforts ont été orientés au XIXe siècle vers le perfectionnement du tissage des façonnés, alors que le nombre de ces métiers n'a pas beaucoup varié. La production des façonnés va même baisser à partir de 1863, l'impression se développant dans la région avec, comme principal *imprimeur*, Brunet-Lecomte à Bourgoin (maison fondée en 1844). Le métier d'unis, quant à lui, n'a guère changé à Lyon depuis le début de ce même siècle. On l'a équipé du *régulateur* de Dutillieu à partir de 1811, qui assurait un enroulement plus régulier du tissu, mais cela n'alla guère au-delà.

Et pourtant, hors de notre région, le matériel évolue

---

9. Il semble bien qu'il n'y ait jamais eu de métiers à la grande tire à la Croix-Rousse. Ceux qui existaient restèrent dans la ville et disparurent progressivement, et les nouveaux ateliers croix-roussiens s'équipèrent de mécaniques Jacquard s'ils devaient tisser des étoffes façonnées.

Atelier d'ouvriers en soieries, à Lyon. Reproduction d'une gravure de Chiapori (s.d.).
Vue idéalisée, il manque le poêle, la soupente… et le désordre.

alors notablement : les Anglais vers la fin du XVIIIe siècle, ont fait tourner « des métiers métalliques » actionnés par une machine à vapeur, heureusement destinés au tissage du coton. En 1789 un certain Foxleur, à Orléans, avait procédé à un essai, également à l'aide d'une machine à vapeur. En 1802, Guillaume Ternaux établit à Louviers une manufacture entièrement mue par des moyens hydrauliques. En 1812, après avoir importé 1 200 chèvres tibétaines, il file leur laine ensuite tissée mécaniquement, ce qui lui permet de livrer à l'Empereur douze *châles*, en décembre de la même année. Les chaînes sont en soie, tramées avec des laines de couleurs différentes. Malheureusement les chèvres s'acclimatent mal à la Normandie, dépérissent puis disparaissent.

En 1818, on signale une machine à vapeur de 6 cv utilisée à Saint-Ouen pour le tissage. En 1819, Ternaux importe deux métiers anglais qui présentent, selon lui, une avancée technique incontestable par rapport aux anciens métiers à bras. Il écrit : « Grâce à la force hydraulique ou à la vapeur, le tisserand n'est plus assujetti qu'à raccorder les fils ou à nourrir les navettes. Un seul ouvrier suffisant pour veiller six ou même plus de métiers à la fois.» Vision prophétique. Il faudra attendre un bon siècle pour voir cela à Lyon. Ternaux meurt en 1833, ruiné.

Que font les Lyonnais pendant ce temps ? Comme les commandes affluent, ils tissent de plus en plus d'unis sur leur matériel vieillissant et ne s'occupent guère du reste. Pourtant, en 1856, un cotonnier du nom de Diederichs, natif de Saverne, et gérant d'une fabrique de cotonnade à Jallieu, présentant une vocation textile et sidérurgique, propose son premier métier à tisser la soie mais sans grand succès.

A la décharge des fabricants, il faut reconnaître qu'ils venaient d'avoir de graves inquiétudes au sujet de leur approvisionnement en soie. L'épidémie de pébrine qui avait décimé les magnaneries françaises et italiennes avait provoqué une chute de la production séricicole en France, tombée de 2 100 tonnes en 1853 à 600 tonnes en 1855. Heureusement, les Anglais, habiles commerçants, nous rapportèrent d'Extrême-Orient sur leurs bateaux le complément nécessaire, qui représentait en 1861 48 % de la soie utilisée sur les métiers lyonnais.

Dans les années qui suivirent, Ulysse Pila et Lacroix, marchands de soie, s'implantent en Chine, mais ils y avaient été devancés par deux sociétés anglaises et deux autres allemandes, plus importantes que les leurs. A la même époque,

---

10. Nous avons pu le vérifier en 1980 : un Américain nous téléphona de Genève en nous demandant si nous serions capables de reproduire un velours du siècle précédent. Nous lui répondîmes que c'était dans nos cordes mais que nous aimerions néanmoins avoir le tissu entre les mains. Il nous l'adressa ; après quelques recherches il s'avéra que ce velours ciselé sortait bien de notre Maison. Nouveau coup de téléphone qui n'eut pas l'air de satisfaire notre interlocuteur : « Ce n'est pas possible, le tissu est anglais et a été acheté à Londres.» Il fallut pour le convaincre lui adresser photocopie de la note de mise en route sur laquelle figurait le nom du négociant et son adresse à Londres. Après quoi nos relations devinrent très cordiales. Il s'agissait en fait de restaurer plusieurs pièces d'une résidence de la famille Vanderbilt, à Biltmore House en Caroline du Nord...

Distribution de secours à la mairie de la Croix-Rousse, d'après nature, par M. Férat. Gravure, Lyon, s.d. La crise lyonnaise de la fin du XIXe siècle.

Lyon exporte les deux-tiers de sa production. Les principaux clients à l'export étant la Grande-Bretagne et les USA., Arlès-Dufour, membre de la Chambre de Commerce et marchand de soie, se demande même si les Anglais n'achètent pas une partie de nos soieries pour les revendre à des pays tiers...[10]

Différentes solutions avaient été imaginées par les Croix-Roussiens. L'installation de machines à vapeur dans les cours d'immeubles, qui auraient permis d'actionner les métiers à l'aide d'une transmission par poulies et courroies, s'avéra trop compliquée. Et l'adaptation de moteurs à gaz sur les métiers fit peur aux propriétaires des immeubles qui les refusèrent.

La Ville de Lyon présentant une étoffe de soie, par Joseph-Hugues Fabisch, jeton, argent, Lyon. Recto/verso.

Un certain Piottet eut l'idée de fournir de l'air comprimé aux ateliers en organisant un réseau de distribution. Il obtint l'autorisation de poser des conduites dans les rues, mais quand le projet fut bien au point, l'électricité arrivait à moindre coût. Enfin, en 1898, une usine à gaz entraînant une dynamo fut installée près de la rue Richan, avec trois axes de distribution rue Belfort, rue Janin et rue Jacquard.

La Chambre de Commerce, dès 1870, avait multiplié les mises en garde à la profession : « La compétitivité baisse, le métier d'unis n'a subi aucune modification. » En 1886, quatre-vingt-quatre familles de tisseurs lyonnais en difficulté demandent une bourse pour émigrer en Algérie. En réponse aux objurgations de la Chambre de Commerce le chiffre des 5 000 métiers mécaniques existant dans la région passe à 22 000 en 1889. Le département de l'Isère se taille la part du lion avec 50 % du total.

Tisseur de façonné sur métier à bras à la Croix-Rousse, vers 1920. En 1914, il y avait déjà six fois moins de métiers qu'en 1856…

Les fabricants ont sous la main les tisseurs de la Croix-Rousse à la technique irréprochable. **Réclame de la Maison Vve Berger, fabricant de soierie à Lyon.**

S'ajoutait également un grave problème d'emploi : en 1882 parut un rapport sur «*les moyens propres à stopper la montée des métiers mécaniques*». En 1892, les *rubaniers* stéphanois se plaignaient «de la machine qui vient de jeter de côté une quantité considérable d'ouvriers». Le problème n'est pas nouveau…

Les tisseurs lyonnais ne sont pas d'accord non plus avec cette politique. Voici quelques extraits de leur rapport sur l'Exposition universelle de 1889 : «… Dans le tissage lyonnais, ce qui a été une des causes de la splendeur de notre industrie est certainement cette décentralisation industrielle qui, à travers les siècles, s'est constituée en permettant à chaque ouvrier, obligé qu'il est par les besoins de son travail, d'apporter son genre d'organisation dans la fabrication de ces tissus qui, rivalisant de beauté, proclament hautement tout ce qu'il a fallu de pratique, d'intelligence et de génie pour arriver à ce degré de perfectionnement dans le tissage des étoffes de soie… Aujourd'hui les fabricants lyonnais, sacrifiant, on peut le dire, la bonne renommée de notre industrie nationale au mercantilisme, semblent de plus en plus vouloir supprimer les petits ateliers et leur substituer le tissage en usine… A ce moment Lyon cessera d'être la ville qui, à travers les siècles, grâce à une collaboration suivie d'ouvriers, nous pourrions dire artistes, a su conquérir et garder une renommée dont nous pouvons être fiers. Elle deviendra l'égale, mais non la supérieure de ses concurrentes suisses, allemandes ou russes.». Propos justes, qui prévoyaient dans un temps plus ou moins long l'anéantissement complet du tissage à la main, mais ne tenaient aucun compte des facteurs économiques.

En fait une prise de conscience commençait bel et bien à faire son chemin, partant du principe qu'il fallait tout faire pour ramener le tissage à Lyon. Une idée fut lancée en 1885 : créer une marque spéciale pour les tissus fabriqués à Lyon. Le Conseil municipal fournit les fonds nécessaires pour déposer cette marque dans tous les pays du monde, mais elle fut peu employée et tomba dans l'oubli. Et beaucoup de problèmes restaient à résoudre : du côté des tisseurs, il y avait ceux qui ne se posaient pas de questions tant qu'ils avaient du travail, mais pour les autres ? Quels moyens avaient-ils pour faire face à une transformation ? La dispersion même des ateliers entravait toute modernisation.

Quant aux fabricants, n'oublions pas qu'ils ont d'abord, par tradition, une mentalité de marchands et non d'industriels. Ils ne voient pas la nécessité d'investir alors qu'ils ont sous la main les tisseurs croix-roussiens qui mettent à leur disposition leurs ateliers et une technique irréprochable. Si la qualité n'a jamais été mise en cause, la compétitivité se perd. Les prix de façon ne sont pas très élevés, mais encore trop par rapport à ceux obtenus sur métier mécanique. C'est ce que nous appelons de nos jours le rapport

La construction d'usines ne pouvait être financée que par les négociants. L'usine Gindre, sur le plateau. Carte postale ancienne. Lyon, s.d.

qualité/prix. Le premier élément est bon, le second se détériore. Les Petits-Fils de C.-J. Bonnet, en plein essor, font encore travailler, en 1878, de 700 à 800 tisseurs à bras sur la colline.

Une Société de Crédit est créée, à l'instigation d'Édouard Aynard, président de la Chambre de Commerce, de Léon Riboud, fabricant, et de Joseph Gillet, teinturier, pour aider les petits ateliers lyonnais à se transformer. Les prêts sont consentis sans intérêt, avec des délais de remboursements au choix de l'emprunteur. Cette société fonctionnera pendant 20 ans. En 1901 un banquet fêtera l'implantation du 500e métier mécanique, métiers répartis dans environ 200 ateliers.

*Ernest Charbotel (M.O.F.)
avait reçu la Légion d'Honneur
des mains d'Édouard Herriot.
Il a participé aux travaux
de restitution de la Chambre
de Marie-Antoinette à Versailles
et à celle du Salon des Malachites
au Grand Trianon.*

*En 1885, une marque spéciale
fut créée pour les tissus fabriqués
à Lyon. Déposée dans tous les pays
du monde. Elle tomba vite
dans l'oubli.*

En 1899 la Cie lyonnaise des forces motrices du Rhône commença à distribuer l'électricité produite par le barrage de Jonage situé aux portes de Lyon, avec un tarif préférentiel pour les tisseurs. En 1896, un rapport de la Commission technique ayant signalé combien l'ouvrier perdait du temps dans ses relations quotidiennes avec le *fabricant* par suite de ses déplacements entre l'atelier et le magasin, la Sté de développement fit installer une cabine téléphonique, place de la Croix-Rousse, permettant une liaison gratuite entre les tisseurs et les fabriques de soieries qui possédaient toutes le téléphone. Mais ce fut un échec. On ne sait s'il fut imputable aux chefs de service qui n'apprécièrent pas cette innovation, ou aux chefs d'ateliers qui avaient l'habitude de flâner quelques instants en dévalant les pentes, pour se rendre chez les fabricants…

Il est déjà trop tard. La Croix-Rousse n'abrite plus que 11 600 métiers environ. Des usines se sont construites entre temps, quelques-unes à Lyon mais surtout hors de Lyon, qui utilisent comme force motrice des chutes d'eau ou la vapeur, formule qui n'était pas adaptable aux petits ateliers du plateau.

La construction d'autres usines à Lyon s'imposa donc progressivement, et ces usines ne pouvaient être financées que par les *négociants*, qui devenaient vraiment des fabricants. Certains négociants ne voulaient pas d'usines :

– soit parce qu'ils n'en avaient pas les moyens,

– soit parce qu'ils préféraient garder leur trésorerie pour préparer et lancer leurs collections. Ce fut souvent le cas pour la Haute Nouveauté naissante. L'effort financier que représentait la préparation de deux collections annuelles était considérable et si le résultat n'était pas au rendez-vous la catastrophe n'était pas loin… D'excellentes Maisons ont disparu pour cette raison,

– soit parce qu'elles préféraient conserver l'ancienne formule en l'adaptant. Pas d'usine mais un travail exécuté à façon, à l'aide du nouveau matériel. Ce fut le cas de Léon Permezel, le plus célèbre d'entre eux, qui créa son entreprise en 1870 et se plaça en 1883, treize ans plus tard, au premier rang de la Fabrique. Il occupa jusqu'à 3 200 métiers mécaniques à façon, faisant travailler 6 000 personnes. Tout était organisé à Lyon dans les deux immeubles qui

Place de la Bourse, le buste d'Édouard Aynard, président de la Chambre de Commerce, instigateur d'une Société de Crédit pour aider les petits ateliers à se transformer.

abritaient son siège social. Il possédait dix succursales à l'étranger, et assurait qu'«avec 72 métiers mécaniques, il produisait autant qu'avec 600 métiers à bras». Ce gestionnaire hors pair mourut en 1910. Ses successeurs ne purent continuer au même rythme.

Si, au début, ces métiers mécaniques provenaient d'autres régions (par exemple l'usine de Vizille s'équipe dans le Nord et les Ets Franc chez Peugeot), les fabriques de métiers Diederichs / Bourgoin et Diederichs / Sainte-Colombe se développent ainsi que les chantiers de la Buire à Lyon, et Béridot à Voiron, pour ne citer que les quatre plus importants. Ils fourniront ensuite les ateliers rhônalpins. La plupart des nouvelles usines de tissage se construisent hors de l'agglomération lyonnaise où la main d'œuvre est meilleur marché et les terrains disponibles en abondance.

Quelques usines se montent à la Croix-Rousse avant la fin du siècle, mais moins d'une vingtaine, semble-t-il. Malgré ces efforts, le déclin entamé fut irréversible. En 1914, il y aura à la Croix-Rousse six fois moins de métiers qu'en 1856, mais ce chiffre tient-il compte des métiers mécaniques? Les soyeux ont sans doute été trop sûrs d'eux, oubliant de regarder ce qui se passait ailleurs, et de voir les nuages qui arrivaient. Ceci dit, la structure même de ce tissage traditionnel croix-roussien ne le condamnait-il pas à disparaître? Si la distribution électrique avait été possible trente ans plus tôt, cela aurait-il changé le cours des événements? Ces trente années de décalage, entre l'arrivée des métiers mécaniques et la distribution de l'électricité, n'ont jamais pu être rattrapées. Le tissage s'était développé en dehors de la Croix-Rousse.

Les derniers grands tisseurs à bras, pour la plupart «Meilleurs ouvriers de France» (ils seraient honorés au Japon comme «Trésors vivants»), ont progressivement disparu dans l'indifférence générale. En 1948, lors du premier congrès mondial de la Soie après la Seconde Guerre mondiale, Édouard Herriot avait remis la Légion d'Honneur à Ernest Charbotel, tisseur à bras croix-roussien qui venait de participer aux travaux de restitution de la chambre de Marie-Antoinette à Versailles. Par cette remise symbolique, notre vieux maire de l'époque, universitaire avant d'entrer en politique, avait montré qu'il avait compris l'importance de ce patrimoine lyonnais lentement constitué depuis 1536.

Seules la qualité de leur production et leur souplesse d'exécution ont permis aux petits ateliers de survivre. Le tisseur indépendant restait maître de ses horaires, ce qui n'était pas le cas de ceux qui travaillaient en usine. Il pouvait également produire de petites quantités, ce qui était d'autant plus utile que l'article était précieux. Mais le gros de la production est désormais réalisé en usine. Ainsi le tisseur croix-roussien, ou le canut selon préférence, est-il entré progressivement dans la grande histoire de la Soierie lyonnaise.

*Lettre manuscrite de trois
fabricants anonymes, adressée
à M. C. G., manuscrit, Lyon,
le 15 décembre 1895.
L'accord n'était pas parfait…*

Une lettre à un collègue, intitulée :
Premier manifeste, 15 décembre 1895

Cher confrère, collègue et ami,

C'est avec une grande répugnance que nous vous adressons ce manifeste sous la forme de l'anonymat, mais étant donné votre caractère violent, quoique la cause que nous cherchons à défendre soit d'intérêt général, nous ne voulons pas aller jusqu'à troubler notre tranquillité en bravant vos manières souvent si dures. Et pourtant, il est de notre devoir et nous avons la mission de vous prévenir au plus tôt, que nous jugeons que vous êtes dans une mauvaise voie et que vous nous portez un grand préjudice moral en nous entraînant dans une ligne de conduite que nous n'approuvons pas et où nous ne voulons pas bien résolument vous suivre.

Notre « Association » a été constituée pour la défense de nos intérêts économiques que nous avons jugés divergents peut-être de ceux de nos confrères, mais pour lutter dans une forme correcte, calme, courtoise sur le simple terrain des intérêts matériels ; au lieu de cela, entraîné par votre caractère personnel, excité et vindicatif, vous nous avez amené la guerre ouverte et êtes à la veille de nous tous diviser. Car vous servant de notre cause sacrée comme d'un tremplin, vous exercez des rancunes et des haines contre des personnes qui, quoique d'opinions économiques contraires aux nôtres, sont à tous les titres dignes de notre estime et de notre respect, et nous sommes profondément affectés de cela.

Si vous n'êtes pas encore décoré malgré vos mérites de fortune, si vous ne pouvez pas être membre de la Chambre de Commerce malgré votre haute et subtile intelligence qui fait notre admiration à tous, nous n'y pouvons rien et vous n'avez peut-être qu'à vous en prendre à vous-même.

Sans atteindre la notoriété et l'estime publique par les temps de démocratie où nous sommes il faut plus que le mérite du capital, il faut des qualités de cœur, de caractère, de générosité, de bonhomie, de service public rendu, toutes choses qui donnent la Sympathie dont vous ne jouissez pas.

A Lyon, plus que partout ailleurs, il faut attendre avec modestie son tour et son heure.

Il n'y a pas bien longtemps encore que vous viviez dans l'isolement le plus complet, aigri en politique, fuyant et repoussant même tout service public, ne songeant qu'à la constitution de votre grosse fortune personnelle, et tout d'un coup, vous voilà pris d'un feu sacré, spontané, envahisseur, vous posant en justicier réformateur, vous savez pourtant bien que de naissance, le Lyonnais a le culte des coutumes de ses ancêtres, de leurs établissements, de leurs fondations et bonnes œuvres, et qu'il ne vous suivra pas dans ces projets de réforme ; malgré vos allégations de quelques économies mesquines qui ne sont qu'un grossier trompe-l'œil, car vous raisonnez tout cela sans aucune compétence, ni expérience et comme une corneille qui abat des noix.

Il y a bien d'autres profits d'économie à faire parmi nous et qui chiffrent d'autres sommes : c'est un peu moins de concurrence acharnée, et plus de régularité et d'entente dans nos escomptes et crédits ; voilà quel serait le vrai rôle de notre « Association » et non pas ces balivernes creuses et mensongères.

A milieu de vos préoccupations économiques, que signifie ce projet de « condition libre » ? Quelle est l'opportunité, l'utilité de cette entreprise inepte ? Et qui vous l'a demandée ? Et alors quel est votre but caché ? Nous diviser un peu plus, voilà tout !

Pourquoi vous servez-vous en dessous du drapeau de notre « Association » pour susciter le brandon de discorde générale, même parmi nous, n'est-ce pas pour assouvir une vengeance personnelle ? D'ailleurs vous le dites ouvertement, est-ce là l'acte d'un brave homme ? Compromettre des intérêts de corporation dans un but si méchant.

Pourquoi dans vos démarches quêteuses auprès des marchands de soie en compagnie de M. Joseph T. (en voilà un qui ferait mieux de se cacher chez lui plutôt que de courir les rues) parlez-vous au nom de notre « Association » et de quel droit en notre nom faites-vous des menaces d'exclusivité si on ne vous suit pas ?

Sont-ce là des procédés dignes de notre grande et si glorieuse Fabrique ? N'est-ce pas plutôt le langage de vulgaires grévistes ? Et n'est-ce pas aller en outre contre nos propres intérêts en nous liant pieds et poings à quelques marchands que vous hypnotisez, et en indisposant contre nous ceux qui, plus dignes dans leur attitude, ne veulent pas vous satisfaire ; n'est-ce pas déséquilibrer la libre concurrence qui nous est si utile et qui fait notre force ?

Pourquoi dans ces même démarches où vous nous liez à vous, vous permettez-vous de prononcer des paroles grossières et des menaces méchantes, injustes contre des personnes et un corps élu estimé de tous et vénérés par nous par leur carrière et leur talent hors pairs, employés avec générosité et sans borne pour la cause publique et à l'honneur de notre cité.

Quelle est votre tactique en cela ?

Créer un conflit et désunir la Chambre de Commerce.

De tels procédés ne sont pas dignes d'un nom fortuné qui tient un rang social tel que le vôtre et qui doit le respecter.

Que sont ces conciliabules avec les filateurs et les mouliniers ? Qu'espérez-vous d'eux ?

Pourquoi toutes ces belles promesses que vous leur faites miroiter ? Votre conscience doit bien vous dire que vous les trompez car nous ne pouvons rien faire pour eux.

Mais, en agissant ainsi, vous vous servez de leur masse comme d'un piédestal et vous les divisez encore, les excitant encore contre les marchands de soie et nos institutions.

Bref, diviser la Fabrique, diviser les teinturiers, diviser la Chambre, diviser les marchands de soie, diviser les filateurs et mouliniers, diviser notre commerce entier, voilà l'œuvre malsaine à laquelle vous tendez, tout cela pour satisfaire votre haine et votre esprit jaloux. Œuvre néfaste qui portera votre nom et que votre génération entière expiera. Et bien, nous voulons vous arrêter sur cette pente coupable.

Si nous travaillons à acquérir une fortune pour nos enfants nous nous appliquons plus encore à leur laisser un nom aimé et estimé au milieu d'une société aimée, pleine d'indulgence les uns pour les autres, avec une union, une sympathie générale telle que nos pères nous l'ont léguée, ce qui a fait la richesse et la gloire de notre ville et de notre Fabrique, en particulier. Et puisque vous êtes un obstacle à ce but, rentrez dans les rangs, vous n'avez rien de ce qu'il faut pour être chef de file.

Vous êtes trop autoritaire, et un brouillon inquiet et dissolvant, et pour que notre démarche ne vous paraisse pas une fantaisie plaisante et puérile, nous l'adressons à tous les membres de la corporation soyeuse, et au risque de vous rendre ridicule, nous sommes bien décidés, tous les trois, à vous épier, à vous suivre pas à pas, et ne pas laisser passer un de vos actes méchants sans l'exposer publiquement. Donc à bientôt le deuxième manifeste.

Trois fabricants
A Monsieur C. G.

Impression sur étoffe, impression sur chaîne et velours Grégoire...

L'IMPRESSION SUR ÉTOFFE

Elle est fille du tissage, qui lui fournit son support. Afin de décorer des étoffes unies, le plus simple était de les peindre. Au XVIIIe siècle existaient en France des « manufactures de toiles peintes ». Mais en Extrême-Orient et plus particulièrement en Chine, aux Indes et en Indonésie, on imprimait depuis longtemps, à l'aide de planches gravées, des cotonnades qui furent introduites en Europe au début du XVIIe siècle par la Compagnie des Indes. Elles furent rapidement surnommées *Indiennes* et connurent un grand succès. Pour les réaliser il fallait étendre la pièce de tissu sur une longue table puis poser dessus, successivement, les planches gravées et préalablement enduites de matières colorantes. Il y avait au minimum une planche par couleur, et souvent beaucoup plus, si le dessin était de grandes dimensions[1].

L'exécution de l'impression à la planche restant très lente, un nouveau procédé se développa au XIXe siècle, celui de l'impression au rouleau : autour d'un grand cylindre central, nommé cylindre presseur et sur lequel défile le tissu, sont disposés les rouleaux imprimeurs gravés. Ils fournissent chacun un motif de couleur différente, reçoivent la pâte d'impression et la transmettent au tissu. C'est le procédé industriel le plus utilisé, mais peu employé sur la soie mise en œuvre par faible quantité.

A partir de 1920, l'impression au cadre à la lyonnaise, qui n'est autre qu'une forme de sérigraphie, a remplacé progressivement l'impression à la planche, dans notre région. Le graveur, en partant d'une maquette, va réaliser le *clichage*, c'est-à-dire faire autant de films qu'il y a de couleurs dans le dessin, établis avec la plus grande précision à l'aide d'encre de Chine et de gouaches spéciales. A la vérification qui suit, les films ou *clichés*, placés les uns au-dessus des autres, doivent se superposer parfaitement grâce aux repères discrets prévus au début du travail. Il y aura autant de cadres que de clichés, donc de couleurs dans le dessin. Sur chaque cadre métallique est tendue une *gaze* enduite d'une émulsion photosensible. Il faut alors posi-

---

1. Une autre technique nous est parvenue d'Extrême-Orient, parmi bien d'autres, celle du batik qui donne des résultats souvent merveilleux, obtenus grâce à des réserves dues à l'application de cire à certains endroits du tissu avant teinture. Chaque batik est une pièce unique.

Taffetas de soie peint.
Époque Louis XV. *L'impression sur étoffe est fille du tissage.*

tionner chaque cliché sur un cadre, afin qu'il soit insolé par une source lumineuse à base d'ultraviolets. Au cours de cette photogravure, toutes les parties de l'émulsion du cadre non protégées par la gouache se trouvant sur le cliché vont s'altérer et se durcir. Lors du *dépouillage*, opération de nettoyage des cadres à grande eau qui suit, l'émulsion insolée qui a durci se détache de la gaze qui pourra ainsi laisser passer la couleur à travers ses mailles lors de l'impression[2].

Après ce cadre plat apparurent vers 1960 le cadre rotatif, puis le cadre galvano. Plus récemment l'impression par transfert, sur le principe des décalcomanies, a été mise au point. Pour les cadres rotatifs, la circonférence du cadre donne le rapport du dessin. Cette circonférence est forcément limitée, tout comme le nombre de couleurs, en général de huit à douze, car la machine classique ne peut en recevoir plus. En contrepartie, la vitesse d'impression est beaucoup plus rapide et permet d'obtenir des coûts intéressants, mais encore faut-il avoir l'écoulement des quantités produites. Le fabricant choisit donc en fonction de l'importance de la commande.

L'impression au cadre plat permet de réaliser de grands dessins (jusqu'à 3 mètres de hauteur) avec un nombre de couleurs quasi illimité, et d'imprimer des petites quantités, c'est-à-dire au minimum la longueur d'une table d'impression de trente-cinq mètres en Haute Nouveauté, de cinquante ou cent mètres en ameublement, ce qui est important dans la soierie où l'on travaille parfois sur des supports de grand prix[3].

On fabrique également des impressions dites « au pochoir ». Ces pochoirs sont les ancêtres des cadres et il en faut autant qu'il y a de couleurs dans le dessin. Ils étaient réalisés autrefois à l'aide de fines plaques de zinc que l'on rongeait à l'acide sulfurique. Pour des questions de sécurité on préfère maintenant utiliser des feuilles de plastique.

---

2. Nous n'insisterons pas sur la grande précision que nécessite la fabrication de ces cadres pour permettre aux couleurs, lors de l'impression, de bien se placer côte à côte sans se superposer. C'est tout l'art du graveur, dans lequel Marcel Gandit, à Bourgoin, excellait.

3. Pour corser la difficulté, parfois, on ne se contentait pas d'imprimer sur une étoffe unie mais également sur un façonné dont le dessin réalisé lors du tissage devait cadrer avec le motif imprimé. Cette impression se nommait « *ad hoc* ».

Ci-contre :
Échantillon de « *chiné à la branche* ». *Seule la chaîne est teinte partiellement.*

L'impression sur chaîne

Spécialité régionale, c'est le fruit d'une collaboration étroite entre Lyon, qui concevait les dessins, et Bourgoin qui les réalisait. Au départ, il y eut l'*ikat*, dont la technique et les échantillons nous sont parvenus d'Extrême-Orient, probablement d'Indonésie, véhiculés au début du XVIIIe siècle par les Compagnies des Indes. La chaîne était teinte partiellement, à l'aide des *ligatures* de fils qui empêchaient la couleur de monter à certains endroits. Cette opération pouvait également s'effectuer sur la trame, ce qui nécessitait une grande précision lors du tissage, pour positionner correctement les trames. C'est ce que l'on appelle l'*ikat trame*. Il existe donc des *ikats chaîne*, des *ikats trame*, des *ikats chaîne et trame*, et il s'en fabrique encore.

L'Occident reprit le principe de l'*ikat chaîne*, qui fut baptisé « *chiné à la branche* ». Ce chinage s'effectuait donc seulement en chaîne, évitant ainsi la difficulté de la pose délicate des trames de l'*ikat trame*, mais, en revanche, on multipliait le nombre de couleurs en chaîne sur de grands dessins. La *branche* désignait un groupe de fils que l'on ligaturait avant de le plonger dans le bain de teinture. Cette branche apparaît nettement sur les documents anciens. La préparation du *chinage* était fort longue [4].

Vers 1820 apparut l'impression sur chaîne. Au lieu de teindre après *ligatures*, on va imprimer à la planche un premier tissage comportant la chaîne d'une densité normale avec une faible réduction ou, autrement dit, une faible densité en trame, dont le but était d'empêcher les déplacements de fils de chaîne au cours des transports et manipulations à l'impression. Lorsque le premier tissé revenait de chez l'imprimeur, on procédait à un *détissage* pour éliminer les trames imprimées en même temps que la chaîne, avant d'effectuer le tissage définitif à l'aide d'une trame vierge et dans la réduction définitive [5].

---

4. Au début du XIXe siècle, un certain Richard était un chineur réputé à Lyon. Victime de tracasseries administratives, le fabricant Camille Pernon intervint pour qu'on le laisse travailler en paix, car le Mobilier impérial attendait ses livraisons.

Ci-contre :
***Pékin, « Chiné à la branche »,
soie, Louis XVI.***

*Impression dite « au pochoir ».
Il en faut autant qu'il y a
de couleurs dans le dessin...*

*Impression sur chaîne.
Restitution d'un dessin broché
du XVIIIe siècle restitué
pour le château de Versailles
(1980).*

Comme le tissage était habituellement réalisé en *taffetas*, on obtenait des demis tons puisqu'à côté de chaque point de chaîne imprimé se trouvait un point de trame qui ne l'était pas. L'aspect assez flou que donne le dessin est très particulier, mais cette technique permet de faire monter la couleur au cœur de la matière et donne une profondeur que l'on ne peut obtenir avec une impression classique sur une étoffe. L'impression sur chaîne est plus rarement exécutée en satin, car l'effet obtenu présente moins d'intérêt.

Ce procédé plus rapide s'est substitué au *chiné à la branche* qui a complètement disparu au milieu du XIXe siècle.

L'impression sur chaîne permit de remettre à l'honneur bon nombre de grands dessins façonnés du XVIIIe siècle, recherchés par les amateurs, et qui n'auraient jamais pu être commercialisés du fait de leur coût, si on avait du les reproduire en utilisant la technique d'origine. On renonçait au *façonné*, mais en conservant un riche support en soie et l'abondance des couleurs imprimées sur chaîne qui n'avaient plus besoin d'être apportées par les trames au cours du tissage. L'impression sur chaîne se tisse comme un uni délicat.

LES VELOURS GRÉGOIRE

Pourquoi évoquer les *velours Grégoire* à la suite de l'impression sur chaîne ? Parce que la chaîne poil de ces velours est peinte avant le tissage. Si le procédé est différent de celui de l'impression sur chaîne, il s'agit du même principe. Force est de constater que Grégoire n'est pas Lyonnais, qu'il ne séjourna à Lyon que peu de temps, mais qu'il n'a cessé de s'intéresser à la soie, et de faire travailler des tisseurs lyonnais en les faisant même venir à Paris. Enfin, le musée des Tissus de Lyon possède une très belle collection de plus de trente pièces de ces velours qui, à elle seule, justifie que l'on s'attarde sur la vie et l'œuvre de cet artiste.

---

5. Le détissage peut se faire chez le plieur en une seule fois sur toute la pièce, ou alors au fur et à mesure du déroulement du premier tissé sur le métier. Nous préférions cette seconde méthode, moins rapide, mais qui évitait tout risque de décallage du motif imprimé. Parfois les dessinateurs cherchent à imiter les effets obtenus par le chiné en peignant des petites touches horizontales qui rappellent la branche après tissage.

Le « chiné à la branche » a complètement disparu au milieu du XIXe siècle.

Gaspard Grégoire est né le 20 octobre 1751 à Aix-en-Provence. Son père était maître-marchand et il fut initié dès sa jeunesse à l'art de la fabrication des étoffes. Il eut sept frères et sœurs dont un frère Paul, peintre distingué, qui l'aida beaucoup dans ses travaux, mais sans faire de bruit car le pauvre était sourd et muet de naissance. Dès 1782 Gaspard avait conçu l'idée de ces velours peints en étudiant le procédé du *chinage*, car l'impression sur chaîne ne fit son apparition que 40 ans plus tard. Très vite il prit conscience que ses ambitions ne pouvaient se réaliser à Aix, et en 1785 nous le retrouvons à Paris, présentant ses premiers essais de velours au comte d'Angiviller, Ordonnateur général des bâtiments de Sa Majesté, qui lui avait fait avoir un logement à la galerie du Louvre en même temps qu'une bonne subvention. Mais le comte d'Angiviller avait mis une condition pour donner son appui officiel, Grégoire devait produire des velours peints sur chaîne de grandes dimensions. Or c'était la seule impossibilité technique avec le procédé employé. Grégoire pensait arriver à surmonter ce handicap, aussi n'avoua-t-il pas son problème. Il tomba en disgrâce, les subventions furent réduites et le logement au Louvre retiré dès 1787. Son invention fut même contestée par certains, mais heureusement reconnue par d'autres, et le 12 juillet 1788 il obtint un privilège exclusif de fabrication de ses velours pendant 15 années, accompagné de 1 200 livres. Malheureusement l'époque était mal choisie, à la veille de la Révolution. Gaspard continua néanmoins à produire des petits tableaux en velours qui obtinrent un grand succès. *La Gazette de France* lui consacra une publicité le 3 janvier 1790.

Ingénieux de nature, il poursuivit différentes recherches dans d'autres directions, qui le conduisirent à prendre successivement deux brevets de quinze ans concernant des tissus circulaires qu'il nomme *tournoises*. L'un d'eux porte le n° 144. L'autre est signé par Bonaparte en 1801. Il obtint une médaille de bronze en 1806 qui lui valut une certaine notoriété.

De 1806 jusqu'à sa mort, survenue en 1846, il sera logé 47, rue de Charonne, au faubourg Saint-Antoine, dans l'hôtel où avait précédemment résidé Jacques de Vaucanson et qui avait été acquis par l'État en 1782, mais fort mal entretenu. Bien que logé aux frais de l'État, Grégoire ne roulera jamais sur l'or. Avant Chevreul, il avait disposé en un cercle chromatique et classé dans un certain ordre 1350 teintes graduées par mélange de couleurs, pour constituer une carte des couleurs qui fut distribuée aux manufactures impériales de tapisseries et au conservatoire des Arts et Métiers.

La trouvaille de Grégoire, en ce qui concerne ses velours, réside plus dans son habileté et sa patience que dans une invention à proprement parler. Nous avons dit plus haut que, dans ce procédé, seule la chaîne poil du velours est peinte, mais pour obtenir un mètre de velours tissé à bras, il faut cinq à sept mètres de chaîne poil. Regardez un velours sur le côté et vous comprendrez pourquoi : les sinuosités du poil dont dépend la hauteur du velours nécessitent l'utilisation d'une beaucoup plus grande longueur de fil dans le sens de la chaîne alors que la trame est pratiquement posée à plat. Comment faire alors pour peindre une chaîne qui va raccourcir de cinq fois au cours du tissage et obtenir un dessin précis ? C'est là que réside le tour de main de Grégoire. Tout d'abord il diminua au maximum la hauteur du poil du velours de manière à réduire la longueur du poil nécessaire pour fabriquer un mètre de velours et s'efforça de descendre en dessous de cinq mètres de poil pour un mètre de velours. Ensuite il eut l'idée d'étaler en largeur cette chaîne, autant de fois qu'elle devait être réduite en longueur au cours du tissage. De cette façon, il obtenait un élargissement important de la chaîne correspondant à son allongement et pouvait peindre sans aucune déformation, plaçant son modèle derrière la chaîne comme on le fait avec le carton dans la tapisserie de basse lisse.

Deux problèmes se posaient alors : un dessin de 30 cm devait se peindre en 30 x 5 soit 150 cm. C'était possible mais on ne pouvait guère aller au-delà. C'est pourquoi, à de rares exceptions près, comme « la marchande d'Amours » du musée des Tissus, ces velours ne dépassent pas cette dimension. D'autre part, en étalant sa chaîne sur cinq fois sa largeur, la densité de celle-ci devenait cinq fois moindre et il aurait été très difficile de peindre sur une telle chaîne dont les fils se seraient inévitablement déplacés. Aussi Grégoire imagina-t-il la solution que l'on reprit plus tard avec l'impression sur chaîne : faire un premier tissé. Mais, en plus, il multiplia les chaînes en les superposant pour former une masse de fils plus consistante. De cette façon, il pouvait préparer plusieurs motifs semblables à la fois en général 4, 5, ou 6. Bien entendu, il fallait que chacune de ces chaînes puissent se séparer des autres afin d'être mises tour à tour sur le métier de velours et préalablement détissée, mais avec un nombre de lisses appropriées cela ne posait pas de difficultés.

La technique de fabrication de ces velours était une chose, mais le choix, la pose, la fixation des couleurs exigeaient une grande habileté et devaient nécessiter de nombreux essais. On imagine difficilement un gros développement commercial pour un tel procédé[6]. D'ailleurs Grégoire disparu, personne ne tenta de réaliser des velours peints selon cette méthode.

---

6. Le décor de la chambre de l'Empereur au palais de Fontainebleau avait été réalisé à l'origine par Grand Frères, avec un velours chiné à la branche. Vers 1985, ce velours fut retissé par leurs successeurs, mais en partant d'une impression sur chaîne. De plus ce velours qui était donc un velours uni, fut fabriqué en double pièce avec une chaîne poil imprimée allongée douze fois, pour tenir compte du tissage double pièce. Heureusement l'informatique contribua largement à la préparation des multiples cadres nécessaires à l'impression qui se fit une fois de plus dans la région de Bourgoin-Jallieu où sont concentrés graveurs et imprimeurs de qualité. La Sté Mermoz se chargea de l'impression.

*La Marchande d'Amours.
Gaspard Grégoire, début
du XIXe siècle.
Velours Grégoire. Soie.*

Les hommes

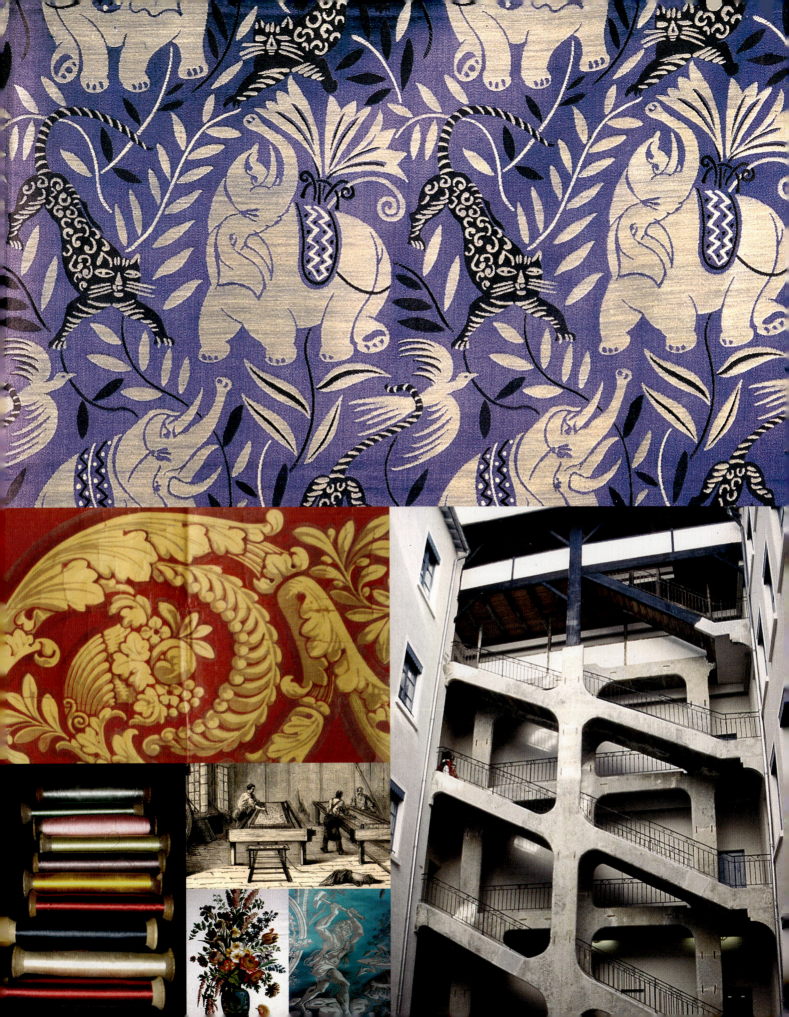

Mise en carte avec son échelle des brochés.

La Grande Fabrique
Petits et grands métiers

On voit apparaître le nom de « Grande Fabrique » lors de l'établissement des règlements demandés par Colbert en 1667 ; l'appellation désignait l'ensemble des professions qui contribuaient à l'élaboration d'une étoffe. Ces métiers étaient nombreux et ils étaient assurés par une multitude d'hommes et de femmes aux dénominations variées.

Si le *tisseur*, dont on vient de voir la complexité du métier, était chargé de la bonne exécution de l'étoffe, c'était la *fabrique* qui, en amont, choisissait le dessin, la contexture du tissu, les coloris à teindre, effectuait la mise en œuvre des matières nécessaires et coordonnait l'ensemble du travail. Il est probable qu'au démarrage de son entreprise le *fabricant* assurait seul toute cette mise en œuvre. Mais, rapidement, pour développer son affaire, il fut obligé d'abandonner sa « boutique » (c'est le terme consacré pour désigner le bureau de la fabrique) afin d'aller au devant du client pour connaître ses besoins et s'efforcer de les satisfaire. Et l'on sait que cette recherche, dès le XVIIIe siècle, l'entraînait à sillonner toute l'Europe. La vocation exportatrice de la soierie lyonnaise date de cette époque. Il fallut donc que le fabricant soit assisté par une équipe compétente, plus sédentaire : le service de fabrication, à la tête duquel se trouvait le chef de fabrication épaulé par un second, voire même d'autres, suivant l'importance de l'affaire. Avant le XXe siècle, on les appelait souvent les « commis ».

Des millions de roquets circulaient à Lyon : ils acheminaient le fil de soie chez le tisseur. Le brasse-roquet était chargé de les compter, de les faire revenir...

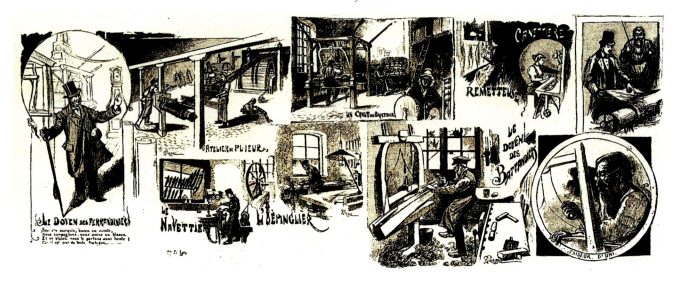

Les petits métiers de la Fabrique lyonnaise.

Dans ce service évoluaient les *brasses-roquets*. Leur nom peut prêter à sourire. Mais imaginez le nombre de roquets qui circulaient dans Lyon et les environs, au XIXe siècle, à une époque où presque tout le tissage était réalisé dans les ateliers de canuts. Cela représentait des millions de roquets, produits par les tourneurs sur bois, et qui étaient ensuite garnis de fil de soie. Ils partaient alors chez les *dévideuses*, les *ourdisseurs*, les *assembleurs* et chez les tisseurs par milliers. Il était donc nécessaire de les comptabiliser pour savoir où ils se trouvaient. C'était la tâche du *brasse-roquets*, en général un débutant, qui avait pour mission de compter les sortants et les rentrants, car les tisseurs n'étaient jamais pressés de les rapporter, non par malhonnêteté mais parce que cela leur faisait perdre du temps[1]. Ces roquets étaient normalisés. On en comptait trois modèles. Les uns de 15 grammes, les plus nombreux, les autres de 25 grammes destinés aux jointes, les troisièmes appelés roquets-canons, plus gros, munis d'une sorte de couvercle, peu utilisés. Cette normalisation permettait de vérifier facilement le poids de matière se trouvant sur les roquets.

Un autre métier, aujourd'hui inconnu, était celui de *rondier*, chargé de la visite et de l'inspection des métiers en travail. Je l'ai exercé pendant plusieurs années dans les Monts du Lyonnais où travaillaient les *veloutières à bras*. J'emportais avec moi une canne creuse, bouchée aux deux extrémités, contenant des fers pour renouveler ceux des veloutiers lorsque les leurs étaient défaillants. Il me fallait également voir les tisseurs de la région de Charlieu. C'étaient en général des agriculteurs qui complétaient leurs revenus en tissant à domicile. Nous leur rendions visite pour contrôler leur travail sur métier, connaître leurs besoins, s'assurer que les délais étaient tenus et prévoir, s'il y avait lieu, la préparation d'une nouvelle chaîne. Ils avaient du mérite car leurs mains calleuses avaient de la peine à travailler la soie. Il est vrai que leurs femmes passaient souvent plus de temps qu'eux sur le métier[2]. Le *brasse-roquets* et le *rondier* ont disparu en même temps que les ateliers de canuts. Toute la fabrication étant centralisée dans les usines ; leur mission était terminée.

Un personnage avait son importance à la boutique : le *garçon de peine*. Premier arrivé le matin pour allumer les feux et faire le ménage, il disposait d'une heure de repos au bistrot du coin dans la matinée pour prendre sa gratinée et lire son journal, une fois que les autres s'étaient mis au travail. Il était de bon ton alors de ne pas le déranger. D'ailleurs il ne perdait pas son temps et colportait les petits potins du jour qu'il avait glanés sur son passage. A son retour il trouvait les métrages préparés entre temps par les coupeurs, prêts à être roulés ou mis dans des cartons, et pour lesquels il fallait rédiger les fiches d'expédition. Puis il devait faire venir l'*emballeur* afin qu'il prenne les pièces et fabrique des caisses en bois sur mesure pour les protéger[3].

En 1950... place Croix-Paquet

Il y avait chaque jour une caisse pour Paris. Pour les États-Unis ces caisses étaient zinguées car elles partaient par bateau. Les paquets plus modestes, pour la France, étaient emballés dans du papier kraft. S'ils étaient petits, le garçon les emportait à la poste l'après-midi. S'ils étaient plus gros, il fallait avertir les transporteurs. Pour cela, on accrochait aux balcons des panneaux en carton à leurs initiales. Les intéressés savaient alors qu'ils devaient monter. Vers quatre heures de l'après-midi, le quartier de la soierie donnait l'impression de pavoiser, car il y avait presque à toutes les fenêtres ces cartons de 40/40 pour avertir les transporteurs concernés et leur éviter de perdre du temps. Certains de ceux-ci étaient parfois de véritables athlètes. Celui de Flatin-Granet refusait de prendre l'ascenseur tant que le colis ne dépassait pas 110 kg, estimant plus rapide de descendre par l'escalier avec son colis sur l'épaule.

Le *cartonnier* dans la soierie lyonnaise était à l'emballage ce que le tailleur est à la confection. Il fabriquait, à la demande, des cartons aux dimensions indiquées, destinés à satisfaire des besoins très précis. Par exemple, des cartons plats dans lesquels étaient placées des soieries fragiles, tissées à bras, qui ne devaient pas être ballottées au cours du transport, ou des cartons hauts comportant deux joues entaillées en bois, dans lesquelles venaient s'encastrer les axes des rouleaux supportant des velours délicats ainsi suspendus afin que le poil du velours ne soit pas écrasé. Étant donné la variété des fabrications lyonnaises, les largeurs, les quantités à livrer, le cartonnier devait avoir à sa disposition une gamme de plaques de carton d'épaisseur et de résistance diverses. Des bandes de toile collées venaient renforcer la solidité de l'ensemble.

Ces cartons relativement légers, mais parfois très encombrants, étaient livrés aux clients à l'aide d'une sorte de hotte fixée au dos par des sangles. Pour gagner du temps le livreur avait intérêt à charger le plus possible sa hotte, d'où les véritables échafaudages qu'il portait souvent et qui montaient bien au-dessus de la tête.

Il existait dans les rues des *consoles de repos*, en forme de T, comportant un plateau supérieur à environ 1,50 m au-dessus du sol. Ces consoles étaient en fonte et avaient sur leur piétement un petit disque en tôle sur lequel était peinte la mention « console de repos ». Elles permettaient aux *cartonniers* de poser de temps en temps leur hotte sans la mettre à terre, ou simplement de s'appuyer un instant contre elles. De nombreuses consoles étaient réparties dans toute la ville, jusqu'en 1950. Je me souviens de celles qui se trouvaient aux extrémités de la passerelle du Collège, rue de la Bourse, le long du lycée Ampère, ou encore devant le 11, place Croix-Paquet. Bien entendu ces consoles servaient également aux tisseurs croix-roussiens lorsqu'ils venaient rendre aux fabricants leurs pièces sur l'épaule. Elles ont disparu aujourd'hui.

A l'extérieur des bureaux de la fabrique gravitaient, autour du tisseur, les métiers qui s'occupaient de la préparation du fil ou du matériel. Nous en avons parlé plus haut. Enfin, en aval, intervenaient ceux qui assuraient la finition de l'étoffe.

Si la soie devait être teinte avant le tissage, c'est-à-dire teinte en fil, elle partait chez le teinturier. Celui-ci avait besoin de beaucoup d'eau. Le *chineur* Richard aurait utilisé celle du puits Gaillot à la fin du XVIIIe siècle, mais en général les *teinturiers* s'installaient près des berges de nos deux fleuves : cours d'Herbouville, à Saint-Clair, ou sur les quais de Saône, quai Pierre-Scize, quai Saint-Vincent, quai de Serin. Plus tard, ils passèrent sur la rive gauche du Rhône,

---

1. A vrai dire j'en ai bien surpris un ou deux qui se servaient de ce bois très sec pour allumer leur feu mais c'était très rare et, disaient-ils, pour éliminer des roquets cironés...

2. On les voyait seulement apparaître à Lyon pour rendre leur pièce et toucher leur façon. Si leur travail était de qualité, le problème majeur était celui des délais. Ils restaient avant tout agriculteurs et la terre primait. Il était difficile à Paris de répondre à une cliente américaine sortant du Ritz que son velours de soie avait pris du retard parce que c'était la saison des fraises. C'est pourtant arrivé plusieurs fois...

3. Les emballeurs étaient nombreux autour de Saint-Polycarpe, de la place du Griffon et de la rue d'Alsace-Lorraine. Ils ont disparu avec l'apparition des coffres en fibre et du plastique.

Casse provenant de la teinturerie Alberti. Ces casses, munies d'un long manche, servaient à rajouter des colorants dans la barque de teinture.

Flottes de soie teintes en fils.

creusèrent leurs puits et profitèrent parfois des eaux de la Rize. Le coloriste teignait en *barques* de bois ou de métal (que les anciens appelaient parfois *vaisseaux*). Pour que la matière colorante monte mieux au cœur de la soie, on opérait préalablement un *décreusage* dans un bain de savon bouillant qui faisait gonfler, puis éclater le grès entourant et protégeant la soie, représentant environ 22 % de son poids [4].

Jusqu'au XIXe siècle, toutes les teintures étaient faites à l'aide de colorants végétaux ou animaux (pastel, indigo, garance, gaude, safran, noix de galle, cochenille) [5]. Lorsque la chimie s'est développée, les teinturiers eurent recours progressivement aux colorants chimiques, qui facilitaient leur travail. La montée du colorant sur la soie, plus rapide, leur faisait gagner du temps et de la vapeur ; de plus, la matière souffrait moins grâce à une manipulation plus courte. Pendant longtemps les teintures chimiques eurent la réputation d'être moins solides que les teintures végétales. C'était vrai, mais cela l'est beaucoup moins de nos jours, car les végétaux utilisés de façon très artisanale n'ont pas changé, alors que la chimie tinctoriale a constamment progressé et que les *solidités* actuelles (lumière, lavage) n'ont plus rien à voir avec celles qui étaient proposées il y a cinquante ans.

Lorsque la matière revenait de la teinture, elle passait chez la *dévideuse* qui plaçait les flottes sur des *tavelles* (d'où le nom de *taveleuses* donné aux femmes les utilisant) qui permettaient à la soie de se dévider et de s'enrouler sur les *roquets* [6] placés sur les *broches* de la *mécanique ronde* [6], ou à la *banque à dévider* dans les ateliers plus modernes. Les anciens parlaient du *détrancannage* qui s'effectuait sur le *détrancannoir*. C'est ce qui correspondait au dévidage.

La soie, suivant sa destination, prenait alors des voies différentes. Une partie allait chez l'*ourdisseur* qui préparait la chaîne à l'aide de l'*ourdissoir*. L'ourdissoir vertical, belle pièce d'ébénisterie, correspondait au besoin de l'époque. La chaîne issue du pliage succédant à l'ourdissage était *remondée*. C'était une opération de contrôle qui consistait à enlever les bouchons des fils de chaîne risquant de provoquer des défauts sur la *façure*. Pour obtenir un beau velours de soie, cette opération de *remondage* était essentielle.

L'ourdissage (1) et le pliage (2) au XVIIIe siècle.

1

2

L'ourdissoir vertical était une belle pièce d'ébénisterie.

L'ourdissoir horizontal mécanique de Mme Martinez. L'atelier ferma ses portes vers 1990.

4. Je me souviens dans les années 1950 des matières passées chez Émile Alberti, le grand spécialiste de la teinture sur soie «solide ameublement et conforme de jour et de nuit». Arrivé au vestiaire, il était indispensable de mettre des sabots de bois avant de circuler dans l'atelier sur des caillebotis, faute de quoi vos chaussures risquaient d'être réduites à l'état de carton bouilli en l'espace de quelques heures. La vapeur fusait de tous côtés, l'installation n'étant pas récente, et quand on enlevait les bondes pour vider les barques, il valait mieux se mettre sur le côté. Mais en fin de travail, en général la bonne couleur était au rendez-vous.

5. Pernon en 1807 avait reçu des reproches de l'Empereur au sujet de deux livraisons dont les teintures s'étaient décolorées. Les rapports unanimes des experts concluaient «que la faute ne pouvait être imputée qu'aux teinturiers et que M. Pernon avait été trompé lui-même». Mais le 27 mai 1808, l'Empereur écrivait à son ministre de l'Intérieur : «Portez la plus grande attention sur les teintures de Lyon ; vous savez que c'est une grande partie de nos richesses. Je voudrais établir une chaire de chimie à Lyon ; le chimiste qui y est est médiocre, occupez-vous d'y envoyer un très bon. Présentez-moi un projet pour former là un établissement de chimie qui ait quelque valeur».

6. Ces mécaniques rondes, mises au point vers 1820, petites merveilles d'ingéniosité, se trouvaient chez les dévideuses à domicile, sur les pentes de la Croix-Rousse, leur outil de travail trônant au centre de la pièce où elles vivaient. Souvent âgées, elles se déplaçaient peu et il fallait leur apporter roquets et flottes de soie puis reprendre les roquets garnis. Les immeubles étaient sans ascenseur, les étages plus élevés que maintenant, mais l'accueil était à la hauteur…

L'*ourdissoir horizontal*, qui a pris la relève du système précédent, est devenu beaucoup plus encombrant. Tournant à grande vitesse, il est doté de freins puissants, et équipé de *cantres* beaucoup plus importantes que celles utilisées par l'ourdissoir vertical et porteuses de milliers de bobines de fils fournissant les chaînes destinées aux machines à tisser de plus en plus dévorantes de matière [7].

La partie destinée à la trame, qui était en général plus grosse et moins tordue, partait se faire assembler, puis passait à la *canetière* qui enroulait le fil sur les canettes placées ensuite dans les navettes au moment du tissage. Pendant très longtemps, sur les métiers à bras, la préparation des canettes était assurée par les *caneteuses* grâce aux *canetières verticales*, peu rapides, mais qui permettaient d'obtenir des assemblages de trames à faible torsion ce qui donnait plus de gonflant au décor de trame. Puis les canetières devinrent horizontales, à plus grande vitesse, dans les ateliers mécaniques. C'était toujours les *caneteuses* qui s'en occupaient. Ensuite certains métiers mécaniques furent dotés de leur propre canetière. Enfin arrivèrent les machines à tisser qui se passèrent des canettes, les remplaçant par des *cônes*.

La préparation du façonné

Le *dessinateur* va réaliser l'*esquisse* qui sera confiée au *metteur en carte*. Celui-ci possède, à sa disposition, toute une gamme de papiers de mise en carte de quadrillages différents, que l'on appelle réductions du papier. L'espace compris entre deux lignes verticales symbolisant un fil ou une série de fils et celui compris entre deux lignes horizontales symbolisant une ou plusieurs trames, il va ainsi choisir le papier qui restituera le mieux le rapport existant entre la densité chaîne et la densité trame du tissu à réaliser, et transposera l'esquisse sur le papier choisi. Si les densités chaîne et trame étaient identiques, il pourrait utiliser un papier millimétré mais ce n'est jamais le cas. En général la densité chaîne est plus forte, les fils étant plus fins et plus tordus alors que la trame l'est moins et qu'elle est plus grosse. Sur cette mise en carte, dans un esprit d'économie, ne figure que le minimum indispensable du rapport du dessin qui sera, par exemple, retourné si le dessin présente un axe de symétrie en largeur ou en hauteur.

Mise en carte de M. Margirier-Bermond, 18 rue Terrail à Lyon). A partir de cette mise en carte dont l'esquisse a été réalisée par un dessinateur, le liseur perçait les cartons.

Mise en carte pour un crêpe satin façonné sans envers. (Les Srs de Combier et Cie. Pour M. Donat à Corbelin-Isère. Détail. Dessin de M. V. Mondon 19, place Tolozan à Lyon).

Cette mise en carte est remise au *liseur* qui, comme le mot l'indique, va lire successivement toutes les *passées*, c'est-à-dire tout ce qui figure entre deux lignes horizontales, chaque couleur apparaissant dans la passée nécessitant le perçage d'un carton. Pour y parvenir il a disposé verticalement devant lui, sur le *pied de semple*, un ensemble de cordes, chacune d'entre elles symbolisant un fil ou une série de fils de chaîne. A l'aide de ses doigts il met sur sa main les cordes que la mise en carte lui indique comme prises et laisse les autres. Lorsqu'il a fait ce travail, sur toute la largeur du *semple*, il remplace ses doigts par des cordes nommées *embarbes*, perpendiculaires aux cordes du semple. Puis il répète ce travail autant de fois qu'il y a de trames apparaissant sur la carte. C'est ce *semple* placé sur le côté du métier qui permettra au tireur de lacs, « en tirant l'*embarbe* », de séparer la chaîne en deux nappes, et au tisseur de passer sa navette.

La mise en carte était donc nécessaire pour préparer les lacs du métier « à la grande tire », et on a gardé ce nom de *metteur en carte* pour désigner cette profession. Mais lorsque la mécanique Jacquard sera utilisée, le *liseur* devra dans un second temps effectuer le piquage des *cartons*. Cette opération évoluera au XIXe siècle. Pour que « la Jacquard » puisse être adoptée, il fallait que l'on puisse percer les cartons autrement qu'avec un emporte-pièce, trou par trou. Le *lisage au tambour*, mis au point vers 1820, permit de percer tous les trous d'un même carton en même temps avec un gain de temps appréciable. Vers le milieu du siècle le *lisage accéléré* améliorera encore les performances. Après 1945, la Sté Verdol lança le *dactylisage*, qui remplaçait la préparation au semple par une lecture permettant au liseur d'aller encore plus vite en pianotant sur un clavier. Enfin, ces dernières années, Staubli qui a pris la relève de Verdol en 1983 propose après passage au scanner de l'es-

---

7. Au 21, rue Richan, juste au-dessous de l'atelier de passementerie de Mme Letourneau, se trouvait un atelier d'ourdissage qui fonctionna pendant une bonne partie du XXe siècle. En 1950 c'était celui de Mme Lemasson-Charpenel qui le transmit en prenant sa retraite à Mme Martinez. L'atelier ferma ses portes après 1990.

Mise en carte (dessin de M. Royanet à Lyon). L'espace compris entre deux lignes symbolise un fil ou une série de fils.

Lecteur de la mise en carte placée verticalement sur le pied de semple.

Le lisage permettait la sélection des fils et précédait le piquage.
Carte postale ancienne.

quisse et sa mise sur disquette, la Jacquard électronique qui permet non seulement d'augmenter considérablement la vitesse d'exécution, mais encore de dépasser 20 000 commandes individuelles de fils de chaîne selon les besoins du tisseur ; il y en avait seulement 400 au départ avec Jacquard. Ces nouveaux équipements laissent malheureusement présager la disparition du métier de liseur indépendant.

La finition du tissu

En aval du tissage il était nécessaire d'assurer la finition du tissu. Pour cela il y avait les *dégraisseurs* qui devaient faire disparaître les taches de tout genre. Sur les métiers à bras, les taches de sueur, presque indélébiles, abîmaient le tissu. Sur les métiers mécaniques, les taches de graisse étaient fréquentes. Ce terme (*dégraisseur*) choque toujours les Parisiens qui lui préfèrent celui de teinturier. Mais à

L'apprêt consistait souvent à passer une légère couche de gomme arabique pour donner de la raideur à l'étoffe.
(Le Magasin Pittoresque).

Lyon il s'agit de deux métiers bien différents : quand une pièce comporte des taches il faut les enlever et non pas la teindre [8].

Puis venait l'*apprêteur* : au XVIIIe siècle, l'apprêt consistait souvent à passer, à l'envers, une légère couche de gomme arabique qui donnait de la raideur à l'étoffe. Avec le temps, cette gomme avait tendance à jaunir l'envers du tissu. Cela nous gênait lorsqu'il fallait reproduire un document ancien, car c'était le côté qui, abrité de la lumière, conservait le mieux les couleurs d'origine et nous était bien utile.

A la fin du XXe siècle, l'apprêteur est devenu *ennoblisseur*, appellation méritée du fait des transformations multiples qu'il pouvait faire subir à un tissu à base de fils synthétiques et qui contribuaient à son embellissement. En outre, pouvaient intervenir le *flambeur*, qui faisait passer rapidement l'étoffe comportant une chaîne de fils discontinus sur une rampe à gaz afin d'éliminer les bourres qui s'étaient formées lors du tissage, le *gaufreur*, l'*imprimeur*, le *moireur*, etc.

La *moire* est un effet obtenu sur une étoffe à grains et n'est qu'un jeu de lumière provenant de la déviation et de l'écrasement du grain du tissu. Cette déviation s'obtient de deux façons, soit avant tissage en plaçant sur le rouleau poi-

Pékin moiré. *La moire ne prend que sur un tissu à côtes.*

trinière des bossages qui étirent par endroits le tissu lorsqu'il s'enroule, et donne naissance à la moire dite « galoche », soit après tissage en déviant les trames de l'étoffe à l'aide de règles spéciales qui déterminent le rapport et le nombre de filets. C'est le traçage. La juxtaposition du grain s'obtient par dossage, lisière sur lisière ou par pliage, tête sur tête. Ensuite, c'est l'écrasement du tissu qui permet de révéler la moire, en général à la suite d'un *calendrage* au cylindre. Il existe une vingtaine de moires différentes qui nécessitent des traitements tenant compte des qualités du tissu [9].

On a dénombré plus de 80 professions exerçant leurs talents dans la Grande Fabrique, dont la plupart ont aujourd'hui disparu, soit à cause de l'évolution de la technique, soit par l'intégration de ces métiers dans les usines lors de leur construction, mais toutes ont eu leur importance à un moment donné.

Parmi ces professions, outre celle des *visiteuses en soies* évoquées plus haut, notons celle du *tireur de fers* qui, placé sur le côté du métier à bras, tirait les fers ronds posés par le veloutier afin de produire les effets frisés du velours, lorsque celui-ci était plus large que la longueur du bras du veloutier [10]. Il n'y a plus, non plus, de *brodeuses* travaillant à domicile, et à qui l'on confiait des jointes de couleurs pour

---

8. En 1950, il y avait encore un dégraisseur, le père Ville, qui travaillait à la tache. On le voyait rue des Capucins porter une pièce sur son épaule pour aller enlever dans son atelier trois ou quatre taches. Ses confrères facturaient au mètre les pièces qui passaient entre leurs mains, mais lui, âgé, bien que gagnant trois fois rien, refusait de changer de méthode. Ce fut le dernier.

9. La dernière entreprise, produisant la plupart de ces moires à Lyon, la maison Maire, se trouvait encore en 1950 rue Burdeau à la Croix-Rousse. M. Chouvy, le contremaître de l'époque, nous montrait fièrement sa pierre de plusieurs dizaines de tonnes, sous laquelle passaient les failles destinées à produire la moire Renaissance. Cette affaire se trouve maintenant aux Brotteaux, mais sans sa pierre, intransportable…

10. Le dernier que j'ai vu à l'ouvrage, en 1960, tirait les fers de Pierre Billonnet, qui tissait le velours ciselé cramoisi reproduit pour le grand salon Napoléon III du Louvre. Celui-ci faisait encore partie du ministère des Finances, rue de Rivoli.

Bordure chenille de la Chambre de l'Impératrice à Fontainebleau.

Chenille ruban. *Détail d'un lampas broché chenille attribué à Pillement.*

qu'elles masquent, avant la livraison, les défauts de tissage sur des pièces de valeur. S'il reste encore quelques *chenilleurs*, tous ont renoncé à produire la chenille ruban du XVIIIe, la plus onéreuse mais qui donnait un aspect velouté incomparable après tissage broché. La dernière facture de chenilleuse que j'ai pu retrouver datait de 1917. Les deux fabriques de soieries d'ameublement travaillant pour la restauration de la chambre de l'Impératrice à Fontainebleau, vers 1980, ont fabriqué elles-mêmes leur *chenille ruban* pour alimenter leurs métiers à bras, en partant de vieux documents écrits pour retrouver l'ancienne technique de fabrication [11].

Nous n'avons plus, non plus, de fabricants de métiers dans notre région et pourtant, pendant un siècle, ont battu à la Croix-Rousse les métiers Diederichs/Bourgoin et Diederichs/Sainte-Colombe, les métiers Béridot de Voiron, Bruyère-Banzet, Fumat de Caluire ou Nanterme et Montel à Lyon.

Avant de tourner cette page du passé, il convient d'évoquer deux professions qui furent prospères à Lyon au cours des siècles précédents, celle des *passementiers rubanniers* appelés au XVIIIe siècle « tissutiers à la petite navette », qui avaient leurs ateliers dans toute la ville, utilisant beaucoup de fils d'or ou d'argent, avant de disparaître petit à petit, achevés par les changements intervenus dans les uniformes militaires, par la suppression de toute richesse apparente dans les vêtements sacerdotaux, et par la disparition des cours royales [12]. Nous avions encore à Lyon les Ets Bourdon et la Maison Reymondon qui fabriquaient des merveilles ; la première a disparu, la seconde continue en s'adjoignant d'autres activités.

L'autre profession en voie de disparition est celle des *brodeurs*. Dès le Moyen Age, on brodait les ornements liturgiques et les vêtements seigneuriaux. Il s'agit donc d'une corporation antérieure à celle des tisseurs. Cette corporation souffrit parfois des édits somptuaires interdisant l'emploi des fils d'or lors des périodes difficiles, mais triompha

Broché chenille. *Pour la réalisation de ces motifs, un brocheur spécial s'adaptant sur le battant du métier était nécessaire.*

---

11. Je me souviens à cette occasion avoir été le plus important acheteur de lames de rasoir de la coopérative des coiffeurs lyonnais pendant quelques mois, car nous en consommions des milliers pour couper les minuscules rubans de cinq fils d'organsin en chaîne, permettant d'obtenir les rubans frangés, transformés ensuite en chenilles, par torsion autour d'un fil de soie servant d'axe. La chenille obtenue était d'une telle qualité qu'il fallut freiner l'enthousiasme des brodeurs qui voulaient nous passer des commandes que nous ne pouvions satisfaire, car cette chenille était d'abord destinée à nos propres besoins et nous ne voulions pas devenir chenilleurs.

12. Le dernier atelier de passementerie de la Croix-Rousse est celui de Mme Letourneau, rue Richan, devenu atelier municipal de passementerie à la suite de son rachat par la ville de Lyon. Elle y vient encore faire des démonstrations et évoquer son existence laborieuse dans ces lieux où elle prit la suite de ses parents. Ses trois grands métiers sont dits « à la barre ». Les navettes sont placées côte à côte, non pas lancées ou volantes, mais guidées sur une crémaillère à pignons dentés se trouvant sur le battant. Chaque petite navette assure le tramage d'un seul galon qui, en général, est de faible largeur.

Carte adresse de Jean-Baptiste Dumortier, passementier rue Stella à Lyon. Les travaux d'urbanisme de Vaisse ont fait partir ces petits ateliers du centre de la ville.

lors de l'adoption du costume « à la française » et contribua largement à l'éclat des fêtes de la Cour sous l'Ancien régime et sous l'Empire. Ils étaient encore plusieurs milliers à Lyon en 1805[13]. Quelques rares ateliers de broderie subsistent encore à Lyon[14].

L'ensemble de tous ces corps de métiers, de tout leur savoir-faire créatif et technique, réunis dans une même entité géographique, autour de la Fabrique lyonnaise, pour apporter leur aide aux métiers du tissage, a constitué la force de Lyon et lui a permis d'obtenir ce titre de Capitale de la soie, qu'elle mérite à travers les générations.

Orfroi du XVIe siècle représentant une nativité. Un orfroi est une bande brodée cousue sur un ornement religieux.

13. La production de l'atelier de Mme Leroudier, à la fin du XIXe siècle, prouve la maîtrise conservée par ces brodeurs près d'un siècle après.

14. En octobre 1817 les brodeurs lyonnais furent chargés d'une mission curieuse, celle de masquer ou faire disparaître les emblèmes napoléoniens qui figuraient sur les soieries façonnées fraîchement fabriquées qui ornaient les palais nationaux. Les abeilles, les N, les aigles, les croix de la Légion d'Honneur, les étoiles devaient être débrochés ou recouverts par des rosaces et des fleurs de lys brodées. Par mesure d'économie, on gardait les étoffes mais en éliminant toute provocation dans le décor.

*Navette de métier de rubannerie.
Ces tisseurs étaient appelés
les « tissutiers » à la petite navette.*

*Le métier de rubannerie
de Mme Letourneau, rue Richan
à la Croix-Rousse. Les navettes
sont placées côte à côte, guidées
sur une crémaillère.*

L'art et la technique

Une belle soierie façonnée n'est pas seulement un chef-d'œuvre d'art, c'est également un chef-d'œuvre de technique. Les deux sont inséparables, et mettre en valeur ce binôme est rendre hommage à la Fabrique lyonnaise. Car, si la qualité du dessin est indispensable, une bonne technique l'est tout autant, et si l'on ne veut considérer que l'œuvre d'art, autant présenter le résultat dans un musée des Beaux-arts… Le dessinateur est un maillon important, mais il demeure un maillon d'une grande chaîne, où la technique tient sa place… Cette dimension nécessite des explications, souvent escamotées, car elles ne peuvent être aussi fleuries que les commentaires qui entourent l'œuvre d'art. La technique est austère et sans état d'âme. Et puis, une œuvre d'art n'est-elle pas une création individuelle, souvent instantanée, alors que la technique est le résultat d'une recherche collective qui nécessite parfois plusieurs années de réflexion… Le musée des Tissus se doit d'être un musée d'art et technique.

Broderie sur tulle du Premier Empire. *Quelques très rares ateliers de broderie subsistent encore à Lyon.*

Trois célébrités lyonnaises : Jacquard, Carquillat et Pernon

Joseph-Marie Charles, dit Jacquard

Vous avez certainement entendu parler de Joseph-Marie Charles, mais peut être son surnom vous est-il plus familier ? Il s'agit de Jacquard. La nombreuse famille Charles, habitant déjà Couzon-au-Mont-d'Or au XVIe siècle, comportait plusieurs branches dotées de surnoms : il y avait les Charles dits « la clope », les Charles dits « Meustre » et les Charles dits « Jacquard ». L'arrière grand-père de Joseph était déjà un Charles, dit Jacquard, et on ne sait pourquoi Joseph chercha toujours à faire oublier son vrai nom patronymique qui était Charles, au profit du seul surnom Jacquard. Cela trompa longtemps les généalogistes qui pensaient que Charles était un prénom et ne trouvaient pas l'ascendance de Jacquard.

Tant de choses ont déjà été dites et écrites sur Jacquard, que nous nous serions bien gardé d'en ajouter si de récentes recherches n'avaient apporté des précisions qui permettent de voir sous un autre jour la vie de ce grand mécanicien[1]. Joseph Charles, dit Jacquard, est né à Lyon le 7 juillet 1752, Grande rue de l'Hôpital, au domicile de ses parents, à deux pas de l'Hôtel-Dieu. Son père, maître fabricant en étoffes d'or, d'argent et de soie, installa en 1764 son atelier de tissage, comprenant trois métiers à la grande tire, au deuxième étage de la maison Paradis, quai de Retz, actuel quai Jean-Moulin. A cette date, Jean Charles était veuf, sa femme Antoinette Rive étant décédée le 26 septembre 1762. Des neuf enfants qu'ils ont eus, ne semblent survivre que Joseph et sa sœur Clémence, de cinq ans son aînée, qui sait lire et écrire, alors qu'à treize ans Jacquard est un illettré total. Par bonheur, dans cette maison Paradis, s'est installé, en 1758, l'imprimeur-libraire Barret, dont le fils Jean-Marie tombe amoureux de Clémence. Ils se marient à Saint-Nizier le 20 janvier 1765. Cet événement heureux est important pour Joseph, car son beau-frère, homme cultivé comme le sont en général les imprimeurs, va prendre en main son instruction et lui apporter des connaissances qui lui permettront plus tard de fréquenter sans complexes les sociétés savantes.

La famille Barret dirigera l'imprimerie jusqu'en 1866, avant de la transmettre à Pitrat qui la cédera à Alexandre Rey en 1891. L'imprimerie Rey existe toujours, connue de nombreux Lyonnais… Mais revenons à Joseph. Il n'a jamais eu sa maîtrise de tisseur, bien que fils de maître, ce qui aurait dû lui rendre la tâche plus facile. Il hérite de son père, mort en 1772 et en janvier 1778, célibataire, il vend la maison familiale de Couzon-au-Mont-d'Or ainsi que des vignes. Le 26 juillet de la même année, bien qu'il soit endetté, il épouse en l'église de la Platière Claudine Boichon, née en 1751. Les nouveaux époux achèvent de vendre les vignes de Couzon ainsi que des carrières, ce qui fait que Claudine, peu après, est condamnée solidairement à régler les dettes anciennes de son époux. Joli cadeau de noces en vérité… Le solde des dettes, soit 497 livres, sera finalement acquitté en juillet 1780 et 1781 par la belle-mère, à valoir sur les biens de la fille. Certains biographes de Jacquard racontent que le futur beau-père, Antoine Boichon, aurait ruiné le couple en ayant promis une dote sans tenir sa parole. Or, sur leur contrat de mariage, il est

---
1. Toute notre reconnaissance va à Jean Huchard, qui nous a communiqué avec la plus grande bienveillance le fruit de son travail minutieux, dans lequel nous avons largement puisé.

bien mentionné que Claudine est «fille légitime de défunt Antoine Boichon». Le dit beau-père était mort depuis plusieurs années…

Le jeune couple habite rue Bouteille où ils ont un fils, leur seul enfant, Jean-Marie, qui naît le 19 avril 1779. La vie et la mort de ce jeune homme restent mystérieuses. Après avoir combattu, âgé de 14 ans, aux côtés de son père dans les rangs des assiégés en 1793, pendant le Siège de Lyon, il se serait engagé dans les armées de la Convention où il aurait trouvé la mort. C'est la version de Grognier, un ami de Jacquard, mais aucune trace ne vient confirmer cette version. Et, comme par ailleurs on nous apprend avec assurance que Claudine, sa mère, est morte de douleur en apprenant la nouvelle, alors que nous sommes sûrs de la date de son décès à Oullins le 14 juillet 1825, trente ans plus tard, nous nous prenons à douter… La légende est aux portes de l'histoire.

En 1785 Jacquard, âgé de 33 ans, habite probablement avec sa femme, la maison du 21, rue de la Pêcherie, qui leur vient de Catherine Boichon, décédée récemment. Cet immeuble est indivis avec sa belle-sœur Fleury et sera détruit juste après le décès de Jacquard en 1834. Il prend à son service comme domestique à gages, Marguerite, qui n'a que douze ans, fille de son cousin germain Antoine Vignard. Toinette ne quittera plus le ménage. Chez ses cousins «cette pauvre fille» ne fut pas aussi malheureuse qu'on a bien voulu le raconter. Son dévouement sans faille fut reconnu par Claudine qui lui laissa une pension de 200 F annuels à sa mort, et par Joseph qui lui légua une somme de 12 000 F, outre une partie de son mobilier de Lyon et une pendule se trouvant à Oullins.

On ne sait pas grand chose de vérifiable sur l'activité de notre homme jusqu'en octobre 1799. Cette année-là, âgé alors de 47 ans, il dépose une première demande de brevet pour «une machine destinée à suppléer les tireurs de lacs» dans la fabrication des façonnés. Le brevet est accordé en décembre 1800, ce qui lui permet de vendre sa machine dans toute l'étendue de la République mais il ne s'agit pas encore de la mécanique à laquelle son nom restera attaché. Jacquard annulera ce brevet en 1804, sans doute au moment où il rentre de Paris avec le modèle de Jacques de Vaucanson qu'il a été étudié aux Arts et Métiers durant six mois

Un concours est organisé en 1802 pour «une fabrication de filets pour la pêche à mailles fixées par mécaniques». Jacquard fait acte de candidature, son modèle est retenu le 3 février 1804. C'est la célébrité. Les administrateurs de l'hospice de l'Antiquaille, sensibles à la renommée de Jacquard, lui confient en octobre 1804 la direction de leurs ateliers avec un bon traitement, table et logement à l'hospice. Cette même année, il obtient par ailleurs une pièce au Palais Saint-Pierre pour son «métier à filet de pêche». Jacquard obtient le prix et recevra à Paris le 2 août 1805 une médaille de bronze. Distinction plus qu'honorable quand on sait qu'il y avait 229 participants. Quelques mois auparavant, le 12 avril 1805, l'Empereur et Joséphine avaient visité le Palais Saint-Pierre où «dans une salle voisine de l'atelier de Lasalle, le nouveau métier de l'invention de monsieur Jacquard était en activité… L'inventeur de cette admirable machine était présent… L'on voyait dans le même local son métier pour la fabrication des filets».

Ce qui est sûr, c'est qu'en 1806 la mécanique Jacquard fonctionnait mal : nous trouvons consignée dans le livre de Patrons du fabricant Pernon la mention suivante : «Patron n° 1639 le métier monté chez Imbert quai de Retz, équipé d'une mécanique à la Jaccard qui ne put marcher. On leva la chaîne pour la donner à Pithiod», sur un métier à la tire. S'il ne s'était agi que d'un incident réparable on n'aurait pas levé la chaîne pour la placer sur un autre métier. Le métrage défectueux est conservé au Mobilier national à Paris. Les cartons se déchiraient au moment de la rotation du cylindre jusqu'à ce que Breton, mécanicien de Privat, mette au point la pièce coudée qui évitait ce grave inconvénient.

Jacquard présente à Napoléon son métier à tisser.

Portrait de Jacquard sur la fin de sa vie.

Un autre mythe devrait disparaître : celui de Jacquard menacé d'être jeté dans le Rhône à Saint-Clair par des ouvriers tisseurs craignant pour leur emploi. En 1808, sur un total de 10 812 métiers on relève seulement 535 métiers à la tire, ceux qui sont utilisés pour produire les soieries façonnées. Et cette même année, Jacquard n'a vendu que 41 mécaniques. Les quarante-et-un tireurs de lacs qui ont peut-être perdu leur travail n'auraient pu déchaîner une émeute populaire. Certains historiens en ont même ajouté : « La mécanique Jacquard fut brûlée à Lyon par la main du bourreau sur la place des Terreaux… », les métiers auraient été vendus au prix du vieux bois ou brisés publiquement, servant à alimenter un feu de joie. Dans l'historique du métier Jacquard, Paul Eymard écrit en 1863 : « Ces légendes sont de pures inventions. Elles rendent, il est vrai, le héros plus intéressant, mais elles ont le tort d'être mensongères et de fausser l'histoire en jetant le blâme sur une population industrielle, pour glorifier un de ses membres. »

Les chefs d'ateliers, qui avaient acheté les premières mécaniques au fonctionnement aléatoire, devaient être mécontents. Il fallut encore attendre des années avant que la machine au point soit adoptée massivement. Cette mécanique pour laquelle aucun brevet n'a été pris par Jacquard, ne deviendra opérationnelle qu'en 1817, le brevet étant déposé par Breton.

Les administrateurs de l'Antiquaille étaient également mécontents, eux qui avait confié à Jacquard la direction de leurs ateliers avec un bon traitement. Jacquard ne dirige pas grand-chose. Devenu un homme public, il voyage, paraît, encaisse, sait se faire plaindre à l'occasion. Finalement, les administrateurs lui demandent de quitter les lieux. A la fin de l'année 1805, il s'installe au Palais Saint-Pierre, mais n'y reste pas très longtemps, pour les mêmes raisons. En décembre 1807 Artaud, le conservateur, lui donne sa dédite et il va s'installer 1, rue du Puits-d'Ainay puis au 2, rue Vaubecour. Il passera alors chaque année six mois à Oullins et six mois à Lyon, jusqu'à la fin de sa vie.

A partir de 1810 il est usufruitier de sa belle-sœur Fleury à Oullins. N'ayant plus d'enfant, il favorise ses deux nièces Fleury qui deviendront ses héritières. Le 17 novembre 1819 il reçoit la Légion d'Honneur des mains du roi Louis XVIII mais, curieusement, le brevet est signé en 1821.

Jacquard, mécanicien inventeur, était devenu notable au fil des années : membre de l'Académie royale d'Agriculture, professeur à l'École spéciale de Commerce, chargé du cours de « Théorie pratique sur métiers pour la fabrication de diverses étoffes de soie à Jacquard », conseiller municipal d'Oullins. Son portrait est commandé en 1832 au peintre Bonnefond, directeur de l'École des Beaux-Arts de Lyon, pour faire partie de la galerie des Lyonnais célèbres. Ce rôle lui convient très bien car, contrairement à ce que la légende a voulu faire croire, c'était un bon bourgeois, tout comme sa femme. Ils auront même deux domestiques.

Sa femme, comme nous l'avons déjà dit, le quitte en 1825. Neuf ans plus tard ce sera son tour. Jacquard s'éteint le 7 août 1834. Il repose dans le cimetière d'Oullins et un mûrier symbolique sera planté au chevet de sa tombe. *Le Courrier français*, *le Courrier de Lyon* puis *La Revue du Lyonnais* lui consacrent des articles exaltant les services qu'il a rendus à l'industrie lyonnaise, parfois avec toute l'emphase propre au XIXe siècle. En septembre 1835, à la demande du conseil municipal d'Oullins, un cénotaphe consacré à la mémoire de Jacquard est inauguré dans l'église de cette commune. En 1837 l'Académie de Lyon ouvrira un concours d'éloge sur Jacquard, en prose et en vers. Enfin, un peu plus tard, la municipalité lyonnaise organisera une souscription pour lui élever un monument funéraire dans le cimetière d'Oullins. Celui que l'on voit de nos jours.

Michel-Marie Carquillat, tisseur

Il fut sans doute le tisseur croix-roussien le plus célèbre du XIXe siècle. Savoyard d'origine, il était né en 1802 au Petit-Bornand bien avant, donc, le rattachement en 1860 de la Savoie à la France. Venu à Lyon à l'âge de 12 ans, il débuta comme apprenti tisseur. Dès qu'il le put, il demanda sa naturalisation. Devenu compagnon, il épousa Geneviève Pernollet, puis gagna son titre de maître tisseur. Il travailla pour diverses maisons, dont Didier-Petit-&-Cie, fabricants d'étoffes d'ameublement 8, rue Saint-Polycarpe. Cette maison jouissait d'une excellente réputation et avait, entre autres, fourni les soieries utilisées lors du sacre de Charles X à Reims. Elle eut l'idée de faire tisser le portrait de Jacquard peint par Bonnefond, et récemment acquis par le musée de la ville. Pour cela, le dessinateur lyonnais Moulin fut mis à contribution ; il en réalisa la mise en carte en 1839, et le tissage fut exécuté la même année à l'occasion de l'exposition qui avait lieu à Paris. Cette réalisation apporta la célébrité à Carquillat[2].

Deux ans plus tard le duc d'Aumale lui rendait visite dans son atelier. Le tisseur demanda alors, en juillet 1843, au directeur de l'École royale des Beaux Arts, qui n'était autre que Bonnefond, de réaliser une composition ayant pour sujet « la visite de ses ateliers de fabrication par le duc le 24 août 1841 à 3 heures et demie, l'après midi ». Le tableau tissé nécessita 32 000 cartons, fut payé 500 francs à Bonnefond, et une fois exécuté, offert solennellement, le 29 avril 1844, à onze heures au Roi, sur convocation du secrétariat des commandements de S.A.R. le duc de Nemours, au Louvre. Est-ce que le fabricant Mathevon fut le commanditaire de l'opération, ce qui justifierait sa place de figurant au premier plan du tableau, face au duc d'Aumale ? Rien ne permet de l'affirmer. Le musée des Tissus possède cinq dessins préparatoires signés de Bonnefond dont les éléments sont très proches du tableau tissé qui comporte la mention : « Dessin et mise en carte par Manin ».

Il semble que Carquillat ait voulu, à partir de ce moment, réaliser ses portraits pour son propre compte. C'était une belle carte de visite auprès des grands de ce monde, mais la mise en route était onéreuse. Il offrit à Thiers son portrait et celui-ci lui adressa, jointe à une médaille d'honneur, une somme de 400 francs. Carquillat espérait plus, car la seule mise en carte lui avait, dit-il, coûté 500 francs. Pour financer ces opérations de prestige, Carquillat continua donc à travailler comme tisseur pour divers fabricants de soieries sur ses autres métiers, et nous retrouvons les traces de sa production dans les archives des vieilles fabriques. Il avait neuf métiers dans son atelier, ce qui représentait une structure importante pour cette époque. La renommée de Carquillat atteignait alors son zénith. Bon nombre de célébrités lui rendaient visite lors de leur passage dans notre ville, entre autres le roi du Portugal, Mac-Mahon, le prince de Galles. Il tissa également les portraits de Napoléon, Washington, Pie IX, l'Impératrice Eugénie... On retrouve ces portraits dans les réserves du musée des Tissus, mais ils ne sont pas souvent exposés.

Pour la petite histoire, en février 1859, Carquillat fit remettre par le canal du Consul général de Sardaigne, au roi de Sardaigne (qui le remercia en lui faisant parvenir une

---

2. Ne pas confondre Carquillat dont nous venons de parler avec Coquillat (1831-1915) qui fut également tisseur mais reste surtout connu en tant que directeur d'un théâtre populaire.

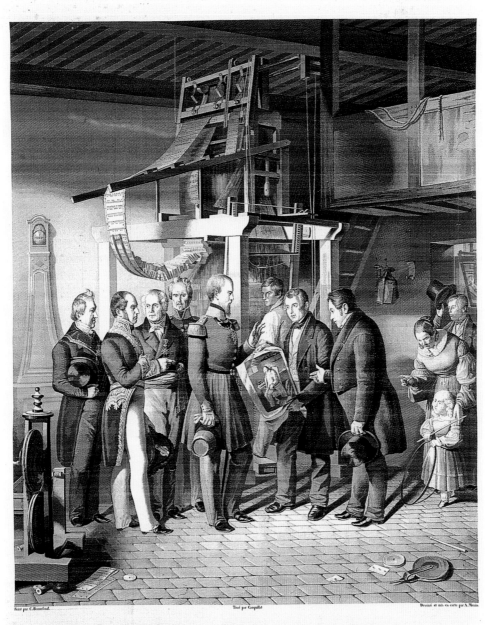

Tableau tissé en souvenir de la visite du duc d'Aumale dans l'atelier de Carquillat à la Croix-Rousse le 24 août 1841. D'après Claude Bonnefond et un dessin d'André Manin, metteur en carte.

médaille d'or), un tableau en soie représentant «la famille impériale de France». Encouragé, il récidiva en remettant au Consul général d'Italie en 1862 «un tissu en soie représentant l'effigie de Victor Emmanuel». Le ministre de la Maison du Roi lui fit parvenir un bijou de la part de sa Majesté (le royaume d'Italie était né entre les deux livraisons). Carquillat a-t-il fait ces deux cadeaux en souvenir de ses origines? Pourtant les vieux Savoyards n'ont jamais pardonné à la Famille de Savoie de les avoir abandonnés…

Ayant perdu sa première femme en 1870, il se remaria le 9 septembre 1873 avec Marie-Françoise Bertet, une petite lingère de 42 ans de moins que lui. Elle tint son ménage pendant dix ans et lui ferma les yeux le 31 janvier 1884, à son domicile au n°8, rue d'Isly à la Croix-Rousse. La cage d'escalier de l'immeuble est très belle et vaut le coup d'œil. Dans l'ancien appartement de Carquillat se trouve l'atelier de Guillaume Lebatard, petit-fils de Madame Damon, plieuse renommée. Deux mille tisseurs accompagnèrent leur vieux camarade de la rue d'Isly à l'église Saint-Augustin, puis à sa dernière demeure. Son cercueil était recouvert du drap de mort de la 12ᵉ Société de Secours Mutuel.

Camille Pernon, fabricant

Claude-Camille Pernon est né à Lyon le 3 novembre 1753, selon les registres de la paroisse Saint-Pierre et Saint-Saturnin, au 6, quai de Retz où demeuraient ses parents. Il y vécut jusqu'à sa retraite. Son père, Étienne Pernon était maître depuis le 11 août 1751[3]. Il dirigeait donc la maison et lança Camille sur les routes d'Europe dès 1771. Celui-ci était tout jeune quand il se rendit d'abord en Espagne, puis à la cour de Pologne et de là à Saint-Pétersbourg où il réussit à se faire présenter à la Grande Catherine. Joli garçon, il aurait plu, dit-on, à l'Impératrice, mais sans perdre la tête, après avoir rempli son carnet de commande, il sut prendre congé et se faire regretter. Faut-il voir un geste de reconnaissance dans le fait qu'en 1783 il était nommé «agent de Sa Majesté l'impératrice de toutes les Russie», à juste trente ans? Entre temps, le 11 novembre 1779, Camille Pernon avait passé son brevet de maîtrise[4]. Son père le prit comme

Portrait de Camille Pernon d'après un dessin de G. Reynaud.

associé, restant encore lui-même plusieurs années dans la maison. Camille était donc libre de faire ses longs voyages au cours desquels il proposait non seulement des soieries d'ameublement mais prenait également des commandes vestimentaires destinées à l'aristocratie, ce qui permettait d'alimenter les ateliers de broderies lyonnais, très nombreux à cette époque. Grâce aux excellents collaborateurs dont il s'était entouré pour entretenir les relations qu'il avait établies à Saint-Pétersbourg, il livra en Russie jusqu'en 1793. Les commentaires accompagnant les commandes sont parfois amusants. Si Paget[5] s'attachait à indiquer le goût des clients ou leur solvabilité, Grognard cherchait, lui, à réaliser des affaires…

Fort curieusement, la Maison Pernon ne semble pas avoir travaillé pour la Cour de France avant 1784. Ensuite, les commandes se succédèrent et la dernière enregistrée sous l'Ancien Régime, destinée aux Tuileries, fut passée en 1792 alors que le roi était déjà emprisonné au Temple! La

Révolution était là et Camille, fournisseur de l'aristocratie, était devenu suspect. On le retrouve, d'après Grognard, en 1795 en train de créer une affaire à Gênes[6].

Dès son retour, Camille devint progressivement le fournisseur principal du Consulat puis de l'Empire, jusqu'en 1807, même s'il fut obligé de partager les commandes à partir de 1805. Il entretint des relations étroites avec Philippe de Lasalle qui venait de mettre au point le semple mobile, ne supprimant pas le tireur de lacs, mais permettant de gagner du temps au cours du tissage des grands dessins. Conscient de la nécessité de faire évoluer le tissage, Camille Pernon accueillit le dessinateur dans son propre atelier de tissage. Il soutint également Jacquard en diverses occasions, entre autres en testant ses premières mécaniques.

Élu à l'Académie de Lyon le 13 juillet 1800, il était également membre de la Société d'Agriculture, du Bureau consultatif du Commerce, administrateur du Conseil des Hospices civils, membre du Tribunat. Nommé adjoint au maire de Lyon, Fay de Sathonay, en 1805, il prit la défense du Syndicat des droits de la soierie et des corps de métiers dépendants lors de la visite de l'Empereur à Lyon et contribua à l'élaboration de la loi du 8 mars 1806 instituant le conseil des Prud'hommes. Enfin, la même année, il fut décoré de la Légion d'honneur.

Resté célibataire Pernon eut, semble-t-il un fils naturel qu'il reconnut. On perd la trace de celui-ci à Pondichéry où il était parti faire du commerce. Se rendant souvent à Paris, Camille avait monté le 1er février 1787 une association pour quatre ans dénommée «C. Pernon et Cie» rue Royale, avec un dépôt 98, rue de Cléry, à Paris. Après diverses tentatives d'associations, toutes de courte durée, il s'associa une dernière fois en 1807 à Henry Ravy à Lyon mais, fatigué et ulcéré par des malfaçons constatées sur deux livraisons faites au Mobilier impérial[7], il céda sa participation aux frères Grand, qui travaillaient déjà dans la maison.

Il mourut dans sa propriété de Sainte-Foy-les-Lyon un ans après, à la fin de l'année 1808, à l'âge de 55 ans. Après Camille Pernon, deux générations de Grand se succédèrent : celle de Zacharie et de Jean-Baptiste, puis celle de Paul Grand (1828-1891), qui prit la relève de son père et de son oncle, en 1852 à l'âge de 24 ans. Celui-ci, père d'une fille unique, cessa son activité en 1870 et transmit le flambeau en 1871 à deux confrères déjà fabricants depuis quelques années : Tassinari & Chatel, auxquels il apportait un fonds d'archives inestimable.

---

3. Étienne avait épousé une femme fort belle, remarquée par le célèbre aventurier Casanova, qui profitait de ses passages à Lyon pour renouveler sa garde-robe et faire sa cour à Mme Pernon. Casanova avait le sens du beau mais achetait à crédit. Débat difficile pour le fabricant…

4. Ce brevet porte le n° 408.

5. Paget fut un des collaborateurs de Camille Pernon, avec Salomon, mais aussi Grognard, Dugourc…

6. Étienne Pernon, le père, avait reçu d'illustres étrangers de passage à Lyon. Arrêté en 1794, il passa quelques jours en prison et fut acquitté le 20 mars par la Commission révolutionnaire siégeant dans la salle du Consulat à l'Hôtel de Ville.

7. Il s'agissait de 737 m de damas vert et de 270 m de bordure chinée à brocard or. La mauvaise qualité des teintures était en cause. Le fabricant et les agents du Garde Meuble furent condamnés pour avoir reçu les étoffes sans examen.

Esquisse de Poncet pour bordure datant de la commande du Mobilier Impérial pour le Palais de Versailles (1811). **Livre de Patron Grand Frères**, *n° 1736. L'esquisse, qui précède la mise en carte, a souvent été détruite. Seule la mise en carte était archivée.*

Les dessinateurs de soieries

« Le dessin, en fait d'étoffes, est la route à la célébrité », écrivait Paulet en 1775.

Les dessinateurs ont toujours joué un rôle important dans la soierie lyonnaise. Ils pouvaient composer les dessins des façonnés, préparer les motifs qui devaient être ensuite brodés sur une étoffe, ou encore créer des dessins destinés à être imprimés.

Provenant d'horizons divers, ils étaient soit des artistes indépendants comme Jean Pillement ou Jean-Démosthène Dugourc, qui travaillèrent pour la soierie mais eurent bien d'autres productions artistiques, soit attachés au Garde-Meuble à Paris comme Jacques Gondouin, Alexis Peyrotte ou Saint-Ange. Il y eut enfin tous ceux, pas obligatoirement d'origine lyonnaise, dont la production fut orientée plus spécialement vers la Grande Fabrique lyonnaise.

Les noms qui nous sont connus sont ceux d'artistes restés indépendants, assurant leur propre publicité. Mais, en marge de leur production, que de chefs-d'œuvre d'artistes inconnus ! Pour la simple raison que le dessinateur faisant partie de la fabrique ne signait pas ses œuvres.

Après avoir réalisé la mise en carte, véritable carte d'identité de l'étoffe, on faisait souvent passer aux oubliettes l'esquisse qui n'avait plus d'intérêt. C'est pourquoi, de nos jours, on a tant de mal à rassembler pour une exposition un trio qui aurait dû rester inséparable : l'esquisse, sa mise en carte et l'étoffe.

On parle souvent du cabinet de dessin de la fabrique. C'est une appellation dont il ne faut pas abuser car, en dehors des maisons importantes, le cabinet devait se résumer à une ou deux personnes, ce qui n'enlève rien à la qualité des dessinateurs. Il y eut, certes, de grands cabinets au sein de maisons importantes mais ils ne furent pas nombreux : nous pensons à Michel Dubost qui dirigea le cabinet de dessin de François Ducharne, composé d'une véritable équipe, qui comptait à ce moment-là plus de trente artistes, mais nous étions déjà au XXe siècle.

LES FLEURS ET LA SOIE

Telle étoffe s'orne de véritables «portraits» de fleurs, des portraits de roses riches, un peu lourdes, bien en chair, d'une ressemblance minutieuse… D'autres roses jonchent d'autres soieries, d'un goût rustique et ruineux : c'est la rose empruntée à la Perse, la rose des tapis, plate, écrasée, nivelée pour le plaisir d'un pied nu. L'orange doux recherche le voisinage du rose vif, les mauves du pois de senteur profitent d'un fond blanc sourd, mystérieusement sali. Mais le pavot échevelé ne demande nuls ménagements. Sa torche flambe sur le blanc, sur le vert cru du blé jeune, et brûle d'une si folle ardeur que les femmes auront peut-être peur de lui, l'été venu? Elles ne s'effarent pas pour si peu, l'été venu, elles s'en iront, un pan de prairie autour des reins, un coquelicot sur le sein, des lys à langue bifide à hauteur du cœur… Celui qui tisse la lune, le soleil, et les rayons bleus de la pluie sait qu'on ne touche pas par le prodige, ni par la splendeur, le fond de l'avidité féminine.

COLETTE

Extrait du catalogue de l'exposition «Les folles années de la soie», 11 juin – 30 septembre 1975, musée des Tissus de Lyon, exposition consacrée à la Maison Ducharne et son dessinateur Michel Dubost.

Il est souvent plus facile de retrouver le nom des tisseurs grâce aux cahiers de fabrique sur lesquels était consigné le compte des matières et des façons. Faute de connaître le nom de l'artiste, quand une œuvre était réussie, on a longtemps eu tendance à la rattacher à celle d'un dessinateur connu. C'est ce qui explique les erreurs d'attribution, que l'on corrige à la suite d'une information fraîchement reçue. On ne prête qu'aux riches, et beaucoup d'œuvres jadis indiquées comme étant de Philippe de Lasalle ont été ensuite plus modestement «attribuées» à ce grand dessinateur en attendant plus de précisions.

Par ailleurs, si les fabricants avaient besoin d'un dessinateur pour la mise au point, ils ne tenaient pas forcément à s'attacher un créateur à temps complet, qui risquait d'élaborer un «style maison», et beaucoup préféraient avoir leur libre choix en s'adressant à divers cabinets de dessins indépendants, afin de pouvoir changer plus facilement de genre.

Voici quelques noms dessinateurs connus qui travaillèrent pour la soierie lyonnaise :

JOUBERT DE L'HIBERDERIE, né à Paris en 1715 et mort à Lyon en 1770. On sait qu'il fut dessinateur, et enseigna le dessin, mais on ne peut lui attribuer avec certitude la paternité d'un beau façonné. En revanche, il est certain qu'il est entré dans la maison de M. Pernon père en qualité de dessinateur en chef, ce qui laisse supposer qu'il possédait bien

Faute de connaître le nom de l'artiste, on a longtemps eu tendance à la rattacher à celle d'un dessinateur connu.

Portrait de Jean Revel (1684-1751), dessinateur. Peint par Nonotte.

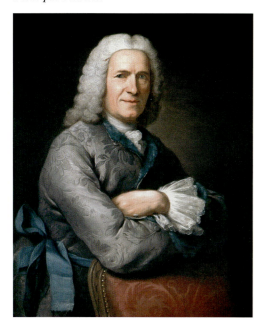

son métier. Il fut reçu maître le 14 janvier 1756, et devint ensuite associé dans une société commerciale qui disparut quelques années après. Il partit pour Paris en 1761. Il est surtout connu par quelques ouvrages concernant la formation et le travail du dessinateur. Le plus célèbre, paru à Paris en 1765, est intitulé *Le Dessinateur pour les Fabriques d'étoffes d'or, d'argent et de soie*. Il décompose le travail en trois phases : la recherche du sujet, puis l'esquisse et enfin la mise en carte. Il insiste également sur la nécessité pour les dessinateurs de se rendre à Paris pour voir les monuments, les demeures royales tout comme les peintures, les dessins, les estampes, sans oublier les jardins pour y poursuivre l'étude des fleurs d'après nature.

COURTOIS, vers 1730, utilisa des dégradés de couleurs permettant de donner du relief au dessin.

JEAN REVEL, né à Paris le 5 août 1684, mort à Lyon le 5 décembre 1751. Il fut dessinateur aux Gobelins, où il avait ses entrées car son père, Gabriel Revel, avait travaillé pour Charles Lebrun à Versailles. Revel, installé à Lyon, fut mis à la tête du mouvement décoratif de la ville. Il modelait ses fleurs et faisait intervenir le relief par le jeu des ombres et des lumières, qu'il avait l'art de bien placer. Il fut l'inventeur du point rentré ou berclé qui enchevêtre les couleurs et permet d'adoucir le passage d'une couleur à l'autre, ou, à l'aide de deux couleurs qui s'interpénètrent, d'en créer une troisième.

PHILIPPE DE LASALLE, sans doute le plus célèbre, est un de ces grands personnages du XVIIIe siècle présentant un talent à multiples facettes. Né à Seyssel-sur-Rhône en 1723, il perdit, à l'âge de un an, son père natif de Condrieu, qui était receveur général des fermes de Savoie à Seyssel, et vint quelques années plus tard à Lyon avec sa mère. Il aurait été l'élève de Sarrabat, peintre formé à l'école de Lebrun, puis alla à Paris parfaire sa formation auprès de Boucher et de Bachelier, directeur de la manufacture de Sèvres. Revenu à Lyon en 1744, Lasalle signe son acte d'apprentissage en vue d'apprendre la marche du métier et la mise en carte. En 1748 François Charryé, qui a sans doute pressenti ses talents, l'aide financièrement et lui donne en mariage sa fille Élisabeth, avant de le prendre comme associé l'année suivante dans la fabrique Charryé Père-et-Fils, réputée alors. Le jeune ménage habitera rue Sainte-Catherine, au pied des pentes, cœur de la soierie, et aura six enfants dont un garçon. Maître tisseur depuis 1749, Philippe travaille dans cette fabrique comme dessinateur. Affinant sa technique de mise en carte, il étudie la teinture et, s'appuyant sur ses connaissances du tissage, il présente en 1771 un portrait tissé de Catherine II de Russie qui mettait en valeur ses talents de portraitiste et de peintre de fleurs. Il eut l'idée d'exécuter séparément le portrait central et le médaillon fleuri et raffiné qui l'entoure. Il n'y avait plus ensuite qu'à appliquer, par broderie, le portrait tissé de la célébrité du moment, au centre de l'encadrement, qui était plus long à produire. Il pouvait ainsi préparer à l'avance une certaine quantité de médaillons de fleurs, toujours prêts à recevoir un nouveau visage. Il pré-fabriquait en quelque sorte. Ce portrait de Catherine II, remis à la Tsarine par Voltaire, fit connaître Lasalle à la Cour de Russie et dans toute l'Europe. C'était la plus belle des publicités. Utilisant le même procédé il réalisa, entre autres, les portraits de Louis XV, du comte et de la comtesse de Provence, dont le

Pages suivantes :
Étoffes tissées du XIXe siècle
Le chien. Le coq.
Médaillons animaliers inspirés de Philippe de Lassalle.

musée des Tissus possède des exemplaires. Le portrait change, toujours aussi habilement traité, mais le médaillon d'encadrement reste le même. Cette technique d'application sera utilisée, plus tard, pour les tentures du cabinet intérieur de la reine Marie-Antoinette à Versailles ainsi qu'à la « Casita del Labrador », résidence royale des Bourbon aux environs de Madrid. Elle sera ensuite employée au XIXe siècle.

Ces portraits valurent à Philippe de Lasalle une pension et une gratification dont il avait besoin car ses longues et onéreuses recherches ne débouchaient pas forcément sur un bon résultat. Son esprit inventif, joint à ses compétences techniques, l'incita à mettre au point le semple mobile, qu'il présenta en 1775 après y avoir réfléchi pendant une quinzaine d'années. Il en fut, sans doute, l'un des premiers utilisateurs, car ce système facilitait le tissage des grands dessins qu'il affectionnait.

Philippe de Lasalle entretint des relations suivies avec Camille Pernon, grand fabricant de l'époque, toujours à l'affût des inventions et qui fut son intermédiaire à la Cour de Russie. Lasalle semble en effet ne jamais être allé à Saint-Pétersbourg. Il s'intéressa aussi à la formation des dessinateurs et insista pour que l'on ne se contente pas de leur apprendre le dessin mais également la mise en carte, qui nécessite une connaissance approfondie de la théorie du tissage.

Remarquable peintre de la nature, aimant la représenter avec les fleurs des champs, les gerbes de blé, le jardinier, la jardinière, il fut peut-être influencé par Rousseau et pourquoi pas, par ses premières années passées dans la belle campagne des environs de Seyssel. Animalier talentueux, il nous a laissé des compositions célèbres, parmi lesquelles les tentures « paon et faisan », « aux perdrix », « le chien et le canard », « le chardonneret au miroir », et de nombreux papillons.

En 1772, fournisseur de Catherine II et du roi Stanislas, il reçut des lettres de noblesse. En 1775 Louis XVI le décora du Cordon de Saint-Michel avec une pension de 6 000 livres. Il obtint en 1783 la grande médaille d'or accordée par l'Académie des Sciences aux travaux les plus utiles au commerce mais, chose curieuse, il ne semble pas qu'il ait travaillé pour Versailles. Turgot le charge d'étudier la fabrication de la gaze, qui n'existait pas à Lyon. La Révolution arrive cependant et, en 1792, son activité créatrice s'arrête. Il perd tous ses dessins durant le Siège de Lyon (1793) alors que sa maison d'Oullins est pillée. Seule une petite partie de ses machines, épargnée, sera reprise par la Ville en 1803 et mise à l'abri. Napoléon le nommera président du Conservatoire des Arts à Lyon. Lassalle devait s'éteindre peu après, le 27 février 1804, dans un appartement qui venait d'être mis à sa disposition au Palais Saint-Pierre.

JEAN PILLEMENT est né et mort à Lyon (1728-1808). Il connut donc l'Ancien Régime, la Révolution, le Directoire et l'Empire, mais son inspiration resta très marquée par le XVIIIe siècle. Dessinateur et graveur, il inspira un genre nouveau. Certaines soieries du XVIIIe lui sont spontanément attribuées. Célèbre pour ses recueils gravés, spécialiste des chinoiseries, il fut le créateur de ces bouquets aux fleurs fantaisistes et exotiques, aux pétales ressemblant à des ombrelles qui rappellent le décor des laques et des porcelaines importées par la Cie des Indes vers 1760. Le musée des Arts décoratifs de Lyon possède une série de ses dessins. Grand voyageur, il obtint le titre de peintre du roi de Pologne. Il vécut à Vienne, à Londres, au Portugal, et finit ses jours à Lyon, assez pauvrement, semble-t-il.

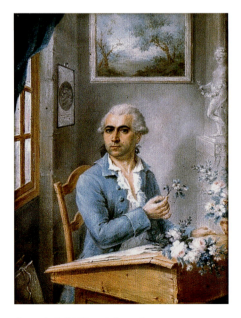

Portrait de Philippe de Lassalle (1723-1804), sans doute le plus célèbre de tous les dessinateurs de la Fabrique lyonnaise.

A Jean Pillement (1728-1808), spécialiste des chinoiseries, a été attribué, sans certitude, ce tissu qui aurait été réalisé pour la famille Lacroix-Laval. La chenille ruban donnait un aspect velouté incomparable après tissage broché.

Les Forges de Vulcain. Détail. Une des plus belles compositions de Joseph Bourne.

JOSEPH BOURNE est né à Lyon le 26 avril 1740 et mort à Saint-Didier-au-Mont-d'Or en 1808. Homme très discret, peintre de fleurs, il fut essentiellement dessinateur pour la Fabrique. Il travailla beaucoup pour Versailles, mais ses œuvres disparurent lors des ventes, à la Révolution. Une de ses plus belles compositions est celle des « Forges de Vulcain ». A la fin de sa vie, il dessina des châles. Peu soucieux de se mettre en avant, timide et modeste, il savait être courageux à l'occasion et défendit, un jour d'émeute révolutionnaire, un citoyen Vincent dont les jours étaient menacés. Ce dernier tint à lui délivrer une attestation lui prouvant sa reconnaissance. Il fut l'ami de l'architecte Baltard et de Danloux, peintre de Louis XVI, qui fit un portrait de sa femme, se trouvant encore chez ses descendants.

Joseph Bourne (1740-1808), peintre de fleurs et dessinateur pour la Fabrique.

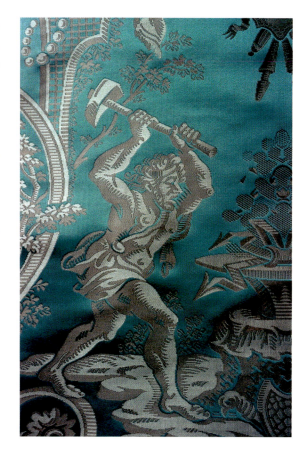

Les Forges de Vulcain, du dessinateur Joseph Bourne, étaient destinées au château de Versailles. Détail.

François Grognard est né à Lyon, le 10 octobre 1748. Fils de fabricant, il voyagea pour le compte de Pernon en Pologne où il fut nommé suivant lettres patentes du 13 septembre 1776. Conseiller du Commerce du roi de Pologne, excellent dessinateur, après avoir été l'élève de Nonotte, il devint lui-même professeur de dessin de 1778 à 1785. Après 1785, il fut responsable de la clientèle espagnole de la Maison Pernon dont il devint quelques temps associé, de 1791 à 1795. Pendant cette période, il prépara un certain nombre de projets de grande qualité que l'on crut dessinés par Dugourc. Des recherches récentes permettent de mieux attribuer à chacun ce qui lui revient. Après la Révolution, Grognard se fixa à Paris et devint en 1804 inspecteur du Mobilier de la Couronne. A son décès, le 5 novembre 1828 à Fontenay-sous-Bois, il fit un legs important à la Ville de Lyon, ce qui permit à celle-ci d'acquérir 145 œuvres d'art, réparties maintenant dans tous les bâtiments publics de la ville.

Jean-Démosthène Dugourc est né à Versailles en 1749, et mort à Paris en 1825. Il fut injustement oublié durant une bonne partie du XIXe siècle bien que son influence sur l'art décoratif ait été considérable à la fin du siècle précédent. Ornemaniste fécond, comme le mot l'indique, il toucha à tout ce qui concerne le décor. Précocement doué pour le dessin, l'architecture, la perspective, il fit un court voyage en Italie qui le conduisit jusqu'à Rome dont les «Antiquités» l'enthousiasmèrent et marquèrent son œuvre. On ne sait que peu de détails sur sa formation. Il s'essaya à la peinture, à la sculpture, mais ce fut la gravure qui le fit connaître. En 1776, alors peintre en miniature, il épousa Adélaïde Belanger qu'il perdit malheureusement neuf ans plus tard. Cette trop courte alliance contribua néanmoins à orienter sa carrière car Adélaïde était la sœur de l'architecte François-Joseph Belanger, bien connu à l'époque, qui lui mit le pied à l'étrier en le faisant rapidement travailler pour le comte d'Artois à Bagatelle. Puis il devint dessinateur du Cabinet du comte de Provence. Dès 1781 le roi de Suède lui passait commande pour les décors de six opéras joués à Stockholm. En 1782 Paul Ier, alors grand duc de Russie, aurait voulu l'emmener avec lui. Il se contenta de fournir les dessins d'une galerie pour Camenoïstrof et les plans d'un palais pour Catherine II. En 1784 Dugourc, qui avait introduit les arabesques et les ornements étrusques dans les arts décoratifs, devenait dessinateur du Garde Meuble de la Couronne, créant des dessins de meubles, de bronzes, de sculptures, qu'il réalisait à la demande. Mais parallèlement il travaillait pour l'Espagne, le roi Charles III, le prince des Asturies, futur Charles IV, le duc d'Albe, le prince de la paix, établissant des projets de décor pour divers palais et entre autres pour la salle du trône du palais royal de Madrid. Il fut un moment le concurrent de Grognard, habile dessinateur, associé quelque temps au fabricant Pernon, qui tentait d'obtenir également des commandes. Camille Pernon faisait souvent appel de son côté aux talents de Dugourc pour lequel il avait une grande estime. La Révolution française entraîna l'effondrement du commerce de luxe en France. Il était d'autant plus nécessaire de trouver une contrepartie en Espagne ou d'aborder de nouvelles techniques.

C'est ainsi que, la Convention ayant décidé en 1793 de supprimer des jeux de cartes, rois, dames et valets, symboles de féodalité, Dugourc (il avait déjà une expérience du papier peint) entreprit avec son associé Jaume de fabriquer «les nouvelles cartes de la République Française», en remplaçant les ci-devant rois et reines par des Génies, des Libertés et des Égalités, non sans avoir pris auparavant un brevet de cinq ans. S'il était devenu républicain pour survivre, Dugourc apprécia peu l'Empire, surtout à partir de 1808, lorsque Charles IV d'Espagne fut contraint de céder son trône à Joseph Bonaparte. Il revint un peu plus tard à Paris, ayant perdu la plus grande partie de sa fortune. Il survécut grâce à ses talents d'illustrateur. Bélanger ne l'abandonna pas et, en 1816, il retrouva son titre de dessinateur du Garde-Meuble de la Couronne qui lui permit de terminer honorablement sa vie en 1825, à 75 ans passés.

Antoine Berjon, peintre et graveur, né et mort à Lyon (1754-1843), apprit son métier auprès du sculpteur Perrache et entra comme dessinateur dans une maison de soierie qui fut ruinée par le Siège de Lyon. Il partit à Paris où il vivota avant de revenir à Lyon chez un fabricant de broderies. En 1810 il fut nommé professeur aux Beaux Arts

« Fleurs et fruits », peinture d'Antoine Berjon (1754–1843), peintre et graveur, professeur aux Beaux Arts pour l'École de la Fleur.

puis entre dans la Maison Guyot et Germain qu'il dut fuir au moment de la Révolution. Après avoir été confisqués, ses biens lui sont rendus à son retour. Il se lie d'amitié avec le peintre David qui le représente dans le tableau du sacre. Dessinateur de fabrique puis fabricant de soierie, en 1807 il est sollicité pour administrer l'École des Beaux-Arts, poste qu'il refuse, faisant nommer à sa place Revoil, professeur de peinture et spécialistes des gilets et ceintures. Dechazelle fut membre de la Chambre de Commerce et du Conservatoire des Arts. Il peignait surtout des fleurs, des fruits et des portraits et a laissé un ouvrage intitulé *De l'influence de la peinture sur les arts d'industrie*.

JEAN-FRANÇOIS BONY est né à Givors en 1760 et mort à Paris en 1825. Il fut l'élève de Gonichon à l'École de dessin. En 1809, il est appelé à remplacer Barraban à l'école des Beaux-Arts. Après un passage à Paris il s'associe à Bissardon en 1811 pour créer la Maison « Bissardon, Cousin et Bony » qui travailla pour Versailles, après la mort de Pernon. Il

pour l'École de la Fleur jusqu'en 1823. Portraitiste renommé, il dessina et peignit des fleurs stylisées pour le décor des tissus. Malheureusement, son caractère difficile et violent lui attira beaucoup d'inimitiés.

PIERRE-TOUSSAINT DECHAZELLE, issu d'une famille de notables, est né et mort à Lyon (1752–1835). Après de bonnes études, il travaille dans l'atelier de Nonotte, de Douet,

Pierre-Toussaint Dechazelle (1751-1834), peintre et dessinateur, était issu d'une famille de notables.

Broderie d'après un dessin de Jean-François Bony (1760–1825). Colonne, vase et oiseau, motif créé pour le château de Versailles.

créa de grands dessins pour la broderie, aimant introduire de fins feuillages, comme l'asparagus, dans ses compositions florales. Il se serait suicidé à Paris, ruiné par un ami à qui il avait confié sa fortune.

Le nom d'Arthur Martin, dessinateur lyonnais et metteur en carte est souvent cité au milieu du xixe. Le musée des Tissus qui conservait une très belle gouache de ce dessinateur (elle fut présentée à l'Exposition Universelle de Vienne en 1873) a acquis récemment un lès de soierie exécuté d'après cette esquisse. Un autre exemplaire de cette étoffe se trouve à l'Art Institute of Chicago.

Grande Barbe réalisa de nombreux dessins dans la seconde moitié du xixe siècle. Son nom apparaît sur les registres d'échantillons des fabricants de cette époque.

Eugène Prelle créa son propre cabinet de dessin en 1894 après avoir travaillé pendant des années chez les fabricants Lamy. Il continuera à créer pour eux, ainsi que son fils Aimé qui deviendra l'associé de Romain Gautier au décès de Lamy en 1918.

Vers la fin du xixe siècle, la haute couture parisienne lancée quelques années plus tôt par l'Anglais Worth se développe, et la mode se renouvelle dans la capitale. D'autre part, les peintres regroupés à Paris, en pleine effervescence, donnent le ton, et la Fabrique lyonnaise se tourne de plus en plus vers ces artistes pour prendre le tournant de l'Art Nouveau. A partir de ce moment, la création se fait à Paris où les fabricants lyonnais viennent choisir et acheter les esquisses qui les intéressent ; celles-ci sont alors signées. En revanche, la mise en carte se fait à Lyon.

Le rôle du dessinateur lyonnais évolue donc. Il est indispensable pour la réalisation de la mise en carte, mais on fait moins appel à son travail de création pour les tissus façonnés. Ces dessinateurs se tourneront alors vers l'impression qui leur offre d'importants débouchés. Voici quelques noms d'artistes vivant à Paris, dont les œuvres ont été éditées par des fabricants lyonnais : Karbowsky, Giraldon, Clairençon, Grasset, de Feure, Stern, et bien d'autres qui ne travaillèrent pas seulement pour le textile.

Une nouvelle période, celle de l'Art Déco, se développe entre 1920 et 1930, autour d'une manifestation parisienne qui a précisément pour nom « Exposition des Arts décoratifs » (1925), illustrée par Édouard Benedictus, Maurice Dufrène, Yvonne Clarinval, Paul Iribe, Raoul Dufy, ce dernier réservant ses créations de dessins textiles à Bianchini & Férier de 1912 à 1928, sans oublier le Lyonnais Michel Dubost (1879-1952), qui, rappelons-le, dirigea le cabinet de dessin de François Ducharne de 1922 à 1933 à Paris. Sonia et Robert Delaunay sont des artistes très connus, spécialistes de l'application de la couleur, mais on n'a jamais trouvé, à ma connaissance, de soieries façonnées réalisées en partant de leurs dessins. Leur influence s'est fait sentir sur l'impression.

Volontairement, nous nous arrêterons en 1930, car cette date correspond à la fin d'une importante période de création pour les grandes soieries en façonnés. La crise, puis la guerre ont ensuite cassé ce mouvement. Cependant, parmi ces grands anonymes du xxe siècle, nous voudrions citer Max Buchmann[1] à qui nous devons toute une série de portraits tissés de célébrités. Non pas Jacquard, mais de Gaulle, Roosevelt, Pétain, Washington… le dernier étant celui de Louis Pradel, qui disparut sans que son portrait ait été tissé. Nous avons été heureux de constater que ce dessinateur figurait sur un documentaire enregistré à la demande du Mobilier national sur la restitution d'un document ancien.

---

1. Natif de Bâle où il suivit les cours de l'École des Beaux-Arts, il fit toute sa carrière de dessinateur à Lyon où il arriva vers 1927. Son cabinet se trouvait Petite rue des Feuillants sous les toits pour bénéficier d'une bonne lumière. Il retournait un jour par an au Carnaval de Bâle pour voir défiler les sociétés musicales.

Lampas édité par Bianchini-Férier en 1919. La Jungle. Raoul Dufy.
La période Art Déco se développe entre 1920 et 1930. Raoul Dufy réservait ses créations de dessins textiles à Bianchini-Férier.

*Le Grand Séminaire de la place
Croix-Paquet n'a été démoli
qu'au milieu du XIXe siècle.*

Ambiance...
Place Croix-Paquet et grandes Maisons lyonnaises

Si la place du Griffon était le cœur de la soierie lyonnaise à la fin du XIXe siècle et jusqu'en 1950, à quelques dizaines de mètres de là, au pied de la montée Saint-Sébastien, l'une des trois voies d'accès principales au plateau de la Croix-Rousse, la place Croix-Paquet fut le témoin de l'intense activité textile qui régna dans ce quartier des XVIIIe au XXe siècles. Son nom vient d'une croix érigée en 1628 par Jean Pasquet, la précédente – dite « croix du griffon » – ayant été renversée une cinquantaine d'années plus tôt lors des guerres de religion.

En 1894 un funiculaire nommé « ficelle », car il ne s'agissait pas d'une crémaillère, vint doubler souterrainement la montée Saint-Sébastien, partant du bas de la place Croix-Paquet pour aboutir au boulevard de la Croix-Rousse. C'était un véritable cordon ombilical, qui reliait le plateau où se trouvaient les ateliers des canuts et les bureaux des marchands fabricants groupés au pied des pentes. Chacune des deux rames de cette ficelle était constituée d'une voiture comportant, outre la cabine du conducteur, un compartiment fermé et vitré prolongé d'une longue plate-forme sur laquelle pouvaient prendre place la voiture à cheval d'un limonadier, les carrioles des tisseurs et les passagers qui préféraient voyager à l'air libre. Ce nouveau mode de transport connut un grand succès car, par temps de pluie ou de verglas, la montée Saint-Sébastien était fort glissante, la pente et le pavé gras rendant tout freinage aléatoire. Un cheval s'écrasa même contre l'immeuble du n° 3, entraîné par la charge qui se trouvait derrière lui.

C'est seulement dans les années 1980 que la ficelle disparut, remplacée par un métro à crémaillère. La ligne fut prolongée jusqu'à la place Louis Pradel, permettant ainsi aux Croix-Roussiens d'avoir une liaison rapide avec le centre de la presqu'île, tout en désenclavant le quartier situé entre la rue d'Alsace-Lorraine et le quai André-Lassagne étouffé par les ouvrages d'art construits à la sortie du tunnel routier de la Croix-Rousse. Il fallut toutefois engager une campagne pour faire admettre aux responsables la nécessité de conserver la station Croix-Paquet dont la disparition avait été programmée sans consultation des habitants. Pour cette raison, le profil de la voie, déjà établi, ne put être modifié et la pente dans la station est restée très accentuée. Sur les jardins de la place se trouvait depuis 1669 le Grand Séminaire, démoli au milieu du XIXe siècle et déplacé dans un nouveau bâtiment construit place des Minimes sur la colline de Fourvière [1]. Juste à côté se trouvait une chapelle, construite en 1705 par les Pénitents de Notre-Dame de Lorette. Vendue à la Révolution pour le compte de la Nation, elle fut achetée par le sculpteur Chinard qui y installa son atelier sous le Directoire ; rien ne subsiste de cet édifice. En bordure de la place fut inhumé, par les moines des Feuillants, le brillant gentilhomme de Thou, décapité sur la place des Terreaux en 1642, à la suite d'un duel interdit par le roi Louis XIII. La rue de Thou [2] évoque cette triste histoire.

L'allée du n° 3, prolongée par un large escalier, donnait accès au cloître de l'ancien monastère des Feuillants, appelé « Cour des Moires ». C'est là qu'un Anglais nommé Badger réalisa les premières *moires* lyonnaises au milieu du XVIIIe siècle. Ces moires étaient déjà fabriquées en Angleterre et les Lyonnais n'arrivaient pas à en trouver le secret de fabrication. Avait-on acheté les compétences de Badger ? Est-ce pour cela qu'on le fit travailler au cœur d'un couvent ? Quelques doutes planent encore sur le sujet, mais il est certain que deux générations de Badger moirèrent à Lyon et en tirèrent un bon profit.

La construction de l'immeuble n° 11 fut terminée en 1828. C'était le plus beau de la place Croix-Paquet, situé à l'angle de la rue Vieille-Monnaie, rebaptisée rue René-Leynaud. Trois ans plus tard, en 1831, lorsque les *canuts* dévalèrent les pentes pour venir réclamer à l'Hôtel de Ville l'application d'un nouveau *tarif* qui avait été accepté par les *négociants*, ils se heurtèrent à la garde nationale qui tira. La première victime tomba juste à l'angle de l'immeuble neuf.

En 1894, lorsque Sadi Carnot, Président de la République en visite officielle à Lyon, fut assassiné devant la Chambre de Commerce par l'anarchiste Caserio, une flambée nationaliste embrasa la foule qui cria vengeance, saccageant les boutiques tenues par des Italiens. Ceci m'a été raconté par la mère d'une ourdisseuse, Mme Mondoloni, qui avait vécu l'événement. Elle se souvenait que Casati, un de nos grands confiseurs de la rue de la République, et Tassinari, fabricant sis 11, place Croix-Paquet, avaient dû être protégés par la troupe. Louis Chatel parlementa du balcon du premier étage et se porta garant pour son associé Vincent Tassinari, mais la troupe bivoua-

La « ficelle » de la place Croix-Paquet était un véritable cordon ombilical entre les canuts et les marchands fabricants. Carte postale de 1910.

---

1. Je me souviens d'une ourdisseuse octogénaire qui disait se rendre dans les jardins du Séminaire, alors que celui-ci n'existait plus depuis longtemps.
2. Elle relie la place Croix-Paquet et la Petite rue des Feuillants.

qua plusieurs jours dans la cour de l'immeuble par mesure de sécurité.

J'ai débuté ma vie professionnelle en 1950 – et travaillé 40 ans à cette même adresse, au n° 11, place Croix-Paquet – et je fus immédiatement surpris de constater l'atmosphère qui régnait alors dans ce quartier. Tout le monde se connaissait, se parlait. Les garçons de bureau se retrouvaient entre 9 et 10 heures dans l'un des nombreux cafés environnants pour avaler leur soupe ou leur gratinée et lire le journal. Les premiers au travail, dès 7 heures du matin l'été pour faire le ménage, et souvent avant 6 heures l'hiver pour « faire les feux » selon l'expression, ils avaient une heure de détente au milieu de la matinée.

Un peu plus tard les anciens, après avoir pris connaissance du courrier – il y avait alors deux distributions quotidiennes, l'une à 8 heures, l'autre vers 16 heures – s'échappaient pour aller se faire raser au sabre ou tailler la barbe chez le père Girard, vieux figaro officiant déjà avant 1914. Ils sortaient de chez lui les joues roses, ayant glané les potins du jour.

A midi, par tous les temps, les employés de soierie venaient à leur tour prendre un verre dans les bistrots environnants en commentant les nouvelles. Bon nombre de petits *fabricants* les rejoignaient.

Les chefs de fabrication se retrouvaient, eux, une fois par semaine, au bas de la place, après 18 h 30, chez François Dantin à « La Queue de Poireau ». Ce sympathique Savoyard aux moustaches impériales se chargeait de garnir les tables tandis que ces messieurs échangeaient des propos très techniques. Ce café avait une particularité. Situé rue Royale, il communiquait avec les caves d'un immeuble de la Grande rue des Feuillants, par un petit escalier niché au fond de la salle. De temps en temps dans la journée, on voyait s'entrouvrir la porte au bas de l'escalier, une tête émerger au ras du sol, inspecter le public, puis, rassuré, quelque brillant collaborateur de la Maison Guigou venait se joindre un moment aux autres consommateurs.

Tout au long de la journée, les nouvelles circulaient grâce aux nombreux représentants, tisseurs, artisans, qui visitaient les maisons de soieries. Émile Alberti, illustre teinturier, apportait lui-même ses soumissions qui étaient

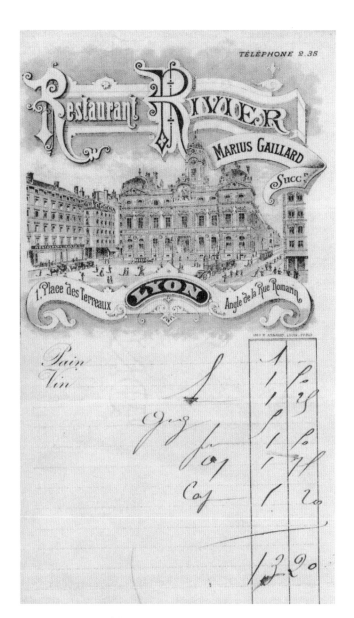

Note de 13,20 F du fabricant de foulards Constant Borgé qui déjeunait chaque dimanche matin au restaurant Rivier où se réunissaient nombre de fabricants.

toujours jugées de la même fenêtre donnant sur la place, disposant donc du meilleur éclairage. Une fois les soumissions acceptées, ou les retouches décidées, il colportait les informations de « Radio Tolozan », c'est-à-dire en provenance du Syndicat des Fabricants de Soieries qui se trouvait alors place Tolozan, dans un bel immeuble remodelé dans les années 1920, démoli pour laisser passer la première ligne de métro Perrache–Bonnevay.

Tout en bas de la montée Saint-Sébastien et en haut de la place Croix-Paquet (on dirait « en descendant, montez donc »), était installé un friteur, et chaque vendredi un employé du bureau passait le matin prendre nos commandes et rapportait ensuite, à volonté, frites, morue-frites, et beignets. C'était un délice très abordable, mais il était interdit d'ouvrir son paquet avant midi de peur de tacher les étoffes.

Quand il gelait l'hiver, certains véhicules débouchant de la Grande rue des Feuillants, glissant sur le verglas, n'arrivaient pas à tourner pour prendre l'axe de la montée Saint-Sébastien. Aimé Recordon, fabricant de cravates, sortait alors de son bureau au rez-de-chaussée, avec un « couloir » (seau) rempli des cendres de son poêle Leau, qu'il répandait sur la chaussée afin de la rendre moins glissante. Combien de voitures, combien de camions n'a t-il pas sauvés des dangers des glaces ? De nos jours, l'enrobé remplaçant les pavés semble avoir amélioré la situation, mais la pente demeure. Les camions ont heureusement une nouvelle voie d'accès au plateau par la montée de la Boucle.

S'il pleuvait, le tisseur avait tout un réseau de traboules[3] à sa disposition sur les pentes, qui lui permettait, soit de descendre jusqu'à la place des Terreaux, soit de remonter sur le plateau en se protégeant des intempéries. L'une de ces traboules, proche des Terreaux, était barrée d'une grille munie d'un passage si étroit qu'il était impossible de le franchir de face. Pour des raisons de sécurité, la plupart des traboules sont maintenant fermées, et les circuits possibles bien limités. Toutefois la cour des Voraces, place Colbert, mérite d'être admirée, tant pour son architecture que pour les souvenirs historiques de la Société des Voraces qui s'y rattachent.

Lorsque les platanes des quais du Rhône étaient élagués, tous les quatre ans, par de véritables acrobates armés d'une cordelette et de leur seule égoïne, les branches coupées jonchaient le sol durant quelques heures et, de ma fenêtre, je pouvais voir passer un excellent tisseur à bras d'unis, David Proïes, qui descendait faire sa provision de bois d'allumage. De petite taille, lorsqu'il remontait un peu plus tard avec un volumineux fagot sur le dos, on ne voyait que le bout de ses pieds gravissant péniblement la Saint-Sébastien, l'extrémité des branches traînant derrière lui sur le sol. Au fil des années, une certaine complicité était née entre nous. A 80 ans, il me parlait de la Léa, sa plieuse, à qui il vouait un grand amour platonique. Il n'avait jamais consulté de médecin de sa vie, soignant ses maux à l'aide de la « Raspail », méthode de soins par les plantes, et comme j'avais émis quelques réserves, il m'avait apporté spéciale-

Les traboules permettaient de descendre du plateau de la Croix-Rousse jusqu'à la place des Terreaux. Celle-ci est barrée d'une grille au passage si étroit qu'il n'était pas possible de la franchir de face.

---

3. Passages couverts reliant, à travers les cours intérieures des maisons, deux ou plusieurs rues. Du latin ou vieux français *trans ambulare*, passer à travers.

ment au bureau, pour me convaincre, l'ouvrage du docteur de ce nom. Tous les jeudis, casquette sur la tête et pliant sous le bras, il descendait passer l'inspection des grands travaux urbains en cours : la réalisation de l'axe nord-sud ou encore la démolition du « pont de la Guille » qui l'affligeait beaucoup. Il n'hésitait pas à questionner les ouvriers sur le chantier et, au retour, il venait me voir pour me faire part de ses commentaires toujours empreints d'un grand bon sens.

Revenant place Croix-Paquet, après sept ans d'absence, je n'ai plus retrouvé l'ambiance de la soierie d'antan. Seul subsiste un *ex-voto*, dernier témoin du passé, plaqué au mur du n° 11, au second étage où il figurait, il y a cinquante ans, « Baumann Nouveautés », société qui a émigré sur le plateau tout comme Guigou ou Pichat & Chaleard, pour n'en citer que quelques-unes. Roux, le spécialiste de l'apprêt dissimulé, a disparu. Plus de dessinateurs, ils se sont regroupés rue Royale. Adieu les *rondiers* et les *brasses-roquets*. Reste-t-il encore dans ce coin des *dévideuses*, des *ourdisseuses*, des *reflotteuses*, des *roulotteuses*, des *enjoliveuses* ? Tous ces petits métiers, exercés à domicile, contribuaient grandement à l'animation du quartier, car il fallait les approvisionner et récupérer leur production.

Peut-être, en lisant ces lignes, aurez-vous l'impression que l'on travaillait peu et que l'on bavardait beaucoup. Il serait faux de le croire. C'est vrai, le rythme de travail était parfois moins rapide, plus détendu, mais les horaires étaient plus longs et les congés annuels plus courts, deux semaines seulement dans les années 50. C'était un autre mode de vie...

La Cour des Voraces est une des plus belles cours et la plus renommée des traboules des pentes de la Croix-Rousse.

La navette de David Proies, tisseur rue d'Austerlitz, à la Croix-Rousse.

L'INVENTAIRE

Au début du XXe siècle, l'inventaire annuel durait parfois plusieurs jours. Dès le premier matin, tout le monde était au port d'armes à 7 h 30. Le service fabrication pesait toutes les parties de soie grège ou de soies teintes suspendues aux crochets qui entouraient la salle des matières premières. La grande balance aux plateaux de cuivre voyait défiler toutes ces flottes, les balances modernes n'ayant pas encore fait leur apparition. Étant donné le prix de la soie, ce travail était réalisé avec minutie, afin que le résultat obtenu corresponde bien à ceux de la comptabilité. La pesée des petites parties de quelques centaines de grammes prenait beaucoup de temps.

La grande et traditionnelle balance aux plateaux de cuivre voyait défiler toutes les flottes le jour d'inventaire.

Les principaux collaborateurs de Tassinari & Chatel à l'occasion du dîner d'inventaire annuel de 1911.

Il fallait, parallèlement, dérouler toutes les pièces en stock jusqu'à ce qu'apparaisse la première des *quintes* posées tous les cinq mètres au moment du roulage de la pièce, et composées d'un fil de couleur piqué dans la lisière. En comptant le nombre de quintes visibles et en ajoutant le métrage déroulé, on obtenait la longueur de la pièce. On pouvait ainsi vérifier si ce métrage correspondait à celui qui figurait sur l'étiquette. Cela n'était pas toujours le cas si des *tirelles* avaient été prélevées par l'échantillonneur pour être envoyées aux clients. Comme chaque pièce était enveloppée d'un papier kraft et ficelée aux deux bouts pour la protéger de la poussière, cette manipulation était assez laborieuse.

Le jour de l'inventaire, il fallait dérouler toutes les pièces en stock pour en calculer la longueur et vérifier que le métrage affiché correspondait à la réalité.

On ne devait pas oublier tout ce qui se trouvait en cours de transformation chez les dévideuses, à l'ourdissage, à la teinture, ce qui était fait et dû se trouvant sur les métiers des canuts, ou en manipulation après tissage chez le dégraisseur, l'apprêteur, le moireur, le gaufreur, l'imprimeur. Le service commercial vérifiait de son côté l'existence des documents anciens et des échantillons de collection. Les résultats convergeaient ensuite vers la comptabilité chargée de vérifier s'il n'y avait pas d'écarts à rechercher, puis de valoriser.

Quand tout était fini, « le dîner d'inventaire » était offert par la Maison. Il avait lieu, en général, le samedi suivant, à midi, au restaurant. Comme le bilan était arrêté au 30 juin, cette journée de juillet était habituellement ensoleillée et la fin de l'après-midi se déroulait aux jeux aux boules. La réunion pouvait se prolonger fort tard dans la soirée, au gré du personnel, à la vogue de la Croix-Rousse et parfois au fond d'une cave... Au fil des années, dans un but de simplification, beaucoup de Maisons firent coïncider l'année sociale et l'année civile. Le « repas d'inventaire » se perpétua, mais en janvier. Si la température ouvrait l'appétit, elle n'incitait guère à jouer aux boules, mêmes lyonnaises, et les agapes s'en trouvèrent raccourcies[4].

Chacun endossait sa tenue du dimanche. Mais cette rigidité apparente n'empêchait nullement, à la faveur de la chaleur communicative des banquets, un échange d'opinion très libre, entre hommes. Les femmes ne seront admi-

---

4. Entre 1940 et 1944, un repas plus modeste et discret réunissait ceux qui n'étaient pas prisonniers, partis au S.T.O. ou dans la Résistance. Chaque participant se débrouillait pour trouver une denrée rare, et l'apportait discrètement chez un restaurateur des halles de la Martinière qui se chargeait de cuisiner le tout, et de recevoir dans son arrière-boutique. A l'heure dite, après la fermeture, les convives arrivaient discrètement pour se mettre autour de la table. Deux années de suite tout se passa bien et laissa d'excellents souvenirs aux participants. La troisième année, attiré sans doute par quelque fumet odorant, un inspecteur de police se présenta et mit les scellés sur les casseroles. Après avoir relevé l'identité des participants qu'il menaça de sanctions, il se fit aider par un préposé et emporta le tout au commissariat. Eux firent ripaille ce soir-là...

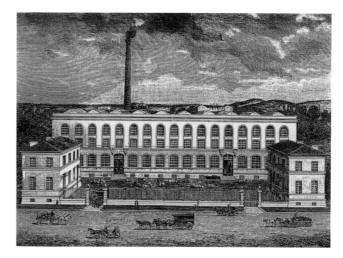

L'usine de Claude Gindre fut construite en 1892 à la Croix-Rousse.

ses que plus tard. Il n'était pas rare de constater la présence du directeur du bureau de Paris venu se joindre aux Lyonnais pour la circonstance... A une époque où l'on était plus orienté sur le travail que sur les loisirs, cette journée de repos, dans un climat détendu, contribuait parfois à régler les tensions internes. Ce rôle a évidemment progressivement disparu avec les avancées sociales du XXe siècle.

Quelques maisons connues

Nous voudrions évoquer avant de terminer ce chapitre le nom de quelques-unes des fabriques qui eurent leurs ateliers ou leurs bureaux à la Croix-Rousse. La plus grosse usine fut sans doute celle de Claude Gindre, construite en 1892 et qui comptera plus de 200 métiers. Ce fabricant pensait que seuls de grands tissages mécaniques implantés dans la périphérie lyonnaise pourraient permettre à la ville de lutter contre la concurrence étrangère et de garder sa supériorité. Cette usine fermera vers 1960. Elle employa par moments plus de 500 personnes. L'affaire Gindre avait été fondée en 1820, bien avant la naissance de Claude (1841-1898). Ce dernier développa considérablement l'entreprise familiale qui avait son siège 2, rue Puits-Gaillot et sa première usine en Isère, à Bourgoin. Il semble que ce soit vraiment avec l'espoir de redonner un élan au tissage lyonnais en déclin, que Claude Gindre décida la construction de cette nouvelle usine à la Croix-Rousse, dans laquelle il adjoignit un service médical gratuit pour le personnel ainsi qu'un réfectoire pour ceux qui habitaient loin de leur lieu de travail, ce qui était inhabituel à l'époque.

Une autre Maison importante dans l'histoire de la soierie lyonnaise, bien au-delà de la place que son usine occupa à la Croix-Rousse, est celle de Claude-Joseph Bonnet, natif de Jujurieux dans l'Ain, qui fonda son affaire en 1810 à l'âge de 24 ans. Il s'installa rue du Major-Martin. Le démarrage fut très rapide puisqu'en 1812 l'entreprise faisait déjà travailler 110 personnes dont 70 tisseurs. En 1829, deux ans avant la révolte des canuts, elle monta un atelier de *moulinage* à Cerdon. En 1835, l'usine de Jujurieux sortit de terre, destinée principalement à la préparation des soies, *filature* et *moulinage*, mais avec peu de tissage. En 1846 l'entreprise utilisait les services de 1 100 tisseurs, lyonnais ou régionaux. En 1878, elle alimentait encore 7 à 800 tisseurs à Lyon, et construisait, au n° 8, passage de l'Enfance à la Croix-Rousse, une usine-pensionnat n'employant donc que des jeunes femmes dont le travail consistait à préparer les chaînes destinées aux tisseurs. Sans doute animés du même désir que celui de Claude Gindre de redonner un certain lustre au tissage lyonnais, les petits-fils de Claude-Joseph Bonnet décidèrent d'édifier une usine à la Croix-Rousse. En 1890, un nouveau bâtiment est adossé à la première

Marque de fabrique des Petits-fils de Claude-Joseph Bonnet. Taffetas broché soie (42 × 61 cm). Tassinari & Chatel, 1871.

L'usine de Joseph Bonnet à la Croix-Rousse (1890), rue de l'Enfance (actuelle rue Henri-Gorjus). Charles Lacour. Début du XIXᵉ siècle.

usine de préparation qui reçoit des métiers mécaniques mus par une machine à vapeur. L'éclairage électrique est assuré à partir de 1894, grâce à une dynamo installée au sein de l'entreprise, mais la force motrice restait encore fournie par une machine à vapeur. En 1908, les ateliers furent transférés du n° 8 au n° 36, passage de l'Enfance pour permettre la prolongation de la rue Saint-Denis. Le bâtiment à chèdes contenait 25 métiers de façonnés équipés de mécaniques Verdol, et l'atelier d'ourdissage fonctionnait avec de jeunes pensionnaires. Cet atelier de préparation était plus important que celui de tissage et travaillait beaucoup à façon. L'ensemble cessa son activité vers 1934 et les bâtiments furent repris par la « Gaine Scandale », mais ce n'était que le maillon croix-roussien de Bonnet qui employa jusqu'à 2 000 personnes dans l'ensemble des établissements de l'entreprise.

Outre ces deux usines croix-roussiennes, nous avons retrouvé sur le plateau et les pentes :

Rosset & Rendu, fondé en 1866, dont le siège se trouvait 9, rue du Griffon, et l'usine 50, rue de Cuire, équipée de 62 métiers mécaniques de façonnés en 1950. Gabriel Vial s'en occupa durant plusieurs années. C'était alors la Maison Rosset.

Mollard & Guigou, fondée en 1836 place Tolozan, devint en 1896 Guigou Père & Fils, Grande rue des Feuillants et avait en 1950 une usine de 70 métiers d'unis et de façonnés, rue Dumont-d'Urville.

Maximilien-Valansot au 21, place Tolozan, Maison fondée en 1849, fournit en 1853 trois pièces de velours tissées à bras destinées à la corbeille d'Eugénie lors de son mariage avec Napoléon III. L'atelier mécanique se trouvait 69, Grande rue de la Croix-Rousse jusqu'à ce qu'en 1974 l'école Saint-Denis reprenne les locaux.

Dognin, au n° 1, rue Puits-Gaillot, fondée en 1805, eut sa fabrique de tulles sur le plateau de 1859 à 1909.

Lamy & Giraud, au n° 3, quai de Retz, successeurs de Lemire Père & Fils, avaient un atelier croix-roussien. A la suite de passations successives, la société possédait des archives remontant au XVIIIe siècle. Aimé Prelle reprit l'affaire en 1918.

Carte adresse, Maison Lamy et Giraud, dont la manufacture était installée 3, quai de Retz (actuel quai Jean-Moulin). Prelle reprit l'affaire en 1918.

Tassinari & Chatel, fondée en 1868, et successeur des Pernon, dont l'origine remontait à 1680, et de Grand Frères (à partir de 1808), avait son atelier place Belfort, avant de partir à la fin du XIXe siècle au n°43, rue Coste à Caluire ; là il y eut jusqu'à 90 métiers à bras, avec, dans l'impasse Coste, un petit atelier mécanique. Celui-ci s'agrandira en déménageant pour s'installer en 1926 au n°3, montée Mazagran (rebaptisée depuis montée Georges-Kubler).

Atuyer, Bianchini & Férier, fondée le 23 juillet 1888 place Tolozan, s'installa en 1900 au n°4, rue Vaucanson, mais ne tissa jamais à la Croix-Rousse. En 1895 la société avait une usine de tissage à la Tour-du-Pin, une autre à Dolomieu et avait recours à Verel de Belval. Une partie des archives a été reprise par Cédric Brochier.

Coudurier, Fructus & Descher bâtirent leur siège au n°170, boulevard de la Croix-Rousse en 1909, mais ne tissèrent pas à cet endroit. Après le décès du dernier des fondateurs, Jean-Marie Fructus, Teppaz, spécialiste de l'électrophone, reprit les bâtiments, détruits ensuite pour édifier l'immeuble du Saint-Bernard.

La fabrique Schultz & Béraud installée 8, rue du Griffon a fourni la soierie d'un manteau de cour offert par la Ville de Lyon à l'impératrice Eugénie en 1853, mais nous n'avons pu trouver trace de leur atelier à la Croix-Rousse.

Algoud occupait un immeuble entier place du Griffon.

Jusqu'en 1930, un certain nombre d'ateliers furent implantés à la Croix-Rousse :

Quenin & Cartalier avaient leurs usines dans la Loire, à Quinzié et Panissières mais leur atelier à bras à la Croix-Rousse et leur bureau rue de la République à Lyon.

Chatillon-Mouly-Roussel possédaient une usine rue Belfort jusqu'en 1977, qui fut rasée pour construire des immeubles d'habitation.

Barioz, dont le magnifique siège social édifié entre les deux guerres 7, quai Sarrail reste le témoin de la fin de la grande époque et avait rue Philippe-de-Lasalle, en 1950, une douzaine de métiers à bras et 15 métiers mécaniques de façonnés, d'après un ancien collaborateur de cette Maison.

Pichat & Chaléard possédaient un atelier rue Barodet et un second rue Valentin-Couturier.

Salle de tissage de l'usine Coudurier Fructus & Descher à La Bâtie Mongascon (38). Métiers à bras équipés de mécaniques Jacquard pour les tissus brochés et les brocarts.

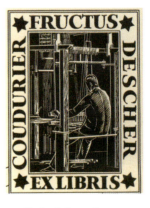

Ex libris *de la maison Coudurier Fructus & Descher représentant un tisseur devant son métier.*

La soierie lyonnaise s'exporte.
Exposition universelle de Londres. Vue des grandes vitrines des fabricants de soierie de Lyon. Gravure.
1862.

GODARD faisait tourner une trentaine de métiers mécaniques au cœur du plateau,

PIRAT, prince de la moire, avait son usine dans la montée Mazagran avant de s'agrandir en déménageant rue de Cuire afin de mieux s'adonner aux contrecollés.

DUTEL, rue Artaud, NICOLAS, NOËL, et sûrement d'autres qui voudront bien nous excuser de ne pouvoir les citer.

Et puis n'oublions pas ceux qui avaient leur bureau au bas des pentes sans avoir d'atelier sur le plateau : Alexandre Giraud, Algoud, Carrabin, Chavanis, Diochon, Fesquet, Frachon, Guillermain, Pelletier, Pierre Blanc, Revel, Tronel, Villaret… Ou sur la rive gauche du Rhône ou encore à Villeurbanne : Henry Bertrand, Bouton, Brochier, Bucol, Devay et Paule, Ducharne, Grassy, Jacquand-Renaud, Marion-Richard-Giraud, Truchot, Volay-Jarosson, les velours et peluches J.B. Martin, et tant d'autres qui brillèrent au firmament de la soierie.

Tout cet univers, regroupant des dizaines de milliers de travailleurs, constituait le monde de la soierie lyonnaise, mono industrie séculaire et qui le resta jusqu'au moment où la chimie et la métallurgie, souvent issues des besoins de cette soierie, ne prennent la relève.

Très peu de raisons sociales de fabriques de soieries existantes aux siècles précédents subsistent en 2005. Voici celles que nous avons retrouvées avec leur date de fondation. Alors que nous pensions que la plus ancienne était la maison Carrabin qui fabriquait de merveilleux velours et existait au Second Empire, nous avons appris qu'elle avait fermé ses portes en 1994. Venaient ensuite :
- Tassinari & Chatel fondée en 1868,
- Attuyer Bianchini et Ferrier en 1888,
- Quenin en 1890,
- J. Brochier et Fils en 1896,
- Guigou, père et fils, en 1896,
- Porcher en 1912,
- Prelle en 1918,
- Bucol en 1924.

LA FAMILLE GILLET

La contribution de la teinture à la beauté d'une soierie est telle qu'il nous semble naturel d'évoquer le nom de Gillet qui occupa une place prépondérante dans ce domaine, durant un siècle. Un certain François Gillet, à 17 ans, quitta la ferme paternelle de Montigny près de Bully (Rhône), pour tenter sa chance à Lyon. Après avoir fait son apprentissage de trois ans chez Planut, ayant tiré un bon numéro qui l'exemptait de service militaire, il fut embauché par Michel Frères qu'il quitta quelques années plus tard pour se mettre à son compte en 1839. Installé près du Rhône au niveau de l'actuelle rue Vauban, son atelier est dévasté par une crue du fleuve en novembre 1842. Il repart à zéro aidé par sa jeune femme Marie Pierron. En 1845, soutenu par son beau-père, il s'installe quai Pierre-Scize sur la rive droite de la Saône où il progresse jusqu'en 1860, date de son transfert quai de Serin. En 1862, François associe son fils Joseph âgé de 19 ans et se sépare de ses deux beaux-frères qui lui avaient été imposés par son beaupère en échange de son aide. A partir de ce moment-là l'usine de Serin, située sur le 1er arrondissement de Lyon ne cesse de se développer et finit par couvrir trois hectares et demi. D'énormes réservoirs d'eau sont aménagés, adossés à la colline. Le plus grand aura une capacité de 400 m^3. L'usine emploiera jusqu'à 800 personnes, et fermera en 1974 seulement. Joseph aura trois fils dans l'affaire : l'aîné, Edmond, dirigera l'usine de Serin. Le second, Paul, responsable de la branche chimie qui donnera naissance à Soprosoie puis à Progil (contraction de Produit Gillet), fera construire la villa Gillet sur le plateau de la Croix-Rousse. Sans enfant et grand mécène, il légua, entre autres, une collection de plus de 200 majoliques italiennes au musée des Arts décoratifs de Lyon. Le troisième, Charles, s'occupera de l'usine de Villeurbanne, qui emploiera jusqu'à 3 000 personnes dans les années 1920.

355. VILLEURBANNE. — Sortie des Usines Gillet

L'usine Gillet de Villeurbanne emploiera jusqu'à 3 000 personnes dans les années 1920. **Carte postale ancienne.**

Règlement intérieur d'une usine en 1889

1. Piété, propreté et ponctualité font la force d'une bonne affaire.
2. Notre firme ayant considérablement réduit les horaires de travail, les employés de bureau n'auront plus à être présents que de sept heures du matin à six heures du soir, et ce, les jours de semaine seulement.
3. Des prières seront dites chaque matin dans le grand bureau. Les employés de bureau y seront obligatoirement présents.
4. L'habillement doit être du type le plus sobre. Les employés de bureau ne se laisseront pas aller aux fantaisies des vêtements de couleurs vives. Ils ne porteront pas de bas non plus, à moins que ceux-ci ne soient convenablement raccommodés.
5. Dans les bureaux, on ne portera ni manteau ni pardessus. Toutefois, lorsque le temps sera particulièrement rigoureux, les écharpes cache-nez et calottes seront autorisées.
6. Notre firme met un poêle à la disposition des employés de bureau. Le charbon et le bois devront être enfermés dans le coffre destiné à cet effet. Afin qu'ils puissent se chauffer, il est recommandé à chaque membre du personnel d'apporter chaque jour quatre livres de charbon durant la saison froide.
7. Aucun employé de bureau ne sera autorisé à quitter la pièce sans la permission de M. le Directeur. Les appels de la nature sont cependant permis et pour y céder, les membres du personnel pourront utiliser le jardin au-dessous de la seconde grille. Bien entendu, cet espace devra être tenu dans un ordre parfait.
8. Il est strictement interdit de parler durant les heures de bureau.
9. La soif de tabac, de vin ou d'alcool est une faiblesse humaine et, comme telle, est interdite à tous les membres du personnel.
10. Maintenant que les heures du bureau ont été énergiquement réduites, la prise de nourriture est encore autorisée entre 11 h 30 et midi, mais en aucun cas, le travail ne devra cesser durant ce temps.
11. Les employés de bureau fourniront leurs propres plumes. Un nouveau taille-plume est disponible sur demande chez M. le Directeur.
12. Un senior désigné par M. le Directeur sera responsable du nettoyage et de la propreté de la grande salle ainsi que du bureau directorial. Les juniors et les jeunes se présenteront à M. le Directeur quarante minutes avant les prières, et resteront après l'heure de la fermeture pour procéder au nettoyage. Brosses, balais, serpillières et savon seront fournis par la Direction.
13. Augmentés dernièrement les nouveaux salaires hebdomadaires sont désormais les suivants :
Cadets (jusqu'à 11 ans) : 0,50 f
Juniors (jusqu'à 14 ans) : 1,45 f
Jeunes : 3,50 f
Employés : 7,50 f
Seniors (après 15 ans de maison) : 14,50 f
14. Les propriétaires reconnaissent et acceptent la générosité des nouvelles lois du Travail, mais attendent du personnel un accroissement considérable du rendement en compensation de ces conditions presque utopiques.

Marque de fabrique de la société Trévoux Frères 34, rue de l'Impératrice (rue Président-Herriot actuelle). Satin broché. « Le côteau de Fourvière » (45 x 60 cm). Outre la représentation de la colline de Fourvière et de la rive droite de la Saône, remarquer celle du matériel textile de chaque côté de la statue symbolisant la Soierie. Réalisée par Tassinari & Chatel.

Structures, traditions et règlements

A MESSIEURS LES NÉGOCIANTS EN SOIE.

LE Sr. RAST DE MAUPAS, vient d'établir à Lyon, au second étage d'une maison située Place neuve des Carmes entièrement voutée, & par conséquent à l'abri de tout incendie, une condition publique pour les Soies. Il a placé dans un très grand appartement, des caisses de cinq pieds de longueur sur trois de largeur qui ont quatre tiroirs; & des Armoires de sept pieds de hauteur sur cinq de largeur; toutes ces Armoires ou caisses sont entièrement à jour, & sont grillées à petits trous tout le tour & par le côté intérieur; de sorte qu'au moyen du cachet qu'y apposera celui qui viendra déposer des Soies à cette condition, on peut être assuré qu'il ne pourra jamais en être distrait la moindre portion: Il y aura en outre à chaque caisse ou armoire un cadenas ou une serrure, dont la clef restera entre les mains du Directeur.

Les Caisses sont principalement destinées pour les Soies dont les mateaux sont épars ou en garenne; & les armoires, pour les trames ou autres Soies liées en masse, qui peuvent êtres pendues.

Les unes & les autres sont numerotées en plusieurs endroits, pour éviter la moindre équivoque & le plus petit mélange.

On a placé deux poëles de faïance à une certaine distance des deux bouts de la pièce, pour rendre la chaleur égale par-tout; & on a mis aux quatre coins des Thermometres pour pouvoir s'appercevoir de la moindre différence dans la chaleur, afin d'y remédier sur le champ.

La chaleur de 18 à 20 degrés que l'on a fixé pour cette condition, n'est point une fixation arbitraire, non-seulement c'est la même qu'à Turin, mais encore elle est prise dans la justice & l'équité, en effet la chaleur de l'été étant ordinairement à ce point là, on a voulu la rendre égale toute l'année, afin qu'il n'y eut pas plus d'avantage d'acheter des Soies l'été que l'hiver.

La condition publique sera ouverte à tous ceux qui voudront voir la Soie qu'ils ont déposée, & la chaleur à laquelle elle est exposée.

(2) REGLEMENT,

ARTICLE PREMIER.

ON entretiendra dans la condition publique pour les Soies, par le moyen des poëles, une chaleur constante de 18 à 20 degrés du Thermometre de Mr. de Reaumur; lorsque dans l'été la chaleur de l'Athmosphere, & par conséquent de la condition publique, sera aux mêmes 18 ou 20 degrés, on se dispensera d'y faire du feu.

ART. II.

Les Soies qui seront apportées à cette condition, seront inscrites sur un Registre, où l'on marquera le nom de celui qui les déposera, la datte de l'année & du jour, l'heure précise de son entrée à la condition, le numero & la marque du balot s'il y en a, la qualité de la Soie, le poids net, enfin le numero de la caisse, ou de l'armoire dans laquelle on les mettra conditionner, & on délivrera au déposant une reconnoissance qui sera parfaitement conforme, & qui sera coupée sur la moitié du Registre.

ART. III.

La Soie sera rangée dans une caisse ou armoire, en présence de celui qui viendra déposer la Soie, après quoi il la fermera & y apposera son cachet, au moyen d'une ficelle qui sera passée dans des anneaux disposés pour cela; & ce cachet ne pourra être défait que par celui qui rapportera la Reconnoissance, en venant retirer ladite Soie au bout de vingt-quatre heures.

ART. IV.

Toutes les Soies déposées resteront vingt-quatre heures dans la condition publique, après lequel temps, on sera obligé de les venir retirer, on reconnoîtra le nouveau poids qui sera couché sur le Registre & sur la Reconnoissance qu'on doit apporter lorsqu'on viendra retirer ladite Soie.

ART. V.

A défaut par le déposant de venir retirer sa Soie au terme de 24 heures qui vient d'être fixé par l'article précédent, il sera libre au Directeur ou à ses préposés, après la vingt-cinquieme heure révolue, de rompre le cachet, & de reconnoître son nouveau poids, qui sera couché sur le Registre pour être mis conforme sur la Reconnoissance.

ART. VI.

Pour indemniser le Sr. Rast de Maupas de ses soins, & des frais qu'il est obligé de faire en avance & en dépense annuelle, il sera

(3)

payé, moitié par le vendeur & l'autre moitié par l'acheteur, pour chaque partie de Soie mise à la condition publique, six deniers par livre de Soie, c'est-à-dire, trois deniers par l'un & trois deniers par l'autre; & quand même on mettroit en condition des parties ou ballots au dessous de cinquante livres, il sera toujours payé vingt-cinq sols comme s'il y avoit les cinquante livres.

ART. VII.

Comme les trames de pays ou étrangeres sont pour l'ordinaire fort serrées, on pourra les faire dénouer avant de les mettre en condition, & pour lors il sera payé par l'acheteur trois deniers de plus par livre de Soie pour cet excédant de main d'œuvre, à moins qu'on ne veuille les apporter toutes déliées.

ART. VIII.

Lorsque dans les 24 heures ci-dessus fixées pour la condition, la Soie aura diminué de trois pour cent, preuve d'un excès d'humidité qu'un jour entier ne sauroit détruire, elle subira une seconde condition de 24 heures, & pour lors le vendeur seul sera obligé de payer les frais de cette seconde condition qui seront les mêmes que pour la première, c'est-à-dire, six deniers par livre.

ART. IX.

La déclaration ou Reconnoissance qui sera délivrée fera mention de la somme qui aura été payée pour le prix de la condition, & portera la quittance.

ART. X.

Les balances pour peser les Soies seront de la plus grande justesse, & pour la conserver telle, elles seront de nouveau échantillées par un Maître Balancier, le premier de chaque mois, en présence de Messieurs les Négociants qui voudront s'y trouver.

ART. XI.

Lorsqu'un particulier recevra de déhors de la Soie pour son compte, il lui sera facile d'en déterminer le poids d'après la condition, en faisant porter ladite Soie directement de la Doüane à la condition publique, & pour lors il en sera fait mention sur le Registre & sur la Reconnoissance.

Le Sr. RAST DE MAUPAS espere mériter l'applaudissement de tout le Commerce des Soies, par l'assiduité & l'attention la plus exacte & la plus scrupuleuse à suivre ce Reglement approuvé par plus de 500 signataires, soit des Marchands de Soie & Fabricans de Lyon, soit des Négociants en Soie, & Mouliniers des Provinces méridionales.

A Messieurs les négociants en soie. Règlement appliqué à la Condition des Soies (1779) de Rast Maupas.

Condition des Soies
et piquage d'onces

La Condition des Soies évoque pour beaucoup de Lyonnais ce grand immeuble dont la façade massive, qui semble inspirée des anciens palais florentins, borde la rue Saint-Polycarpe, étroite et montante sur les flancs de la Croix-Rousse. Cette petite artère relie la rue Romarin au parvis de l'église Saint-Polycarpe. Bien peu de personnes savent à quoi était destiné ce bâtiment, utilisé ces dernières années comme centre socioculturel du quartier des Terreaux. Il abrita pourtant une institution qui a tenu un rôle très important dans la soierie lyonnaise tout au long du XIXe siècle, et jusqu'à la seconde guerre mondiale.

Mais tout d'abord, que veut dire « conditionner » et quel intérêt cela représente-t-il pour l'industrie de la soie ? Conditionner, c'est contrôler le poids d'un lot de fil faisant l'objet d'un marché. C'est ramener le lot de fil au degré hygrométrique officiel. Car toutes les matières textiles, animales ou végétales, absorbent et retiennent de l'eau. La soie contient 11 % d'eau dans son état normal d'humidité. Ce pourcentage est appelé taux de reprise[1].

[1]. A titre indicatif, le taux de reprise de la viscose est de 13 %.
[2]. Pépiniériste réputé, en relation avec Poivre, Vilmorin, Jussieu.

Si vous achetez de la soie contenant 20 % d'eau, vous paierez les 9 % représentant la différence au tarif de la soie. Inversement si vous vendez de la soie contenant 8 % d'eau vous perdez 3 % du montant de la vente. Étant donné le prix de cette matière, le conditionnement concerne autant le vendeur que l'acheteur et les frais engendrés par cette opération seront partagés par moitié entre eux deux.

Le verbe « conditionner » est ancien. En 1694, c'est déjà « pourvoir une chose des qualités requises par sa destination ». Dès le XVIIe siècle, cette notion de contrôle est dans l'air. Les Piémontais ont créé leur Condition des Soies à Turin en 1684. Un peu plus tard, on envisageait d'en faire autant à Londres. En 1779 un Lyonnais, Rast-Maupas[2], à la suite d'un voyage en Italie, imagina de monter à Lyon une Condition s'inspirant de celle qu'il avait vue à Turin et pour laquelle il adopta un règlement très précis : « Le tarif sera de 6 deniers par livre de soie. La facture sera réglée à part égale par le vendeur et l'acheteur. La soie placée dans des caisses à claies, contenant chacune 50 à 60 kilos de matière, poids courant d'une balle de soie, sera fermée dans une salle aux murs épais, à une température constante de 18° à 20° selon la pression atmosphérique, et ressortie 24 heures après. Si le poids de la soie a varié de plus de 3 % on procédera à un deuxième et éventuellement à un troisième conditionnement qui seront alors à la charge du vendeur, car la matière première sera présumée trafiquée. »

Cette première Condition des Soies lyonnaise était donc privée et fonctionnera de 1779 à la Révolution. Une fois la Terreur passée, Jean-Louis Rast-Maupas se remet au travail. Mais il a déjà trois concurrents sur Lyon. Il a beau affirmer qu'il est l'inventeur du système et attaquer ses confrères, il ne parvient pas à les éliminer. S'il ne peut être considéré comme un inventeur, c'est bien lui qui a introduit ce système de contrôle dans notre ville. La dispute s'éternise jusqu'à ce que l'Empereur, lors de son passage à Lyon, sur la route de Milan où il allait recevoir la couronne d'Italie, signe un décret daté du 5 avril 1805 mettant fin à cette controverse. Il institue à Lyon une Condition unique et publique des Soies. Les anciens conditionneurs sont indemnisés à raison de 9 000 F chacun, payables en six ans. Il avait été envisagé de racheter leur matériel mais celui-ci était trop disparate et il fut décidé de s'équiper d'un matériel neuf comportant, entre autres, soixante caisses grillagées.

Un directeur est nommé, choisi hors des anciens conditionneurs pour éviter toute discussion, et le nouvel établissement s'installe momentanément au 1, place Meissonier, ancienne place Saint-Pierre, où il commence à fonctionner le 20 octobre 1805, d'une manière provisoire, qui durera jusqu'en 1814. Le règlement adopté au départ est pratiquement celui de Rast-Maupas ; seul le tarif est actualisé. La Chambre de Commerce est chargée de gérer cette Condition. Elle délègue deux commissaires, l'un choisi parmi les marchands, l'autre parmi les *fabricants*. Le directeur dispose d'un appartement de fonction contigu à la Condition, mais il ne doit jamais coucher hors de son domicile sauf autorisation exceptionnelle accordée par les commissaires, car il est susceptible de pouvoir leur ouvrir le local à n'importe quelle heure du jour et de la nuit.

Dès 1806, le volume de soie conditionné atteint 30 000 kg par mois. La loi du 9 septembre 1807 autorise le préfet du Rhône à acquérir des terrains dans « l'enclos des ci-devant Capucins de Lyon » pour la somme de 46 566 F. Ces ter-

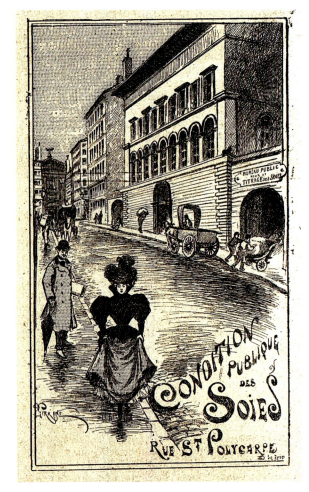

Le bâtiment de la Condition des Soies, rue Saint-Polycarpe, d'après Le Progrès Illustré.

rains avaient été vendus à divers particuliers pendant la Révolution. Un bâtiment sera construit au 7, rue Saint-Polycarpe au prix de 150 000 F, somme empruntée à des Lyonnais fortunés. Le décret porte la signature de Napoléon 1er au Palais de Saint-Cloud.

On commence à édifier le bâtiment en 1809 d'après les plans de l'architecte Joseph Gay. On peut supposer que ce dernier, en dessinant la façade, a voulu rappeler la contribution italienne dont a largement bénéficié la soierie lyonnaise. Mais la somme prévue initialement pour la construction s'avéra très insuffisante et il fallut deux rallonges budgétaires, en 1810 et 1813, pour terminer le gros œuvre. Le 14 août 1814, la Condition quitte enfin la place Meissonnier où elle sera restée neuf années, pour prendre possession des nouveaux locaux de la rue Saint-Polycarpe.

Pendant 126 ans, de 1814 à 1940, ce bâtiment sera et s'efforcera de rester le cœur de la soierie lyonnaise. Toutes les soies utilisées par la Fabrique convergent vers la rue Saint-Polycarpe. Louis XVIII autorise en 1817 le préfet du Rhône à emprunter à nouveau 100 000 F pour aménager la Condition. En 1820, la Chambre de Commerce obtient le droit de demander un supplément de dix centimes par balle pour assurer « bâtiment et soies » contre l'incendie auprès de la Cie générale d'assurances. C'est en effet à cette époque que les compagnies d'assurances se développent en France.

De 1779 à 1840, la technique du conditionnement était restée empirique. La Chambre de Commerce confie à l'ingénieur Talabot le soin de mettre au point une approche plus scientifique. Une nouvelle méthode, dite de « dessiccation à l'absolu », est adoptée par ordonnance royale du 23 avril 1841, précisant que « le poids de soie constaté par le procédé, augmenté de 11 %, constituera dorénavant le poids marchand des balles de soie soumis au conditionnement ». Les *étuves* dites « de Talabot », au nombre de vingt-quatre, dont vous pouvez voir les dernières survivantes à la Condition des Soies, à l'Institut textile de France et à la Maison des Canuts, seront utilisées à partir de cette date.

En 1841, 66 000 kg de soie par mois furent conditionnés. Devant l'afflux des soies, le règlement du 30 septembre de la même année précise que chaque *balle*, à son arrivée, recevra un numéro d'entrée et que l'on respectera ce numérotage croissant pour le conditionnement, afin d'éviter les tours de faveur. La progression atteindra son apogée en 1913 avec 700 000 kg mensuels. La Chambre de Commerce projette alors d'acheter aux Hospices Civils de Lyon des terrains situés aux Brotteaux, délimités par les rues Tronchet, Vendôme, Crillon et Duguesclin, pour transférer la Condition qui étouffe rue Saint-Polycarpe, malgré une annexe créée place Tolozan en 1910. Mais la Première

Les étuves dites de Talabot étaient au nombre de 24. Elles ont été utilisées à partir de 1841.

guerre mondiale survient. C'est la fin d'une époque et ce projet de développement sera abandonné. De 1805 à 1913, 330 millions de kg de soie avaient été conditionnés rue Saint-Polycarpe.

Après 1918, l'activité du conditionnement décline. La *rayonne* est là, qui n'a pas besoin de subir ce contrôle, et puis survient la crise, et à nouveau la guerre, qui stoppe l'importation des soies. Progressivement, l'activité des laboratoires se développe. Cette activité existe déjà depuis 1855, car une fois la technique du *conditionnement* mise au point, la Condition de la rue Saint-Polycarpe s'intéressa au fil d'une manière plus générale. A partir de 1855, elle *décreuse* la soie pour déterminer le pourcentage exact de grès contenu dans le fil. En 1856 naît le bureau de titrage qui nécessite la surélévation du premier étage du bâtiment où se contrôlera la grosseur du fil. En 1876 est fondé le laboratoire de chimie ; en 1903, le service d'essai dynamométrique. Au bas des décrets concernant les nouvelles activités de la Condition on voit apparaître les signatures successives de Mac-Mahon, Jules Grévy, Sadi Carnot, Émile Loubet.

Le Centre de Recherche de la Soierie et ses Industries Textiles (CRIST), qui succéda à la Condition des soies, se développa donc sur un bon terrain dès la Seconde guerre mondiale et eut la chance de trouver, entre autres, un excellent mentor en la personne du chanoine Pinte, éminent scientifique, replié du Nord de la France à la suite des hostilités, qui anima le centre jusqu'à sa retraite[3]. Le Centre de Recherche devint par la suite une antenne de l'Institut textile de France qui avait son siège à Boulogne-sur-Seine, avant de devenir lui-même le siège d'I.T.F. et d'être transféré à Écully en 1976. En 2002, I.T.F. absorba la section habillement et devint I.F.T.H.

De nos jours, l'I.F.T.H, par un mélange subtil de ses connaissances et de son expérience séculaire, contribue à préparer les produits de demain. Cette démarche d'anticipation, en forçant l'imagination, axe les solutions techniques vers l'avenir. Au-delà des textiles traditionnels, I.F.T.H contribue à la mise au point de matériaux pour tous les domaines du transport, pour les vêtements du futur, pour tous les textiles médicaux, pour les textiles de protection de l'homme et de l'environnement.

Voici résumée succinctement l'histoire de la Condition des Soies, qui fut au cœur de la soierie mais qui profita à la Chambre de Commerce, gestionnaire de l'institution. Au cours de la seconde moitié du XIXe une partie des bénéfices réalisés par la Condition fut utilisée pour constituer les premières collections de ce qui allait devenir en 1891 le musée des Tissus. Ainsi fut rendu à César ce qui était à César...

3. Une petite anecdote me revient à son sujet : le chanoine portait la soutane comme cela était courant à l'époque pour les ecclésiastiques. Allant souvent à Paris pour des expertises, il se trouvait un jour assis dans un compartiment du rapide Paris-Lyon, perdu dans ses réflexions scientifiques, et sortit par mégarde de la poche de sa soutane un bas de soie à la place de son mouchoir, au grand ébahissement des autres voyageurs qui ne le connaissaient pas. L'histoire fit la joie de la profession, et augmenta sa popularité sans nuire à sa bonne réputation.

Piquage d'onces…

Le « piquage d'onces » n'évoque plus rien de nos jours, mais inquiéta les marchands négociants et les maîtres tisseurs durant des siècles, du XVIe au XXe siècle. De quoi s'agissait-il ? Prenons la définition qui en est donnée par Metzger en 1915 : « Le piquage d'onces c'est le vol, le recel, le trafic et l'utilisation consciente des matières premières destinées à la fabrication des soieries. » C'est-à-dire que cela concerne aussi bien la soie brute que la soie ouvrée, les dorures et parfois même des métrages de tissu. Mais ces matières sont toujours dérobées par petites quantités. *Flotte* par flotte ou *bobine* par bobine.

L'expression est très significative. Le terme « piquage » montre qu'il s'agit d'un larcin et l'once minimise l'importance de ce larcin. Rappelons que l'once était seulement la seizième partie d'une livre, qui pesait de 380 à 550 gr. selon les provinces. Elle représentait donc environ 30 gr., mais ces petits larcins, se multipliant, se développèrent jusqu'au XIXe siècle sur des matières premières de valeur.

Les lettres patentes de Charles IX, du 20 mars 1567, menaçaient déjà de peines très dures les ouvriers convaincus de larcins et de falsifications. Le grand règlement de 1667, suivi d'une ordonnance royale de 1673, aborde également le sujet, mais d'une façon trop générale. L'expression « piquage d'onces » apparaît, semble-t-il, pour la première fois dans une ordonnance bien précise du Prévôt des Marchands, en date du 25 octobre 1711. A cette même date les maîtres gardes réclament l'interdiction de la vente de matières premières dans les cabarets ou par colportage. Le règlement de 1737 et surtout celui de 1744, dans l'élaboration duquel intervint Jacques de Vaucanson, interdirent le commerce des soies teintes et des dorures. De plus, les ouvriers étaient astreints à rendre leurs déchets en apportant leur travail. Les maîtres gardes se plaignaient régulièrement et s'écriaient en 1760 : « Dès l'établissement de nos manufactures d'étoffes d'or, d'argent, et de soie, ce désordre s'est fait sentir. »

Le point de départ c'est un vol commis pendant la manutention ou la fabrication, c'est-à-dire soit chez le marchand de soie, soit au cours du *dévidage*, de l'*ourdissage*, de la teinture, ou même du tissage. Ce mal n'est pas particulièrement lyonnais, les Turinois s'en plaignent en 1724. Un règlement royal le sanctionne. Le même problème se pose à Saint-Chamond.

Pour masquer sa resquille le piqueur d'onces peut, par exemple, gommer ou graisser des chaînes à l'aide d'huiles inodores et compenser ainsi, en poids, la soie dérobée. Ou encore faire gonfler dans l'eau des bobines en bois très légères et spongieuses, ou même charger la soie, jouer sur le taux d'humidité et, dans le cas du tisseur, forcer sur les déchets. L'imagination des piqueurs d'onces n'est jamais prise en défaut. Le métier de receleur, qui sert d'intermédiaire, permet de réaliser de bons bénéfices. L'ouvrier indélicat qui présente ces soies n'en connaît souvent pas la valeur et le receleur achète à bas prix ces marchandises payées très chères par le marchand à qui elles ont été volées. Il pousse ensuite le petit fabricant, pour augmenter ses propres profits, à développer sa production, voire même à voler des dessins, ce qui permet de fabriquer des soieries façonnées à moindre prix. Mais la qualité s'en ressent et l'on a de la peine à réaliser comment les tisseurs pouvaient faire un travail correct avec des matières provenant de sources si diverses. En 1645, les maîtres gardes parlaient déjà de la ruine de plusieurs marchands dufait que les dessins reproduits se retrouvaient partout et perdaient le mérite de la nouveauté. Il n'y avait, à cette époque, aucune protection de la création artistique. Les étrangers, surpris des différences de prix existantes, achetaient au plus bas, mais par la suite constataient la faible qualité de ces articles, ce qui donnait une idée désavantageuse de la Fabrique lyonnaise.

*Je peux passer partout sans blâme
Aux marchands j'ai rendu leur poids
Je n'ai pas humider leur traîne
Si t'as parfois, glissant sous la façure
Dégringolé de l'en haut jusqu'en bas,
Tes fils, jamais, n'en ont fait d'écorchure
Bambanne toi, mais ne t'enrouille pas*

On avait tendance à mettre en cause les petits fabricants qui avaient besoin de faibles quantités de soie, ne pouvant en payer de grosses. Or le piqueur d'onces leur propose ces petites quantités, qui leur conviennent puisque les marchands de soie ne veulent pas, de leur côté, faire du détail. L'opinion publique n'est guère favorable aux protestations des maîtres gardes qui représentaient le plus souvent les riches marchands, les accusant de vouloir étrangler les petits fabricants qui avaient de la peine à subsister. De plus, ces mauvaises habitudes étaient prises depuis longtemps, le trafic bien organisé, et les preuves difficiles à établir en l'absence de livres comptables qui disparaissaient sans doute au bon moment. Il s'ensuivait une certaine incertitude sur l'efficacité de la répression.

Au XVIIIe siècle, avant 1760, un certain nombre de condamnations aux galères ou au bannissement furent

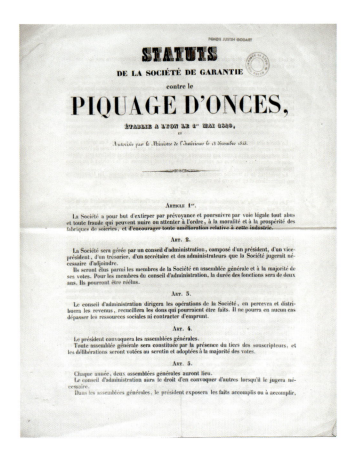

Bobine de fil d'or sur bordure tissée.
Le piquage d'onces, c'est le vol des matières premières de valeur destinées à la fabrication des soieries.

appliquées. Après cette date, les peines furent moins lourdes et consistèrent en amendes accompagnées parfois de dommages et intérêts. Au XIXe, le piquage d'onces ne concerne plus que le vol et le recel de flottes de soie, car les dessins sont déposés et protégés par le Conseil des Prud'hommes. En 1868, dans le cadre de vingt-huit affaires, le détournement constaté était de 597 kg de soie. Cela fait une moyenne par affaire qui ne dépasse guère les 20 kg…

Cette lutte contre le *piquage d'onces* se poursuivit néanmoins jusqu'au XXe siècle et nous nous souvenons encore de la petite cotisation symbolique demandée dans les années 1950 par le Syndicat des fabricants de Soieries. Elle n'avait plus guère de raison d'être alors que les matières artificielles et synthétiques avaient définitivement investi la place de Lyon…

2

et tout ce qui pourra être mis à la connaissance de l'assemblée. Il soumettra une fois par année l'état financier de la Société.

Art. 6.

Le président nommera de son chef une commission composée de cinq membres choisis parmi les souscripteurs. Cette commission aura mission de délibérer sur l'admission ou le rejet des nouveaux membres. En outre, cette commission, comme toute autre spéciale que le président nommerait de son chef, fera et surveillera les opérations qui résulteraient des moyens adoptés pour découvrir les fraudes dont les membres de la Société pourraient être victimes en leur industrie.

Art. 7.

La durée des fonctions des membres de la commission sera de six mois. Ces mêmes fonctions ne seront de nouveau obligatoires qu'après un délai de quatre fois la durée de l'exercice.
La commission élira parmi ses membres son président; ses décisions relatives aux admissions de nouveaux membres ne seront valables qu'étant émanées de la réunion d'au moins trois membres.
Le président de la Société connaîtra seul le personnel de la commission, lui transmettra ses instructions et en recevra les rapports.

Art. 8.

Les membres de la commission devront se réunir, sur l'invitation du président de la Société et sur celle de son président, aux lieux et heures indiqués, sous peine d'une amende de cinq francs.

Art. 9.

Le conseil d'administration, par l'organe de son président, pourra, en l'intérêt de la Société, contracter des engagements avec tout auteur de découvertes ou de moyens qu'il jugerait convenables pour combattre le piquage d'onces, comme toute fraude nuisible à l'industrie des soieries, et même récompenser les services analogues ou tendant à l'amélioration de cette industrie. Tout acte de ce genre ne sera valable qu'autant qu'il aura été soumis à une assemblée générale et adopté à la majorité de ses votes.

Art. 10.

Il est important que tout sociétaire fasse usage du système Arnaud, comme de tout autre moyen que la Société adopterait ultérieurement, et informe le président des infidélités dont il se croirait victime en son industrie, afin que celui-ci puisse diriger la commission dans des épreuves vérificatives dont la constatation éclairera la Société, ou servira à renseigner l'autorité pour rechercher ou poursuivre toute filiation criminelle.

Art. 11.

Pour faire partie de ladite Société, il faut être fabricant de soieries, résider en la ville ou la banlieue de Lyon, être présenté par un membre au président, qui soumettra la demande à la commission; et l'admission ou le rejet du candidat sera effectué par la commission, au scrutin secret et à la majorité des votes.

Art. 12.

Chaque membre a voix délibérative dans les assemblées, et aura communication de tout ce que la Société publiera, à dater du jour de son admission.
Une souscription, quelle qu'en soit la raison sociale, ne comporte qu'une présence et qu'un vote aux assemblées générales.

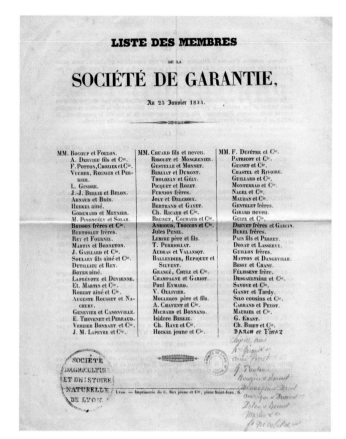

Statuts de la société de garantie contre le piquage d'onces (1840). La lutte contre le piquage d'onces se poursuivit jusqu'au XXe siècle.

3

Art. 13.

Chaque membre s'impose l'obligation d'assister aux assemblées générales, sous peine d'une amende de cinq francs, et de faire partie de la commission lorsqu'il sera désigné par le président, sous peine d'une amende de cinquante francs.

Art. 14.

La cotisation pour chaque membre est fixée à cent cinquante francs par an, payables en deux termes et par avance, à première réquisition du trésorier de la Société et exigible comme toute créance. Néanmoins, dès que les ressources de la Société le permettront, le chiffre de la cotisation pourra être réduit sur le délibéré d'une assemblée générale.

Art. 15.

Les souscriptions seront résiliables de deux ans en deux ans, en prévenant par écrit et six mois à l'avance.
Elles seront résiliées de droit pour tout membre qui cesserait d'exercer son commerce; néanmoins toute somme versée sera acquise à la Société.

Art. 16.

Toutes les amendes seront perçues immédiatement par le trésorier et au profit de la Société. Le conseil d'administration pourra, selon les circonstances, en relever le membre taxé.

Art. 17.

Lorsque les ressources de la Société le permettront, le conseil d'administration fera toutes les dépenses et démarches nécessaires pour faciliter les recherches de l'autorité tendantes à la poursuite judiciaire des vols ou fraudes qui pourraient se commettre en l'industrie des sociétaires.

Art. 18.

La Société sollicitera de la Chambre de commerce une allocation de fonds pour encourager l'établissement d'essais de décreusage, afin d'apprécier les fraudes qui pourraient exister sur les soies grèges et ouvrées. Si la Société avait des excédents de fonds, elle pourrait les consacrer pour obtenir ce résultat.

Art. 19.

La durée de la Société est illimitée; la dissolution ne pourra avoir lieu que par une délibération adoptée en assemblée générale à la majorité des votes, et en outre confirmée par l'adhésion signée des trois quarts de tous les membres de la Société.

Art. 20.

En cas de dissolution, il sera nommé, en assemblée générale, un liquidateur muni de pleins pouvoirs pour opérer la liquidation de l'actif et du passif de la Société, et pour faire en toutes formes une donation sans recours à l'école de La Martinière de tout l'avoir que pourrait posséder la Société.
Tout membre, en souscrivant, se soumet à l'exécution de cette clause, et renonce dans toute circonstance à la part qui lui serait afférente sur l'actif de la Société.

*Lettre de recommandation
pour un compagnon tisseur.
En date du 7 janvier 1732.
Lorsque l'apprenti est admis
comme compagnon, il doit justifier
par la suite de 5 années de travail
dans un atelier pour pouvoir
se présenter à la maîtrise.*

Une activité structurée

Les premiers ateliers de soieries se développèrent à Lyon sous François Ier, mais c'est sous le règne d'Henri II, en 1554, que furent établis les «Statuts des fabricants de draps d'or, d'argent et de soye», confirmés ensuite par lettres patentes en 1567. Ce premier règlement codifiait l'industrie et le commerce de la soie et s'intéressait surtout à la composition des velours ainsi qu'à la densité et à la qualité des taffetas. Il s'occupait de la répression des fraudes et larcins, imposant la tenue de livres mentionnant l'entrée et la sortie des matières, et prévoyait la répartition des amendes entre le Roi, les Hôpitaux de Lyon et les dénonciateurs. L'apprentissage était libre dans sa durée et le règlement fixait les obligations qui liaient les compagnons et les maîtres, et confirmait les privilèges et franchises de la profession. Enfin, il déterminait le mode d'élection des maîtres gardes, chargés de faire respecter ce règlement qui devait être affiché dans les ateliers. Au cours des décennies suivantes de nouvelles modifications ont été apportées.

A partir de 1596, sous le règne d'Henri IV, l'apprentissage était fixé à cinq ans suivi du compagnonnage qui durait deux ans. Le maître ne pouvait avoir plus de deux apprentis et ne devait pas faire tisser sa servante, qui préparait chaîne et trame. En 1619, sous Louis XIII, est instauré un droit de 30 sols payable par l'apprenti et par le compagnon. Il était interdit d'avoir plus de trois apprentis par atelier. Le compagnonnage est porté de deux à cinq ans et le nombre de métiers par atelier est fixé à douze au maximum. La fraude est pénalisée plus sévèrement. A cette date, il existe :

- les maîtres ouvriers qui travaillent à façon, et seront rapidement les plus nombreux. En général ce sont ceux qui n'ont pas les moyens de financer la mise en œuvre et la commercialisation.
- les maîtres marchands achètent leur soie, fabriquent, vendent leurs étoffes, et font éventuellement travailler des maîtres ouvriers.
- les négociants marchands achètent leur soie et la confient aux maîtres ouvriers qui travaillent à façon pour eux.

Nous retrouvons la même structure dans la première moitié du xxe siècle :
- les fabricants sans atelier, mais à l'écoute de leurs clients, qui conçoivent, financent et font exécuter les étoffes pour ensuite les commercialiser.
- les fabricants usiniers qui possèdent leur outil de production et vendent leurs propres fabrications.
- des tisseurs, propriétaires de leurs métiers, et de leur matériel, qui recevaient matière et cartons des fabricants pour qui ils travaillaient.

En 1667 paraît le règlement dit de Colbert ou de la Grande Fabrique, qui comporte 67 articles. Il impose le repos du dimanche et des jours de fête. Ces jours chômés dont se plaindra, à la même époque, un certain Jean de La Fontaine... Il fixe le nombre des maîtres gardes à six dont quatre nommés par le Consulat ce qui revient à confier le contrôle de la communauté au Consulat. Ces maîtres gardes sont en quelque sorte les inspecteurs du travail de l'époque, ayant accès à tous les locaux pouvant contenir des étoffes, pour contrôler la largeur des tissus, vérifier les registres de personnel ainsi que le droit au travail des apprentis et des compagnons. Les maîtres ouvriers doivent en outre leur donner les noms de ceux pour qui ils travaillent, ce qui les irrite profondément.

Un tableau complet indique avec précision comment doit être composée chaque étoffe dont la fabrication est autorisée : densité chaîne, trame, torsion, compte de peigne, largeur, disposition des lisières. Puis il donne des indications précises sur le contrat d'apprentissage passé devant notaire, sa durée, les obligations respectives du maître et de l'apprenti, et sur le chef-d'œuvre d'une aune de sa spécialité à réaliser.

Si l'apprenti est admis comme compagnon, le maître payera les 30 sols du droit d'inscription du nouveau compagnon, qui devra justifier par la suite de cinq années de travail dans un atelier pour pouvoir se présenter à la maîtrise, et s'il est agréé il devra payer 30 sols à chacun des maîtres gardes. En cas de séparation, un préavis réciproque d'un mois est à respecter.

De leur côté, les maîtres ne peuvent débaucher un ouvrier travaillant dans un autre atelier. Ils ont l'obligation de tenir un livret par ouvrier sur lequel sont inscrits les matières fournies, le prix de façon, les étoffes tissées et les sommes payées. Il est interdit au maître marchand de donner de l'ouvrage au maître ouvrier endetté, et le maître ouvrier ne peut devenir maître marchand qu'à la seule condition de tenir boutique avec ses propres fonds.

Chaque pièce d'étoffe doit recevoir une marque au nom du fabricant, et un plomb de contrôle des maîtres gardes. Les étrangers, nommés forains, sont difficilement acceptés pour éviter la fuite des secrets de fabrication. Les friponneries et voleries des compagnons et des façonniers, qui consistent à vendre ou retenir la soie ou le matériel qui leur sont confiés, sont sévèrement sanctionnées. Le règlement refuse les lettres de maîtrise, c'est-à-dire exclue les maîtres dépourvus d'expérience et introduits en vertu de concessions royales.

La juridiction commerciale et les contraventions de faible importance sont gérées par le Consulat.

L'idée de Colbert était d'établir la prospérité de la soierie grâce à la qualité d'une production bien contrôlée, mais ce règlement sera source de nombreux conflits. En effet, non seulement il porte atteinte à la liberté individuelle mais encore il brime les maîtres ouvriers, obligés de l'accepter à leur corps défendant. Dès 1685, peu de temps après la mort de Colbert, les premières modifications commencent à être apportées, suivies d'autres, par ordonnances ou décrets, en 1686, 1700, 1702, 1711, 1712, 1718, 1725, 1728, jusqu'à l'élaboration d'un nouveau règlement en 1737.

Celui-ci comporte 208 articles et tente de rétablir plus d'égalité entre maîtres ouvriers et maîtres marchands. Signalons la parité établie alors entre ouvriers et marchands au sein des maîtres gardes, qui contrôlent la bonne application des règlements. Leur nombre passe de six à huit : quatre marchands et quatre ouvriers. Pour pouvoir tenir boutique il devient obligatoire d'être reçu maître dans la communauté, ce qui impose aux marchands de posséder une formation technique complète. Au xviiie siècle, il y a unanimité concernant la nécessité d'une bonne formation. D'autre part, en 1737 les maîtres ouvriers obtiennent le droit de tisser les étoffes dont la fabrication est permise, pour tout acheteur, ce qui leur permet d'être marchands d'étoffes. Les maîtres ouvriers avaient obtenu ce qu'ils voulaient : enlever aux marchands ce monopole des ventes.

Mais ces derniers réagissent bientôt et le 19 juin 1744 paraît un nouveau règlement, rédigé à l'instigation des maîtres marchands et de Jacques de Vaucanson, Inspecteur des manufactures royales, qui prend le contre-pied du précédent[1]. Examinons ce règlement de 183 articles, qui sera le plus important de tous, jusqu'à la fin de l'Ancien Régime. Divisé en 14 chapitres, il reprend une bonne partie des éléments composant le précédent, mais :
- les maîtres marchands s'attribuent la direction de la communauté, en ramenant le nombre de maîtres gardes de huit à six, comprenant quatre marchands et deux ouvriers seulement,
- les taxes à régler pour obtenir la maîtrise sont augmentées afin de réduire le nombre de candidats,
- le marchand qui veut fabriquer pour son compte ne pourra avoir plus de deux métiers, et devra payer 200 livres. S'il fait fabriquer, il paie en outre 800 livres.

Une véritable hiérarchie d'argent se confirme dans la profession, ce qui entraînera par la suite et jusqu'à la Révolution, de nombreuses protestations des maîtres ouvriers, majoritaires en nombre. C'est ainsi que le 23 février 1789, l'ensemble des maîtres réunis à la cathédrale Saint-Jean élira 34 délégués pour les représenter, qui seront tous des maîtres ouvriers, car aucun marchand ne passera. Le maître ouvrier quant à lui ne peut avoir plus de quatre métiers à façon, un cinquième si ce dernier est équipé d'une mécanique Falcon. C'était une façon de promouvoir une avancée technique.

Le marchand est un créancier privilégié du maître ouvrier, disposant du droit de saisie juste après le propriétaire. Il n'a pas le droit d'employer « des facteurs, commis, dessinateurs, teneur de livres, étrangers ou non catholiques ». Il lui est interdit de faire tisser hors de la province lyonnaise. L'apprentissage ne peut commencer avant 14 ans. Il dure cinq ans, tout comme le compagnonnage. Le bureau de la communauté où se passent les examens de fin d'apprentissage et de compagnonnage, sous le contrôle des maîtres gardes, comporte six métiers : trois d'*unis*, un de *taffetas*, un de *satin*, et un de velours plein. Et trois de *façonnés* : un équipé de la *mécanique Falcon*, un de *damas* courant, et un de *satin* broché ou liseré.

Lettre d'admission à la maîtrise de Gilbert Galantico en date du 24 avril 1726.

---

1. Que diable allait faire Jacques de Vaucanson dans cette galère ? Nous ne le saurons jamais. Peut-être espérait-il un financement de ses recherches en se mettant du côté des marchands plus fortunés ? A la suite de cette fâcheuse intervention il devint la bête noire des maîtres ouvriers lyonnais.

Anne-Robert-Jacques Turgot, ministre d'Etat (1727–1781) supprime les jurandes et les maîtrises, ouvre le métier aux femmes, proclame la liberté du commerce et de l'industrie.

Des *lisières* appropriées permettent désormais de distinguer du premier coup d'œil certaines qualités de tissus. Par exemple si le *damas* a moins de moins de 90 portées de 80 fils en chaîne, il doit comporter une lisière d'une seule couleur[2]. Ou encore, si l'on utilise des mélanges pour les étoffes unies les deux lisières ne seront pas de la même couleur.

Les densités de chaîne sont données pour chaque type d'articles. Ainsi, le *taffetas* broché aura un minimum de 4 000 fils en 54 cm de large, de même que les *sergés*. D'autres largeurs sont admises mais en respectant cette proportion[3].

Nous n'irons pas plus loin dans l'examen de ce règlement de 96 pages qui laissa un peu plus de latitude pour l'emploi des matières, mais exaspéra les maîtres ouvriers. Ceux-ci déclenchèrent une émeute. Le nouveau règlement fut suspendu, mais un an plus tard imposé *manu militari*. Des aménagements seront apportés par la suite mais rarement appliqués. Ce règlement très strict concernait uniquement Lyon, et Tours resta, semble-t-il, beaucoup plus libre dans ses fabrications.

En 1776 Turgot, nommé ministre, conscient du malaise régnant, supprime les jurandes et les maîtrises, et attaque ouvertement le système « qui n'admet pas un sexe à qui la faiblesse a donné plus de besoins et moins de ressources et qui, en réduisant la femme à la misère, seconde la séduction et la débauche ». En d'autres termes, il ouvre le métier à toutes les femmes, et pas seulement aux veuves de maîtres, comme précédemment. Il proclame la liberté du commerce et de l'industrie, condamnant l'exclusion des étrangers « qui prive les Arts de toutes leurs lumières et met un frein aux inventions ». Mais cet édit n'est pas appliqué à Lyon. Devant les résistances rencontrées, Turgot, abandonné par Louis XVI, démissionne et son successeur s'empresse de publier en 1777 un nouvel édit qui redonne vie à 41 communautés dont cinq pour la soierie : celle des ouvriers en draps d'or, d'argent et de soie, celle des maîtres marchands travaillant ou faisant travailler, puis celles des guimpiers, des mouliniers, et des apprêteurs. Des modifications sont apportées aux corporations et la communauté sera administrée par huit maîtres gardes : quatre marchands et quatre maîtres ouvriers.

En 1779 paraît pour la première fois un tarif général, mais l'opposition entre marchands et ouvriers persiste. En réalité nous sommes en présence d'une grave crise économique. Il faut maintenir de bas prix pour lutter contre la concurrence étrangère. Les maîtres ouvriers sont convaincus de faire les frais de l'opération. Le Consulat refuse de réunir la communauté pour revoir le tarif à la hausse, et malgré la promulgation, en 1783, d'un nouveau règlement, plus libéral, une émeute éclate en 1786. Le Consulat plie, mais des années de misère se succèdent ; à la fin de l'Ancien régime, près de la moitié des personnes travaillant la soie se trouve réduite au chômage. Pour finir, la loi du 16 février 1791 supprime les maîtrises et les jurandes, déclarant que « l'anéantissement de toutes espèces de corporation de même état ou profession étant l'une des bases de la constitution, il est défendu de les rétablir sous quelque prétexte que ce soit ». Ce qui fut fait.

Ainsi se termine l'histoire des règlements, et des corporations, certainement pas celle des disputes entre tisseurs et fabricants, mais ceci est une autre histoire, celle du XIXe. On peut considérer trois règlements particulièrement importants : celui de 1667, influencé par Colbert, qui reprenait en détail toute l'organisation de la profession, la structurait mais l'enserrait dans un véritable étau. Celui de 1737, qui tendait à établir un partage plus équitable entre marchands et maîtres ouvriers. Celui de 1744, qui assurait la suprématie des marchands mais allait alimenter, jusqu'à la Révolution, des désordres croissants dans la communauté.

Maison et bureau des fabricants de Lyon en soye or et argent, au nº 1, rue Saint-Dominique (actuelle rue Émile-Zola). Le Progrès Illustré.

---

2. Quand l'on sait que la largeur du tissage était habituellement d'environ 54 centimètres, et que la chaîne de 90 portées comportait 7 200 fils cela représentait une densité de 133 fils au centimètre, en dessous de laquelle, à cette époque, le damas était considéré comme de moindre qualité, on reste songeur... et admiratif de l'habileté des tisseurs.

3. Pour une compréhension plus facile, nous avons converti les aunes et les portées qui figurent dans le règlement. L'aune faisait environ 118 cm, mais chaque province avait la sienne, qui variait légèrement de celle des provinces voisines, d'où la nécessité d'arriver au système métrique. Rappelons que ce système, adopté en 1792 ne fut définitivement appliqué que le 1er janvier 1840. Quant à la portée, qui pouvait varier, elle était de 80 fils dans ce cas.

Restitution de la bordure de l'Empereur au Grand Trianon. Brocard broché argent. Pernon, 1806. Tassinari-Chatel, 1980.

Lettre de Louis Poncet au *Lyon Républicain* [sic]

Lyon, le 9 novembre 1905

Mon cher Monsieur,

Je m'étais promis de ne plus m'occuper d'affaires d'aucuns genres ; ayant 72 ans j'ai droit au repos. Mais dès que je vois quelques choses qui m'intéresse surtout cette malheureuse soierie, tous mes projets s'anéantissent. Votre article sur les tissus de soies pures a réveillé en moi mes vieux désirs, m'obligent à dire quelques mots, ce que je pourrais écrire serait trop long à mettre sur le papier.

Voici 60 ans que je suis soyeux, dévouer à mon métier aucune de ses grandeurs, de ses décadences ne me sont inconnues.

Toutes les fois que j'ai pu militer en faveur du tissage de la soie, j'ai été au premier rang. Société civile, association, syndicat, etc. toujours partout j'étais. C'est donc vous dire que je brise et brûle mes vieux outils

Actuellement :

Conservateur des Échantillons de Soieries, près le Conseil des Prud'hommes

Vérificateur des plaques de lisage et autres ustensiles de Jacquard et Vincensy.

Oui, cher Monsieur, je fus et suit tout cela : la fatalité et la désolation conduisent ma vieille soierie lyonnaise à la mort.

Pour remonter le courant de cette ruine, les hommes forts se sont noyés aux remous. Ainsi : le destin la voulu !

Je vous ai mit en tête de lettre le sceau de la marque municipale que le Conseil Municipal nous avait octroyé. L'incurie et le mauvais vouloir l'ont laissés périr sans faire rien pour sauver cette modeste organisation qui pouvait devenir une planche de salut. La liquidation et le règlement définitif et les archives sont entre les mains de divers. Je ne puis vous en dire davantage si vous désirez causer avec moi : je suis à votre disposition.

Agréez mes sincères salutations.

Louis Poncet
Rue Dumont, 20. Lyon
Rappelez-moi aux bons souvenirs de Monsieur Clapot et des anciens de Lyon Républicain, une poignée de main à tous !

La Soierie, statuette en argent sur socle en marbre rouge, avec quatre médaillons, bas-reliefs symboliques, exécutée en 1890 par M. Armand-Calliat et Fils.

Les instances patronales

En 1727 se trouvait rue Saint-Dominique (au n°1 de l'actuelle rue Émile-Zola) « la maison et bureau des fabriquants en Lyon de soye or et argent », mention gravée dans la pierre de la façade de l'immeuble ; mais cette organisation semble avoir disparu dans la tourmente de la Révolution. En 1825 est créée « la réunion des fabricants » mais à cette époque notre pays est encore soumis à la restriction des droits de rassemblement et cet essai de groupement professionnel échoua. La signature avec l'Angleterre en 1860 du traité de libre échange va provoquer de nombreuses discussions qui dureront jusqu'à la fin du siècle. L'« association de la fabrique lyonnaise » est fondée en 1868 regroupant bon nombre de fabricants parmi les plus importants et, en général, plutôt favorables au libre échange car ils vendent beaucoup à l'exportation. Mais survint une récession en 1877 qui fit changer d'avis un certain nombre de sociétaires. Ils vont se séparer en 1893 de cette première association pour monter l'« association de la soierie lyonnaise » qui, elle, est favorable à des mesures protectionnistes et reste minoritaire. Cette division affaiblit la représentativité de ces instances patronales au moment où les syndicats ouvriers commencent à s'organiser. Il fallut attendre 1917 pour que soit créé le « Syndicat des fabricants de Soieries » qui regroupa l'ensemble des fabricants avec, pour premier président, François Férier. Ce syndicat s'installa en 1920 place Tolozan dans un bel immeuble de style Art Déco qu'il partagea avec d'autres syndicats, jusqu'à ce que la construction de la première ligne de métro ne l'oblige à s'expatrier montée de Choulans, en septembre 1974, loin du quartier traditionnel de la soierie, avec, pour seul avantage, l'existence de grands parkings.

Le nombre de fabricants adhérents au Syndicat a beaucoup varié suivant les époques. Au lendemain de la Seconde guerre mondiale, ils étaient près de mille ; ce fut un maximum, pour diverses raisons afférentes à cette période. Il y avait encore des cartes de ravitaillement et des bons de matières. Diverses répartitions attribuées à la profession transitaient en effet par le Syndicat[4].

---

4. Il y eut jusqu'à des distributeurs de choucroute…

Bons de cotisation vierges de la Société des Tisseurs de la Fabrique lyonnaise. 1874.

La plupart des adhérents ne fabriquaient pas eux-mêmes mais faisaient travailler à façon. Cela ne voulait pas dire, comme certains ont cherché à le faire croire, qu'ils étaient des parasites. Au contraire, il y avait parmi eux bon nombre de créateurs qui maintenaient un esprit d'émulation au sein de la profession. Il n'y a qu'à consulter les bulletins syndicaux de l'époque pour se rendre compte de la quantité de tissus nouveaux dont les appellations étaient déposées chaque semaine. Bien entendu, ces petites entreprises qui manquaient de surface étaient assez vulnérables et elles ont été les premières à disparaître lorsque la bise fut venue. Une partie d'entre elles se regroupa pour mieux résister.

Suivant leurs secteurs d'activité, les fabricants n'avaient pas les mêmes pôles d'intérêt. Un fabricant de Haute Nouveauté n'avait pas les mêmes préoccupations qu'un fabricant d'ameublement ou de tissu pour cravates. De même, le fabricant qui avait son usine avait d'autres problèmes que celui qui faisait travailler à façon. C'est la raison pour laquelle pendant longtemps il y eut une quinzaine de groupes différents, le groupe « Nouveautés » étant de loin le plus important. Chaque adhérent pouvait faire partie de plusieurs groupes en fonction de son activité, et tout le monde se retrouvait aux assemblées générales ou pour débattre de sujets généraux qui les concernaient tous.

Les temps étant plus difficiles, une réorganisation s'imposa. Vers 1970, le Syndicat des tisseurs à façon s'unit au Syndicat des fabricants, donnant naissance au Syndicat textile du Sud-Est.

Parallèlement existait, au lendemain de la Seconde guerre mondiale, la Fédération de la Soierie qui établissait un lien entre les différents syndicats et les pouvoirs publics. Elle avait un bureau place du Palais-Bourbon à Paris et rendit de grands services à la profession. Mais Unitex fut créée en 1977 et à partir de ce moment, la Fédération fut mise en sommeil. Unitex réunissait sous le même sigle deux syndicats, celui des mouliniers et celui des fabricants, qui gardèrent chacun leur indépendance jusqu'à ce qu'ils fusionnent en 1992. En 1996 la Chambre syndicale des Voiles de Tarare et le Syndicat de la Maille rejoignirent Unitex. En 2003, Unitex devenue Union Inter Entreprises s'est installée dans un nouveau bâtiment construit spécialement sur les berges de la Saône au n° 2, rue des Mûriers, au nord de Lyon, dans la « Villa Créatis ».

Portrait tissé en soie d'Édouard Herriot inséré dans Soieries, *plaquette éditée par le Syndicat des Fabricants de soieries et tissus de Lyon à l'occasion de l'Exposition Internationale de Paris en 1937.*

Soieries

C'est un honneur pour le maire de Lyon de présenter cette industrie de la soie qui a fait la prospérité de la ville et continue de propager son renom.

L'industrie de la soie en effet est glorieuse non seulement par l'éclat de la matière qu'elle emploie, mais aussi par l'effort qu'elle a provoqué dans l'imagination et le labeur des hommes.

Si les Lyonnais ont appliqué leur génie à l'art des beaux tissus, c'est qu'en tout temps ils se sont montrés également curieux des idées nouvelles et des choses lointaines. (…) Au XVe siècle, l'amour des belles étoffes franchit les monts avec les premières ardeurs de l'humanisme et le culte rajeuni de la pensée antique. L'Italie initie le monde aux joies du corps et de l'esprit.

Les Italiens étaient maîtres en l'art de tisser la soie (…). Toutes ces richesses arrivaient à Lyon à l'occasion des foires annuelles que la cité devait à la sollicitude du Dauphin Charles (…).

Lyon jouissait aussi du monopole de l'importation des soies grèges qui, par la route de Pont-de-Beauvoisin, lui venaient de Bologne, de Gênes et de Vicence ou bien encore lui arrivaient par Marseille en provenance de l'Archipel, de Perse ou de Sicile. De ce double commerce la ville tirait grand profit et sa prospérité rendait jalouse plus d'une cité au royaume de France (…).

Sur la fresque de l'Histoire lyonnaise se dessinent quelques grandes figures de novateurs et d'artistes. Mais la gloire de la soierie lyonnaise a été surtout conquise par la somme immense des efforts silencieux et par l'exercice d'une longue patience collective.

La « Manufacture », nous disons aujourd'hui la « Fabrique », est une personne morale. Pour qu'elle resplendisse au loin, les individus, apprentis et tireurs de lacs, compagnons, dessinateurs, et fabricants travaillent dans l'ombre comme ces maîtres d'œuvre et ces artistes anonymes qui faisaient monter vers le ciel les tours hautaines des cathédrales (…).

Une ingéniosité patiente a transformé le vieux métier à l'italienne pour en faire la moderne « mécanique » qui bat dans les usines claires. De constantes recherches continuent de conduire à des mouvements automatiques plus doux et plus humains, de découvrir des « chasses » plus subtiles qui permettent de fabriquer plus vite des tissus plus délicats et plus élégants. (…).

Une autre technique se développait qui réalisait l'idée de Réaumur et couronnait les recherches du comte de Chardonnet. La cellulose nitrée donnait un fil lumineux et souple pour qui les vieux tisseurs manifestaient une méfiance spontanée mais dont les jeunes chimistes prévoyaient l'immense destin (…).

Dans les laboratoires, les recherches se multiplièrent. Des usines courageusement s'édifièrent. La sincérité lyonnaise ne pouvait continuer à nier l'évidence et peu à peu les fabricants se convertirent.

La Soie demeure reine mais la Rayonne est sa dame d'atours (…).

Sans doute les échanges se sont-ils restreints au cours des dernières années. Les tissus de Lyon ne s'en vont plus aussi librement outre-mer ni outre-monts. Non pas que nous ayons démérité aux yeux des peuples laborieux, mais la misère des temps les a tous contraints à réduire leur dépense.

En attendant des jours meilleurs, ils nous conservent leur sympathie car ils savent bien que, dans l'ordre spirituel, comme l'ordre esthétique, la France leur offrira toujours le plus précieux des dons : la lumière.

Édouard HERRIOT

(Extr. de la plaquette *Soieries* éditée par le Syndicat des Fabricants de soieries et tissus de Lyon à l'occasion de l'exposition internationale de Paris en 1937.)

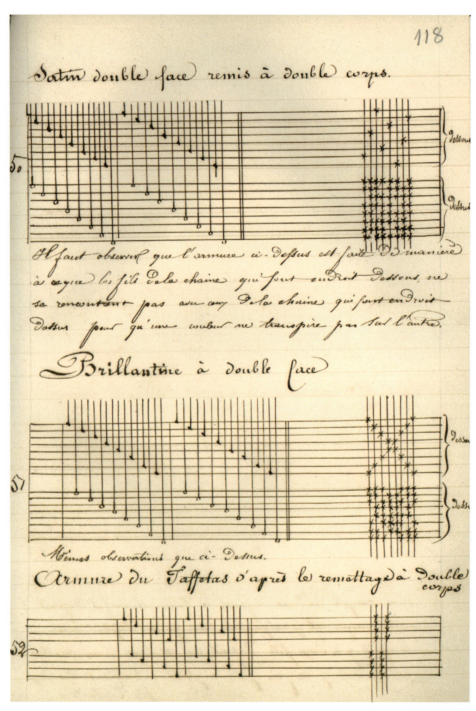

Cahier d'élève. Armures
du satin double face,
de la brillantine à double face
et du taffetas. Année 1860.

La formation professionnelle

Une fois les premiers statuts des fabricants établis, le problème de la formation des techniciens et des dessinateurs se posa rapidement.

La formation des techniciens

De 1596 à la Révolution, toute une série de règlements aborde la question. Il serait trop long de les reprendre un par un, car il y eut parfois des retours en arrière. Mieux vaut donc indiquer les grandes lignes de cette formation. Elle est divisée en deux parties : l'apprentissage et le compagnonnage.

L'apprentissage durait cinq ans, temps de formation qui ne fut jamais modifié. Le maître ne pouvait avoir plus de deux apprentis et ne devait pas faire tisser sa servante qui préparait chaîne et trame. En 1619, sous Louis XIII, est instauré un droit de trente sols payable par l'apprenti. Il était interdit d'avoir plus de trois apprentis par atelier. Dès 1667, année de la parution du règlement de Colbert, le contrat d'apprentissage est passé devant notaire et témoins. Ce contrat lie le maître et l'apprenti. Si le maître ne peut congédier l'apprenti sans cause légitime, ce dernier a l'obligation de demeurer au service du maître. Le maître doit tenir un livre par métier, sur lequel sont inscrits les genres et les quantités de matière en travail, les étoffes rendues, leurs poids, et les sommes payées.

Trois cents ans plus tard, dans les années 1950, les comptes des canuts étaient tenus d'une manière similaire, mais à l'aide de deux cahiers à couverture de couleur différente, sur lesquels étaient inscrits des chiffres identiques, l'un pour le fabricant et l'autre pour le tisseur. Y figuraient la quantité de matière remise, le titre du fil, la densité de la *chaîne* et de la *trame*, le nombre de *bobines* ou de *roquets* utilisés, les métrages rendus avec les poids. Même la *tirelle*, petite bande de tissu d'environ dix centimètres sur toute la largeur du tissu, soumise à la fabrique en début de travail pour approbation, était comptabilisée. Cette *tirelle*, correspondant au bon à tirer des imprimeurs dans l'édition, permettait de s'assurer que les armures prévues étaient bien respectées, les couleurs de trames placées dans le bon ordre et que le *piquage en peigne*, c'est-à-dire l'ordre de passage des fils de chaîne entre les dents du peigne, était correct.

Le tissage pouvait alors commencer, ce qui permettait de donner des délais de livraisons précis. A la fin du cahier se trouvait le compte d'argent. Pour les réalisations longues, le tisseur venait chercher en fin de mois une avance, sans rendre de tissu. Cette avance était enregistrée sur les cahiers et le compte régularisé en fin de travail, parfois au bout de plusieurs mois.

L'apprenti devait avoir au minimum treize ans. Il n'était pas payé. La famille, au contraire, réglait les frais d'apprentissage au maître. L'apprenti était célibataire et, s'il convolait durant l'apprentissage, il pouvait être rayé de la communauté. En contrepartie, le maître devait nourrir, loger, chauffer, éclairer, et s'engager à perfectionner l'apprenti sans rien lui « celler » de son art. Si l'apprenti se mariait, le maître payait une grosse amende. Enfin les litiges étaient réglés par les maîtres gardes de la communauté, le nombre d'apprentis par atelier étant limité en général à un.

Lorsque l'apprenti avait obtenu la quittance du maître, c'est-à-dire un certificat précisant que la durée d'apprentissage avait bien été respectée et la situation pécuniaire réglée, il allait alors tisser une aune de sa spécialité au bureau de la communauté sous la surveillance des maîtres gardes au n° 1, rue Saint-Dominique au XVIIIe siècle. Si le tissage n'était pas bon, le candidat était ajourné pour un an. L'épreuve réussie, l'apprenti pouvait se faire inscrire au registre des compagnons en acquittant un droit d'inscription de 30 sols. Parfois le maître en faisait l'avance, dont le remboursement s'effectuait par retenue sur salaire.

La durée du compagnonnage était tout d'abord de deux années, portées à cinq en 1619. Puis elle sera ramenée à quatre ans pour revenir à cinq. Le compagnon est payé à façon par le maître ouvrier, mais seulement lorsque ce dernier a lui-même été réglé. Il percevait en général un peu plus de la moitié de la façon totale. Il était en outre logé chez le maître, sauf s'il se mariait. Il ne pouvait en aucun cas partir avant d'avoir terminé sa pièce [1].

A partir de 1686, le compagnon devait réaliser un chef-d'œuvre pour accéder à la maîtrise. L'aune à produire était exécutée sous la surveillance des maîtres gardes qui, parfois, s'ingéniaient à perturber le montage du métier pour corser la difficulté, obligeant le candidat à rechercher ce qui n'allait pas afin d'obtenir un tissage correct. Toutes ces réglementations successives étaient contraignantes, et soulevaient maintes protestations. Turgot, nous l'avons vu, essaya sans succès de supprimer les maîtrises en 1776, mais elles réapparurent un an plus tard, et subsistèrent jusqu'en 1791.

Après la Révolution, on aurait pu penser qu'une fois les corporations disparues, la profession allait s'ouvrir. Il n'en fut rien. La Fabrique avait beaucoup souffert pendant la Révolution, mais en renaissant elle entendait garder ses « secrets de fabrication ». Pourtant le 18 frimaire an IX, c'est-à-dire le 9 décembre 1800, le Conseil municipal lançait un projet de Conservatoire, prévoyant l'organisation de cours de chimie appliquée à l'art de la teinture, de cours de mécanique appliquée à la construction des métiers, de cours de

Contrat d'apprentissage de François Marie Remilieux en date du 9 septembre 1761. L'apprentissage durait cinq ans.

*Ouvriers en soieries, à Lyon.
Reproduction d'une gravure
de Chiapori.*

géométrie, un dépôt public des modèles, et un museum, le tout localisé dans la ci-devant abbaye de Saint-Pierre. Ce projet se concrétisa en 1803. La théorie et la pratique du tissage sont confiées à Lasselve qui publiera peu de temps après le premier cours de théorie connu, tandis que le cours de chimie est confié à Raymond, et le cours de « dessin pour la fleur » à Devarenne. Mais déjà, le 12 mars 1805, le citoyen Mayeuvre, initiateur du projet, se plaignait des abus « des élèves étrangers furtivement introduits et instruits qui porteront à l'étranger l'art de la fabrication ». L'idée fait son chemin et le 13 août 1812 le Conseil municipal décide de supprimer l'École de fabrication des étoffes.

Sous la Restauration, un négociant lyonnais, Baune, présente le 15 octobre 1818 un projet d'École de Commerce à Lyon, publique et gratuite, prévoyant deux types d'enseignement. L'un, théorique : comptabilité, change, statistiques, droit commercial. L'autre, technique : dessin, mise en carte, fabrique d'étoffes en soie, chimie appliquée. Le programme est séduisant. Le ministère de l'Intérieur donne son autorisation et l'établissement ouvre ses portes en 1822, au 4, place Sathonay et au 30, rue Saint-Marcel. Malheureusement, au même moment, l'École spéciale de Commerce de Lyon, fondée par Guillard-Lièvre, balaie son concurrent. Elle est dotée d'un conseil d'Administration de qualité, comprenant un député, le président du Tribunal de Commerce et le président de la Chambre de Commerce, et comportant un corps enseignant prestigieux (on avait même fait appel à Jacquard), qui prévoit « des cours de théorie pratique sur métiers pour la fabrication des étoffes de soie ». Baune cependant, après avoir fermé ses portes, se voit offrir un poste de professeur par l'école concurrente. Mais cette dernière, ayant trop peu d'élèves, cesse son activité sept ans plus tard, en 1829, au moment où le Conseil royal de l'Instruction publique décidait d'instituer dans chaque collège royal une section particulière nommée École spéciale de Commerce. Elle ne fit guère parler d'elle...

En 1832 nous pouvons lire dans la presse de l'époque : « Notre ville avec son école de Saint-Pierre réduite au dessin et à la peinture n'offre rien de complet ni de satisfaisant... L'enseignement industriel et commercial est, pour ainsi dire, nul à Lyon. » Aussi un ancien professeur de chimie de la Ville, nommé Tissier, fonde-t-il « l'Institution lyonnaise de Commerce, de Dessin, de Théorie de fabrication et des Arts industriels, mécaniques et chimiques ». Les cours commenceront en novembre 1832. Il s'agit d'une école privée, qui assure un enseignement commercial et industriel payant, durant dix mois de l'année, dès le matin à six heures et suivant les saisons jusqu'à huit ou neuf heures le soir avec deux heures d'arrêt à midi, et sans autres jours fériés que les dimanches. Ce rude et beau programme n'attira semble-t-il que peu d'adeptes et disparut lui aussi.

Les Lyonnais voulaient éviter de transmettre leurs tours de main aux étrangers qu'ils nommaient les « forains », et si ceux-ci parvenaient à franchir les barrages établis et maîtrisaient le métier, on s'efforçait de les garder en les empê-

---

1. En effet, sur métier à bras, l'aspect du tissu pouvait varier suivant la main du tisseur et c'est un principe que nous respectons encore : chaque tisseur mène son travail jusqu'à son terme, dans la mesure du possible.

chant de repartir. Au milieu du siècle, deux Lyonnais se rendant en Russie en emportant dans leurs bagages des mises en carte furent dénoncés, puis arrêtés et emprisonnés par la douane de Strasbourg. A cette époque, un certain nombre de fabricants lyonnais montèrent d'importantes usines de tissage en Russie, dont certaines perdurèrent jusqu'à la première guerre mondiale. Le Lyonnais Audras « faisait battre » près de 1 000 métiers dans la région de Moscou, et Giraud, autre Lyonnais renommé, plus de 3 000 en Russie au début du XXe siècle. On parlera de délocalisation avant l'heure.

Le major Claude Martin, né à Lyon en 1732, s'engagea dans les troupes de Lally Tollendal et partit pour les Indes en 1755. Mécontent de certains mauvais traitements qu'il eut à subir, il déserta et passa au service de la Compagnie des Indes. Un nabab surpris de ses talents le prit comme conseiller, ce qui lui permit d'acquérir au fil des années une fortune considérable. Ayant intégré l'armée anglaise après le départ des Français, il termina général major, et mourut au Bengale en 1800. Il légua le quart de sa fortune à sa ville natale, cette donation étant faite à la condition expresse qu'elle servît à la création d'une école professionnelle qui porterait son nom : La Martinière. L'inauguration eut lieu en 1826, mais les premières sections n'étudiaient que les mathématiques et la chimie. François Gillet, fondateur de la maison Gillet, fut élève de cette école, suivant les cours de chimie du soir pour compléter ses connaissances. La section tissage fut ouverte en 1835, Étienne Maisiat[2] étant professeur titulaire. Ses neveux Stéphane et Jony deviendront répétiteurs par la suite. Loir[3] sera chargé du cours de tissage du 6 octobre 1880 au 31 janvier 1896.

L'école J.-B. de La Salle, créée par les frères des Écoles chrétiennes en 1880 à Lyon, proposait, elle aussi, une option tissage qui fut assurée de 1910 à 1931 par François Brocard au nom prédestiné. Cette option disparut vers 1960, au moment du départ à la retraite d'André Payerne, son dernier professeur de théorie. Cette école avait formé de nombreux techniciens de qualité pour la Fabrique.

L'École de Commerce, rue de la Charité[4], établissement privé fondé, en 1872, par la Chambre de Commerce de Lyon, eut une section tissage à partir de 1876, où Maisiat enseigna la théorie durant deux ans, Loir lui succédant de 1878 à 1930. Payerne créa le cours de teinture en 1913. Cette section disparut en 1934, reprise par l'École supérieure de Tissage.

L'École centrale lyonnaise, fondée en 1857 rue Vauban, qui compta parmi ses pères fondateurs Arlès-Dufour, important marchand de soie de la place, avait prévu dans son programme d'études une place pour un cours de chimie industrielle, un cours facultatif de théorie et pratique de la fabrication des étoffes, et des cours de langues. L'atelier de l'école comprenait, en outre, deux métiers à tisser la soie. Sur les 170 élèves des promotions 1860 à 1869, on dénombre une douzaine de fabricants de soierie. Mais les bilans sont détestables et les fondateurs, sans abandonner la partie, doivent serrer les écrous. Ils transfèrent l'école dans des locaux plus modestes qu'ils font aménager 20, quai de la Guillotière et recentrent leurs programmes sur des matières scientifiques, mécaniques et mathématiques. Les spécialités lyonnaises de la soierie disparaissent des programmes ainsi que l'enseignement des deux langues dont la conservation avait été maintenue tant qu'Arlès-Dufour était de ce monde.

Enfin l'Enseignement professionnel du Rhône, fondé en 1894, dispensait des cours du soir et faisait tourner le dimanche matin les métiers de l'atelier de l'École de Commerce pour ceux qui avaient un emploi dans la semaine. Les horaires tardifs des cours permettaient d'avoir

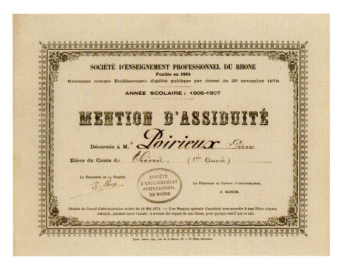

Mention d'assiduité du cours de Théorie de l'École d'Enseignement professionnel du Rhône. Année scolaire 1906-1907.

recours aux compétences de professeurs de qualité, qui enseignaient dans d'autres écoles. Ce fut le cas pour Loir, Payerne, Villard, Tissot, Guicherd. Leur nom reste dans la mémoire de la profession. Ils ont pour la plupart laissé des ouvrages de théorie.

Si Krefeld avait une École supérieure de tissage depuis 1855 et Zurich depuis 1880, il fallut attendre 1884 pour qu'une École municipale ouvre ses portes au 2, place Belfort à la Croix-Rousse, aménagée dans l'ancien atelier de Berjon.

Voici un commentaire rédigé en 1906 à la suite d'une visite de cette école : « L'école municipale de tissage est installée sur le plateau. Elle regarde de ses hautes fenêtres le coin calme de petite ville qu'est la place Belfort. Elle occupe trois étages d'une grande maison de canut, point belle et cependant si typique avec ses galeries intérieures à arcades qui lui donnent l'aspect d'un couvent. Les tisseurs ne sont-ils point les bénédictins de la soie ? En ce vieil immeuble que de choses nouvelles… Les métiers modernes vont à toute allure, là où la main lente, mais longtemps obstinée du canut, poussait la navette entre les fils levés d'un coup de marche. Il y en a de tous les pays, français, allemands, suisses, battant à l'unisson. A chaque coup de fouet, la trame passe, changée quand il faut par le jeu des boîtes mobiles où vient se loger la navette. L'ouvrier surveille libéré de l'effort ; l'électricité asservie prend la peine et lui laisse l'œuvre intelligente de régler, d'alimenter et de réparer. D'ingénieux appareils, le cas échéant, arrêteront instantanément le métier en marche comme cette houe qui sans cesse s'incline au passage de la navette lorsque cela va bien et qui, sans faillir, immobilise tout quand la trame est finie ou brisée. » On reconnaît dans ces dernières lignes une description du casse trame central.

Cours de l'École de Tissage 1906–1907. Tracés d'ampoutage.

Portrait sur soie du Président Sadi Carnot, tissé par les élèves de l'École municipale de Tissage (place Belfort à la Croix-Rousse) lors de sa visite à Lyon en 1888.

---

2. Étienne Maisiat, né à Lyon le 13 mars 1794 et mort à Charly le 12 février 1848, prit le 10 novembre 1827 le brevet n° 3536, de dix ans, concernant le montage à tringles… grâce auquel il put présenter à l'Exposition des Produits de l'Industrie de 1827 un tissage façonné intitulé « Le Testament de Louis XVI » qui lui valut une médaille d'or. Ce nouveau type de montage, qui apportait une simplification, fut utilisé pendant plus d'un siècle dans les ateliers croix-roussiens.

3. Jean-Baptiste Loir, né à Lyon le 29 avril 1854, a rédigé le cours de théorie le plus complet dont nous disposons à Lyon. Ce cours, édité à la fin du XIXe siècle, accompagné de l'analyse de nombreux échantillons collés dans l'ouvrage, est recherché de nos jours par tous les spécialistes du tissage.

4. Le bâtiment est actuellement occupé par le musée des Tissus.

Cette école fut transférée en 1934 dans les nouveaux bâtiments conçus par Tony Garnier au 43, cours Général-Giraud. La moitié des locaux était destinée à l'École des Beaux-Arts. Le directeur de cette nouvelle École municipale de Tissage fut Félix Guicherd, éminent spécialiste du tissage de la soie. Paul Lamour lui succéda en 1942, puis monsieur Poss. A la suite de la réforme survenue dans les années 1980, l'école des Industries textiles devint le lycée technique Diderot avec pour premier proviseur madame Abraham. De nos jours M. Mouleyre a pris la relève.

Félix Guicherd, fut directeur de l'École de tissage de 1905 à 1942. Atteint par la limite d'âge, il consacra son activité, durant les dernières années de sa vie, au Centre International d'étude des textiles anciens (C.I.E.T.A) en cours de création, dont il fut le premier secrétaire général technique. Sa notoriété internationale fit de lui un consultant vers lequel convergeaient tous les spécialistes des textiles anciens, ce qui assura un bon démarrage à cette institution, l'un des plus beaux fleurons de la Chambre de Commerce de Lyon. La plupart du temps les conservateurs chargés d'un département textile, choisis pour leurs compétences en histoire de l'art, ne connaissent pas suffisamment la technique lorsqu'ils prennent leur fonction ; le CIETA organise pour eux, en priorité, des sessions de quinze jours chaque année dont le but est non seulement de donner des rudiments de théorie de tissage, mais également d'expliquer comment les étoffes façonnées anciennes étaient obtenues avant l'ère Jacquard. La relève de Félix Guicherd a été assurée par Gabriel Vial, puis Odile Valansot, tous deux issus de l'industrie textile lyonnaise. Cette tâche incombe aujourd'hui à Marie-Hélène Guelton.

LA FORMATION DES DESSINATEURS

Jusqu'au milieu du XVIIIe siècle, elle s'effectue sur le tas, mais on sait qu'à partir de 1720 les fabricants commencèrent à envoyer leurs dessinateurs à Paris pour parfaire leur formation et prendre connaissance de ce qui plaisait à la Cour de Versailles. C'est là que se lançait la mode sous l'Ancien Régime, bientôt reprise hors de France par l'Europe entière.

Le style, inspiré par l'école de Lebrun, était classique, sobre et plutôt sévère, animé par quelques fantaisies de Bérain. Toutefois, deux tendances originales apparaissent : le décor « à dentelle » dans les dernières années du XVIIe, et au tout début du XVIIIe les « soieries bizarres » qui seront produites seulement pendant une vingtaine d'années. Cette dénomination de « soieries bizarres » est très récente, les spécialistes cherchant à les distinguer des soieries dites « baroques ». Faute de leur trouver une meilleure appellation... Un peu plus tard apparaîtront successivement l'esprit rocaille, la mode des chinoiseries, puis de grandes compositions florales dans lesquelles triomphe le peintre Douet, tantôt imaginaires, tantôt proches de la nature, enfin, dans les dernières décennies, un retour à l'Antique.

En 1751, un premier projet d'école de dessin rencontre l'opposition des fabricants et des dessinateurs. Deux ans plus tard Oudry est consulté à ce sujet. Il préconise une école limitée à l'étude de la fleur. Mais finalement, en 1756, c'est une École de dessin gratuite qui s'établit à l'initiative de l'abbé de La Croix-Laval. Donat-Nonotte, en 1762, est placé à la tête de la classe de peinture. Ce sera seulement en 1807, avec Barraban, que sera créée la première classe de fleurs aux Beaux-Arts à Lyon, mais celui-ci meurt prématurément en 1809. On dénombre alors 55 dessinateurs de soieries dans la ville de Lyon. Cette classe de fleurs d'où sortirent la plupart des dessinateurs de soieries lyonnais contribua largement à maintenir la réputation des soieries façonnées à cette époque.

Il fut envisagé à La Martinière d'ouvrir un cours de dessin d'ornement, auquel l'école renonça dans sa séance du 15 février 1849, estimant que cet enseignement est déjà gratuitement donné et « qu'il entre dans les attributions de

Au début du XVIIIe siècle, les « soieries bizarres » seront produites seulement pendant une vingtaine d'années.

Cours de théorie du tissage et des étoffes de soie de J.B. Loir, Lyon, 1928.

l'école Saint-Pierre de fournir l'industrie des dessinateurs de tout ce dont elle peut avoir besoin ».

Le dessinateur faisait très souvent partie de la fabrique. Il connaissait la technique du tissage, et après avoir créé le dessin, il se chargeait de sa *mise en carte*, c'est-à-dire du passage de l'esquisse au papier quadrillé approprié qui, au XVIIIe siècle, permettait au liseur de préparer les lacs. Cette mise en carte déjà utilisée pour la *tire* est donc bien antérieure à Jacquard. Elle continuera à servir pour préparer le perçage des cartons au XIXe siècle. Le dessinateur en soierie pouvait ainsi suivre la réalisation de son œuvre.

La mise en carte est restée pendant des siècles le stade intermédiaire indispensable pour permettre le passage de l'art à l'industrie. Si l'artiste n'avait aucune connaissance des contraintes du tissage, sa création risquait d'être irréalisable en façonné, malgré tous les efforts du metteur en carte. Il s'ensuivra parfois des conflits et des frustrations [5].

La classe de la fleur se maintint tout au long du XIXe siècle et dans la première partie du XXe, mais force est de constater que le dessin lyonnais n'a plus la même puissance artistique qu'au XVIIIe. Simon Saint-Jean, dessinateur en soierie, qui s'était rendu à la première Exposition universelle en 1851 à Londres, le déplorait dans son rapport. Qu'on le veuille ou non la création se déplace progressivement vers Paris où se fait la mode. C'est ce qui conduira quelques années plus tard, en 1864, la Chambre de Commerce à fonder le musée d'Art et d'Industrie qui avait pour mission de servir de source d'inspiration aux artistes lyonnais. Les fabricants de leur côté commencèrent à établir leurs antennes à Paris.

Pourtant cette classe de la fleur n'a pas démérité. Elle assure une bonne formation de base à de nombreux dessinateurs toujours indispensables à Lyon. Castex-Degrange (1840-1918) avait succédé à Jean-Marie Reignier (1815-1886). Malade, il laisse sa classe à Michel Dubost (1879-1952). Ce dernier entretenait d'excellents rapports avec Félix Guicherd, le directeur de l'école municipale de Tissage. Les deux hommes étaient conscients que la complexité des soieries façonnées nécessitait une bonne formation technique. Une fructueuse collaboration s'établit qui durera sept ans, jusqu'à ce que, en 1922, Michel Dubost parte à Paris prendre la direction du cabinet de dessin des Soieries F. Ducharne.

François Ducharne résumait ainsi le problème : « Le dessin de soierie est un métier en lui-même. Il obéit à certains impératifs auxquels se plie mal l'artiste peintre habitué à travailler avec une palette trop riche, dérouté aussi par la répétition des motifs. Les sujets figuratifs sont prati-

Publicité tissée à tête d'empereur romain, réalisée par l'École municipale de Tissage pour la maison S.T.O. Lyon, 5 rue Godefroy, Lyon.

*École municipale de tissage.
Le projet de Tony Garnier,
architecte de la Ville, auquel
Édouard Herriot avait demandé
un bâtiment où seraient réunies
les deux écoles des Beaux Arts
et de Tissage, cours Général-Giraud.*

quement exclus à l'exception de la fleur. Les artistes ne savent pas mettre au point leurs œuvres pour la reproduction. Il faut les traduire en perdant souvent de leur valeur, le nombre des couleurs doit être limité, certaines dimensions respectées, autant de gênes pour le peintre. » Avec Michel Dubost il était assuré d'avoir à ses côtés, talent créatif et technicité.

Édouard Herriot avait sans doute bien saisi la complémentarité du dessinateur et du technicien puisque, quelques années plus tard, il demanda à Tony Garnier d'établir les plans d'un bâtiment dans lequel seraient réunies les deux écoles des Beaux-Arts et de Tissage, au 43, cours Général-Giraud.

Les cabinets de dessins de nos jours, sauf rares exceptions, ne s'occupent plus de mise en carte. La raison prove-

---

5. Je me souviens d'un artiste connu qui créait des cartons pour Aubusson. Il nous avait adressé une esquisse à réaliser en soierie façonnée sur métier mécanique. Toutes nos tentatives restèrent vaines pour le satisfaire jusqu'à ce qu'il vienne à Lyon et se rende compte devant le métier de nos impossibilités techniques. Il s'imaginait en effet que nous pouvions comme en tapisserie multiplier les couleurs et les décors à volonté.

nait, il y a quelques années, de la désaffection de la clientèle pour les tissus façonnés, mais plus récemment, la révolution apportée par l'informatique a fait perdre son importance à la mise en carte traditionnelle. L'esquisse choisie passe au scanner qui procède à un balayage électronique pour saisir le dessin ensuite traité sur écran informatique. L'artiste est toujours aussi indispensable, heureusement, mais la partie technique est maintenant traitée au sein de la fabrique.

La fin du XXe siècle est marquée par une forte réorganisation de l'enseignement. Le progrès des techniques, la diversité des enseignements et l'augmentation des spécialisations ont mis en relief le besoin de créer un pôle d'excellence pour aboutir en 1988 à la naissance de l'Institut textile et chimique de Lyon, connu sous le nom d'ITECH. Cet institut regroupe les activités textiles, cuirs, peintures et plastiques. Pour renforcer l'enseignement et pour donner davantage de rayonnement aux actions, en 1993 est créé l'Institut polytechnique de Lyon qui fédère l'École catholique des Arts et Métiers, l'École supérieure de Chimie Physique électronique de Lyon, l'Institut supérieur d'Agriculture et d'Agro-alimentaire Rhône-Alpes et l'Institut Textile et Chimique de Lyon.

*École de la Salle. Travail tissé
de l'élève V. Tassinari durant
l'année scolaire 1920-1921.*

Motif du cygne. Création de Philippe de Lassalle.

Conclusion

L'histoire de la soie à Lyon est une longue aventure de près de cinq siècles, ponctuée comme toutes les aventures humaines de réussites et d'échecs. Quelques grands noms émergent, mais ils seraient oubliés sans le travail des centaines de milliers d'ouvriers en soie qui, dans l'ombre des ateliers, ont mis en valeur leur talent, en assurant l'entretien, la bonne marche du matériel et une exécution parfaite des étoffes qu'ils avaient conçues.

Ces ouvriers en soie, les tisseurs, étaient des hommes gais. Ils n'étaient guère riches, ce qui ne les empêchait pas de conserver sagesse et humour. Le personnage de Guignol est le reflet du canut. Mais ils avaient du caractère et du franc-parler. Ils n'aimaient guère être appelés canuts, ni être confondus avec les tisseurs sur métiers mécaniques, car ils avaient conscience de représenter une espèce en voie de disparition [1]. Si le tisseur à bras participait vraiment à la réalisation de « la bel ouvrage », il travaillait en revanche sur un motif et avec des couleurs qui lui étaient imposés. C'est pourquoi le terme « artiste », quoique flatteur, ne convient pas. Les cartons et les soies teintes lui étaient fournis par le fabricant. Mais il se devait d'être un tisseur [2] très attentif à ce qu'il faisait et doté d'une grande patience…

On a glosé sur le rachitisme des tisseurs. Cela n'a jamais été constaté au XXe siècle. Mais s'est-on penché sur les risques de varices, de tendinites, de hernies, sur les problèmes d'éclairage qui pouvaient occasionner des troubles de la vue ? L'éclairage électrique n'arriva pas avant 1898.

Beaucoup de visiteurs étrangers sont surpris par la structure de notre profession au cours des siècles passés. Les règlements successifs de l'Ancien Régime ont imposé cette multitude de petits ateliers, dont le nombre de métiers était toujours limité. Il s'ensuivit une division du travail, et le pli était si bien pris à la fin de l'Ancien Régime que, malgré la suppression des corporations, il fallut encore attendre un demi-siècle pour voir apparaître des ateliers de tissage importants et un début d'intégration. En 1840, Carquillat, n'avait que neuf métiers dans son atelier.

---

1. David Proïes, mécontent de recevoir la visite d'un étranger annoncé, avait écrit à la craie sur sa porte palière rue d'Austerlitz : « Les canuts sont pas des bêtes qu'on regarde travailler. » Il me glissa un peu plus tard en aparté : « J'ai l'impression d'être un animal au zoo. »
2. Nous employons à Lyon le terme de tisseur et non celui de tisserand. Le tisseur travaille la soie, le tisserand les autres matières.

Si la Croix-Rousse introduisit un nouveau chapitre dans l'histoire lyonnaise au XIXe siècle, il ne faut pas oublier qu'en 1800 on tissait déjà la soie à Lyon depuis plus deux siècles et demi. Les nouveaux ateliers s'installèrent, il est vrai, sur le plateau, mais les anciens demeuraient, soit dans la presqu'île jusqu'au moment où le remodelage entrepris par le préfet Vaïsse ne les déloge, soit sur la rive droite de la Saône, notre Vieux-Lyon actuel, où l'historien Vingtrinier les mentionne encore en 1898.

Toutes les étoffes étant tissées à bras, la majorité des métiers était composée de métiers d'unis, non équipés de « la tire » ou plus tard « de la mécanique Jacquard », car on avait un plus grand besoin d'étoffes unies que de façonnés. La Croix-Rousse, qui augmentait la capacité de la production de la région lyonnaise, a contribué à déverser sur toute la planète des millions de mètres de soieries. Rappelons-nous Claude-Joseph Bonnet, qui alimentait 700 métiers[3] croix-roussiens dans les années 1860, tissant essentiellement des satins unis noirs. Cette production énorme de l'ensemble de la Fabrique valut à Lyon le titre de « Capitale de la soie ». Car la soierie lyonnaise a toujours largement exporté sa production. Avant même la Révolution, ces exportations étaient déjà nécessaires, car la clientèle française composée de la Cour, de l'aristocratie et du haut clergé, la bourgeoisie émergeant à peine, ne pouvait suffire à alimenter les ateliers. Elle fut sans doute la première activité de luxe à mesurer la nécessité d'exporter, et jusqu'en 1930, avons-nous dit, elle demeura, en valeur absolue, la première industrie exportatrice française.

Les belles soieries façonnées du XVIIIe siècle et du Premier Empire ont été réalisées sur des métiers « à la grande tire » utilisés en France depuis le début du XVIIe siècle, bien avant la mécanique Jacquard. Mais cette dernière, après une mise au point laborieuse, fut adoptée à partir de la Restauration et permit au tisseur de travailler seul sur son métier, tout en augmentant sa production. Elle amena une transformation importante des ateliers de façonnés. Cette mécanique fut rapidement adoptée en France par Tours, Saint-Étienne, Nimes, Roubaix, et même Calais où elle apporta une amélioration dans la production des dentelles façonnées. Et si le métier franco-italien de Dangon « à la grande tire » a été utilisé pendant deux siècles pour la fabrication des façonnés, le système Jacquard aura probablement la même durée d'existence. L'informatique permet aujourd'hui de mettre sur une seule disquette l'équivalent de plusieurs dizaines de milliers de cartons. Mais l'adoption de ce nouveau système est encore freinée par l'importance de l'investissement qu'il nécessite. Ce problème avait existé à l'arrivée de la mécanique Jacquard mais à une autre échelle.

Le métier à bras d'unis, qui avait peu évolué au cours des siècles, sera mis sur la touche, réservé à la production de petits métrages, après l'apparition du métier mécanique, vers 1870, dans la région lyonnaise. Cent ans plus tard c'est la machine à tisser qui détrône le métier mécanique à navette. L'augmentation considérable de production obtenue par ces machines ne contribue pas à régler un problème dramatique : la réduction continuelle des emplois dans la profession depuis des années…

A ce matériel performant est lié le traitement de matières nouvelles qui n'ont plus rien à voir avec celles de la soierie traditionnelle mais offrent d'autres perspectives. Cette industrie textile lyonnaise, dont le fil conducteur reste bien le fil de soie, est toujours à l'affût des idées nouvelles Elle doit être appréciée dans un autre esprit : la recherche de l'aspect purement esthétique fait place à l'appréciation du confort et de l'agrément de vie apportés par ces produits nouveaux. Ces perspectives ouvrent la voie aux applications textiles de l'avenir.

---

3. Les derniers métiers à bras présentés aux visiteurs sont des métiers de façonnés, qu'il est indispensable de conserver pour permettre la reproduction de certains documents anciens. Ils donnent donc une image imparfaite de ce qu'était le tissage au XIXe.

Les textiles d'aujourd'hui

Du fil de soie comme fil d'Ariane

Une grande partie de la fabrication textile, grande utilisatrice de main d'œuvre, est passée dans les pays en voie de développement. Quoi de plus facile que de mettre en place des usines équipées de matériel moderne, avec l'appui des transmissions technologiques, informatiques, pour assurer une production industrielle à bas coût ? Ceci est appelé « délocalisation ».

Heureusement, l'industriel en textile a dans le sang la création et l'innovation, ainsi qu'on a pu le voir tout au long de ces pages. Les fabricants lyonnais ont utilisé leur savoir-faire, la richesse de leur technologie pour s'adapter à des évolutions et passer à des marchés de haute technologie, soit dans les tissus techniques, les géotextiles, le médical ou les composites qui, eux, ouvrent un nouveau monde industriel. Les industriels avaient su s'adapter et construire en région l'un des premiers pôles de production textile au monde. L'avenir n'est pas aujourd'hui aussi dégagé que l'on pouvait l'espérer mais le monde du textile peut faire face, comme il l'a toujours fait, aux difficultés du moment. Pour peu qu'on veuille bien l'entendre, la recherche en concepts nouveaux restant le moteur de la maîtrise de marchés déstabilisés par la levée récente des quotas.

Les matières premières

Pour bien identifier les causes profondes de l'évolution de la soierie vers les tissus techniques et les tissages complexes, il est nécessaire de mettre en perspective un certain nombre de faits ou d'événements marquants.

Tout d'abord, force est de constater que, depuis le XVe siècle, la soierie a été l'objet de très nombreuses évolutions. La première période considérée est celle des « grandes découvertes » (1490-1664) ; la seconde période, durant laquelle Alvarez découvre Canton correspond à l'avènement du « rationalisme » (1665-1774), puis arrivent la troisième période, celle du « temps des révolutions » (1789-1815) et la quatrième période, marquée par les grands empires européens (1815-1913), enfin la dernière période, qui correspond à l'arrivée de la « technologie » (1914-2000).

Les quatre premières périodes permettent progressivement de mettre en contact toutes les parties du monde, autorisant de nombreux échanges commerciaux, culturels, mais aussi scientifiques et techniques. Les scientifiques sollicités par ces potentialités techniques et économiques donnent libre cours à leur inventivité et, pendant les XVIIIe et

Marque de fabrique de Cochaud de Boissieu & Cie.
La soierie lyonnaise, fil d'Ariane à travers les siècles, à travers les continents aussi...

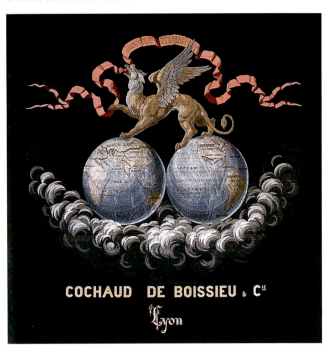

XIXe siècles, apparaissent de nombreux nouveaux concepts techniques industrialisés au XXe.

Les progrès de la physique, de la chimie, de la mécanique, de la biologie donnent une impulsion certaine au développement de nouveaux besoins définis, soit par les services des armées, soit par de nouveaux besoins commerciaux. Les actions visant à renforcer l'éducation, à soutenir la formation, la mise à disposition des connaissances à une population de plus en plus grande, la diffusion de l'information par le biais de la presse, des revues scientifiques… ont pour conséquences de solliciter un public de plus en plus large, de susciter la curiosité des esprits inventifs et de permettre l'épanouissement des compétences.

Ces progrès vont affecter tous les stades d'élaboration des tissus : tout d'abord la fabrication des matières premières, puis leur transformation (moulinage, ourdissage, tissage, tricotage…), mais aussi les traitements de finition et la confection enfin. La soierie va bénéficier des retombées de ces recherches. Tout d'abord, la physique permet de proposer des solutions techniques dans le cadre de l'élaboration de fibres minérales telles que le *fil de silice* ou le *fil de verre*. En effet, en 1713 déjà, Réaumur, lors d'une communication à l'Académie royale des Sciences, affirme qu'il est possible de réaliser des fils de verre aussi fins que ceux de l'araignée et de les faire entrer dans les tissus. Ces fils étaient obtenus par étirage de baguettes de verre ou de silice sur la flamme d'un brûleur au gaz et se prêtait difficilement aux manipulations ordinaires du tissage. Il avait fallu attendre l'année 1842 pour qu'un soyeux de Manchester présente à un congrès de la British Association des fils et des tissus de verre. Enfin, signalons qu'en 1893 Edouard Drumond Libbey de Toledo (Ohio-USA) confectionna deux robes (chaîne soie, trame fils de verre) l'une pour une actrice américaine et l'autre pour la princesse Eulalie d'Espagne. Le fil ainsi obtenu était communément appelé « soie de verre ». En 1840, pour le retour des cendres de l'Empereur Napoléon, les draperies funéraires du cortège et les tentures de la chapelle des Invalides avaient déjà fait usage de ce matériau, d'où la méprise de Victor Hugo qui crut les che-

Princesse Marie-Eulalie de Bourbon, sœur du roi d'Espagne Alphonse XII, vêtue d'une robe et d'une ombrelle en tissu de verre.

vaux « caparaçonnés d'un drap d'or »[1]. Ce n'est qu'en 1931 que la société américaine Owens Illinois Glass Co. créera un procédé d'étirage par filière et fluide en mouvement qui contribuera à rendre la fabrication du fil de verre industrielle.

Quant à la fabrication du *fil de silice*, il faut attendre la séance du 29 avril 1839 à l'Académie des Sciences, au cours de laquelle le physicien français Gaudin annonça qu'il était parvenu à filer avec une extrême facilité le cristal de roche fondu appelé à cette époque *verre de silice*. En 1887 Vernon Boys imagine une remarquable méthode pour la production de fils très ténus de quartz fondu. Les fils de soie de verre ou de *soie de silice* présentaient les mêmes caractéristiques physiques, à savoir la finesse de leurs filaments, leur fragilité, leur sensibilité au frottement, leur brillance particulière… La très forte expérience industrielle des soyeux lyonnais habitués à transformer massivement des fils de soie connus pour leur fragilité fut sollicitée alors pour transformer ces nouvelles fibres cassantes « comme du verre » lorsque leur industrialisation déboucha au début des années 1930.

On eut recours une nouvelle fois aux tisseurs lyonnais en 1968. La maîtrise de la transformation industrielle de fils cassants présentant une très faible élasticité a permis de réaliser les premières surfaces textiles à partir de *fils de carbone*. Tom Edison, l'inventeur américain, avait mis au point en 1878 la première lampe à incandescence. Cette lampe possédait un filament de carbone obtenu par traitement, en atmosphère contrôlée et sous haute température, de fibre cellulosique prélevée sur un morceau de bambou. Il a fallu attendre les années 1960 pour voir apparaître les premiers fils continus de carbone « ex-rayonne » et les années 1970 pour avoir les premiers fils de carbone « ex-polyacrylonitrile ». En effet, pour satisfaire les exigences techniques des militaires américains, les compagnies Bareneby-Choney et National Carbon ont repris les études de fabrication de fils de carbone à partir de fils continus de rayonne. Les applications étaient essentiellement des structures militaires pour des véhicules de rentrée dans l'atmosphère ainsi que des cols de tuyère. M. Shindo de l'Institut de Recherche d'Osaka a, dès les années 1960, démontré les possibilités offertes par un précurseur du type « polyacrylonitrile ». Ces travaux furent repris par le Royal Aircraft Establishment en Angleterre. Les sociétés anglaises Courtaulds et Morgan Crucible commercialisèrent les fils résultant de ces recherches, de même qu'aux USA la firme Union Carbide commercialisait les fils de carbone et de graphite sous la marque Thornell. Cette dernière société, peut-être déçue par les résultats financiers de cette activité, licencia alors la firme Toray au Japon, qui en quelques années a su donner une impulsion technique significative, définissant les bases incontournables des fibres industrielles actuelles connues sous les appellations commerciales de « Torayca » ou « Soficar ». Pour la petite histoire, Toray quelques années après licenciera en retour Union Carbide pour le marché américain avec sa gamme de nouvelles fibres.

Dans le même temps, en France, les sociétés Carbone Lorraine et Pierre-Genin & Cie prennent un brevet commun pour le développement des applications « ablatives » des tissus de carbone obtenus à partir de rayonne, ceci pour les besoins des engins spatiaux soumis à des flux thermiques importants. C'est l'époque du lancement de la force de frappe nucléaire française.

La fibre de carbone, révolutionnaire, allait permettre à un petit nombre de tisseurs lyonnais d'apporter une forte contribution au développement de l'aéronautique, en positionnant Lyon et sa périphérie comme le premier centre mondial pour le tissage, et en créant une zone très importante de transformation de fibres techniques.

---

1. Le verre textile est nommé *silionne* ou *verranne* suivant qu'il se présente en filaments continus ou discontinus. Les premiers tissus de verre auraient été présentés à l'Exposition de 1839. Un dossier technique existe sur le sujet à la bibliothèque du musée des Tissus (Réf. MTHL n° 35086). Mais ce fil était peu utilisable. Je me souviens, enfant, avoir caressé un essai de tissu de verre trouvé sur le bureau de mon grand-père, qui me laissa pendant au moins quinze jours de fines aiguilles plantées dans les doigts, invisibles et irritantes au possible. Cette période est bien révolue et le verre a conquis sa place dans l'ameublement comme dans les usages industriels.

De nouvelles fibres techniques, connues sous le nom de *fibres de carbure de silicium*, plus cassantes que les fibres de carbone, apparurent sur le marché dès l'année 1975. Lyon mit tout son savoir-faire dans la transformation de ces fibres à très hautes performances en structures textiles permettant de concevoir les matériaux du XXIe siècle.

Les progrès de la chimie vont aussi contribuer à élargir le domaine des compétences des tisseurs lyonnais par le développement des fibres « artificielles ». Dès le XIXe siècle, les conséquences d'une démographie croissante combinées à une part de plus en plus significative du commerce international, firent revoir les volumes de production sensiblement à la hausse. La production de fil de soie présente certaines limites et cet élargissement de la demande s'accompagnait d'une optimisation des prix des produits. Dès lors, les chercheurs, soucieux de satisfaire ces demandes, se sont évertués à produire artificiellement un fil possédant les caractéristiques physiques de la soie. Cette volonté de fabriquer des fils brillants imitant la soie est en fait très ancienne. Réaumur, inventeur du filage de la silice, inventeur du thermomètre, l'avait déjà envisagée dans son *Mémoire pour servir à l'histoire des insectes*, paru en 1734. Après pratiquement un siècle d'immobilisme apparent, l'année 1835 allait marquer un virage décisif. Cette année-là, le premier brevet attribué à Audemars, à Lauzanne, propose une méthode de transformation de nitrocellulose dissoute pour la transformer en fils fins. Le fil ainsi obtenu s'appelait « soie artificielle ». En 1884, le comte Hilaire de Chardonnet fait paraître le premier procédé de préparation de la « soie artificielle ».

Les fils obtenus se présentaient sous la forme de fils fins constitués d'un certain nombre de filaments continus, sensibles à l'abrasion. Ce fil correspondait aux attentes des soyeux, soucieux d'industrialiser massivement leur production et désireux d'élargir leur marché. Naturellement, la place de Lyon assura les transformations textiles. L'expérience du tissage de la soie servit une fois de plus pour accompagner la mise au point de ces fils et pour assurer la production et la commercialisation de ces nouvelles textures. Chaque industriel put opter pour une gamme de produits, en fonction de son marché (pouvant aller de l'habillement traditionnel jusqu'aux applications techniques) et enfin fixer l'orientation de sa société. La démocratisation de la soie, ou cette soie démocratique, est venue compléter les marchés existants, « la soie artificielle » connaissait une percée remarquable.

Une deuxième évolution allait apparaître quelques années plus tard. Cette évolution est directement liée à la découverte des fils de synthèse. En 1937, Carothers présente les premières fibres de polyamide communément appelées *nylon*. Cette fibre, une nouvelle fois, correspondait parfaitement au domaine de compétence des tisseurs lyonnais.

Cette voie étant ouverte, une série de fibres de synthèse apparurent sur le marché. Le progrès des sciences, les besoins techniques correspondant à des exigences fonctionnelles de plus en plus complexes, ont permis aux chercheurs de mettre au point une troisième génération de fibres de synthèse à très haute performance. Ce fut d'abord l'apparition des fibres aramides « non-feu » telles que le Nomex®, puis les fibres à très haute performance mécanique, connues aujourd'hui sous les noms de Twaron® ou de Kevlar®, sont venues naturellement compléter la gamme des fibres transformées sur la place de Lyon.

Avant d'en terminer avec les matières premières, mentionnons les fils métalliques déjà évoqués plus haut. Les activités de la soierie étaient essentiellement axées vers l'habillement des civils, des militaires et du clergé ainsi que vers l'ameublement. La demande des militaires et la confection des galons des képis des baudriers, des drapeaux, etc. a incité les industriels lyonnais à élargir leur domaine de compétence en complétant leur activité de moulinage traditionnel (torsion et assemblage de fils) par une activité de *guipage* et de *toronnage* des fils métalliques. Ces fils métalliques, essentiellement de l'or et de l'argent, subissaient avant moulinage des opérations de *tréfilage*, de *laminage*, de telle sorte que la géométrie du fil corresponde à des spécifications précises, intéressant soit le diamètre (cas du fil rond), soit le couple largeur/épaisseur (cas de la lame appelée aussi trait). Sous la pression économique une nouvelle génération de fils métalliques est apparue. Ces fils à base de cuivre étaient revêtus par voie chimique d'un revêtement brillant du type or ou argent.

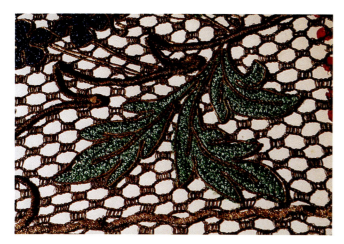

Les fils métalliques subissaient avant moulinage des opérations de tréfilage, de laminage, de telle sorte que la géométrie du fil corresponde à des spécifications précises. Échantillon sur catalogue.

Ce savoir-faire a été utilisé pour accompagner le développement et l'exploitation industrielle de la « fée électricité ». Cette activité technique a optimisé les fabrications de filaments de cuivre et fit naître un nouveau marché dans le domaine de l'isolation électrique. La maîtrise du laminage et de la *tréfilerie* a satisfait de nouvelles demandes, dont les exigences techniques étaient plus contraignantes. Ce fut tout d'abord le cas des fils destinés au marché de la téléphonie, puis vinrent les demandes induites par le développement de l'électronique et de l'aéronautique. Des fils complexes, multicouches, d'une grande finesse durent être mis au point.

On ne peut pas traiter ce chapitre des matières premières sans souligner l'apport des centres universitaires lyonnais dans l'élaboration de nouveaux fils spéciaux. En effet, dans les années 1970, le professeur Cueilleron a développé au sein de son laboratoire de l'INSA la fabrication de *fil de bore*. Ce fil obtenu par craquage de gaz sur un mono filament de tungstène est utilisé pour fabriquer des pièces aéronautiques. Ce concept a été étendu aux fils de carbure de bore et de céramique. Une licence de production fut vendue aux États-Unis. Ce dernier fil va servir de renfort pour la fabrication des composites à matrice métallique.

Ce rapide survol a permis de confirmer que la soierie lyonnaise a su revaloriser son savoir faire technique et profiter de l'opportunité qui lui permettait, à partir des fils de soie, d'aller vers la transformation de fibres techniques en passant par une phase intermédiaire, la *soie de verre*, la *soie de silice* et la *soie artificielle*. Le fil de soie fut en quelque sorte le fil d'Ariane, qui a conduit les tisseurs lyonnais vers les textiles du XXIe siècle, et qui a contraint les industriels à adapter, à modifier, voire à concevoir de nouveaux outils de production, parfaitement adaptés à la fragilité des matières premières, et dotés des perfectionnements nécessaires pour optimiser les tissus et faciliter leur transformation ultérieure ou leur mise en œuvre.

En effet, la région lyonnaise, grâce à la soie, avait résolu toutes les étapes technologiques liées à la transformation des fils continus, par opposition aux régions de l'Est et du Nord de la France, plus spécialisées dans la transformation des fils discontinus. Les industriels ont donc su adapter, modifier et faire évoluer les outils de production à partir de cette base technologique, voire concevoir de nouveaux outils, adaptés à la fragilité des matières premières, en optimisant les tissus afin de faciliter leur mise en œuvre dans leurs transformations ultérieures. L'autre spécificité de notre région était, malgré les débuts très difficiles du tissage du fil de verre dans les usines, la grande qualité de la main d'œuvre rhônalpine alliant expérience, compétence, attention et délicatesse des manipulations. L'ensemble de ces données permit d'inscrire la région lyonnaise dans la continuité et la tradition de la soie.

214

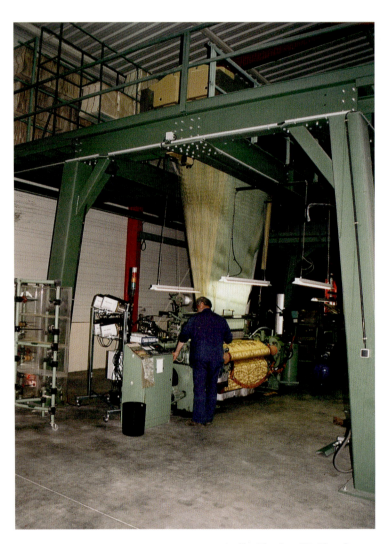

**Atelier Tassinari & Chatel
à Fontaines. Machine
à tisser actuelle.**
Les cartons sont toujours là…

Des techniques en constante évolution

Le tissage

Les tisseurs lyonnais ont de tout temps su développer de nouveaux concepts technologiques visant à donner des caractères spécifiques aux tissus ou à modifier sensiblement l'outil de travail. A la fin du XVIII siècle, la technologie «tissage» est manuelle. La réalisation de tissus «soieries façonnées» nécessite la présence de deux personnes. La première assure l'insertion des *trames*, c'est le tisseur ; la deuxième assure la fonction de sélection des fils de *chaîne*, c'est le *tireur de lacs*.

Nous avons vu par ailleurs [1] qu'une succession d'événements techniques allait conduire à la naissance de la «*mécanique Jacquard*» induisant une humanisation de cette activité. Les grandes découvertes sont rarement la propriété exclusive d'un seul homme. Il n'est pas rare que les principales innovations techniques jaillissent en même temps de plusieurs cerveaux, soucieux du même progrès dans un même domaine d'application.

---

1. Cf. *Le métier, quel métier ? La technique du tissage et son évolution*, p. 69

Cependant, une deuxième révolution technique entraînant une deuxième évolution sociale était en marche, mais l'automatisation du tissage de la soie était rendue difficile par la forte densité des fils en *chaîne* et en *trame*, et l'extrême fragilité des matières premières. L'automatisme doit garantir une régularité de tissage au moins égale à celle du tisseur. Il doit aussi permettre de tisser une grande variété de coloris trame. Une nouvelle fois, l'évolution va se faire par petites étapes. L'idée de substituer à la force de l'homme celle de la vapeur ou de l'eau est appliquée avec succès. La transposition au tissage de la soie va être lente...

L'évolution de la technologie du tissage, freinée par des considérations politiques et économiques, progressait lentement. Apparurent différents modes de tissage comme le tissage au «*bouton*», le tissage à la «*navette volante* ou *flottante*», le tissage au «*fouet*», le tissage au «*battant marcheur*».

Dès lors toutes les propositions techniques nécessaires à l'élaboration d'un métier semi automatique étaient disponibles : *lisage*, *mécanique Jacquard*, lancement de la *navette*, asservissement de différentes fonctions du métier à tisser... L'automatisme du tissage était en marche et le rapprochement de ces différentes améliorations techniques allait

Fragment d'un panneau de robe exécuté pour la reine Victoria. Bérard et Poncet, d'après Bérard, 1861. Velours ciselé, quadruple corps nuancé, fond taffetas crème. Déco polychrome, noir et blanc, à bouquets de fleurs variées et de volubilis semés sur un fond de volants imitant la dentelle. Médaille de bronze à l'Exposition Universelle de Londres en 1862.

conduire à une réalisation pratique et à son application industrielle.

Ce fut une révolution et une grande démarche de productivité. Avant, le tisseur tissait péniblement quelques mètres par jour. Grâce à ce progrès technique, la production a été propulsée, selon le type de tissu, à vingt, trente, quarante mètres par jour. Le travail du tisseur a, de ce fait, évolué sensiblement. Sa nouvelle fonction fut de surveiller le bon déroulement du tissage et de superviser la production de trois ou quatre métiers à tisser.

Lors de l'enquête demandée par les Consuls, effectuée le 12 décembre 1798, les 26 800 personnes employées à la manufacture se répartissaient ainsi :

5 884 chefs d'ateliers,
13 138 enfants,
3 924 femmes de chefs d'atelier,
507 apprentis,
1 796 compagnons,
2 336 domestiques,
1 015 filles sans droits [2].

auxquelles il fallait ajouter près de 10 000 *ourdisseuses, dévideuses, tordeuses*, etc.

Pour les métiers à tisser on relevait la répartition suivante :

1 042 métiers travaillant à la tire
463 métiers de velours
240 métiers de façonnés
5 583 métiers de plein
2 007 métiers de gaze
5 442 métiers vacants [3].

Au début du XIXe siècle, l'impact de l'automatisation fut important sur le nombre de postes de travail. Lorsque le tissage s'appuyait sur un *tisseur* et un *tireur de lacs* par métier façonné, on estimait le nombre de postes de travail à 20 000 minimum. Un siècle plus tard, et compte tenu des deux types de fabrication (façonnés et unis), le nombre minimum de postes de travail avait triplé. Ces chiffres confirment que le progrès technique, induisant un impact commercial non négligeable, conduit à un progrès social sensible.

Cette évolution fut accompagnée d'une optimisation de l'organisation de la production, car un nouveau schéma voyait le jour. Son concept était fondé sur l'approche suivante : « Le petit atelier du maître ouvrier à la ville et l'unité de production à la campagne ». Ils avaient l'un et l'autre leur raison d'être et leur rôle. La délocalisation était née. Les experts et les créatifs étaient proches des centres de décision et des centres techniques. Les producteurs étaient regroupés dans des zones remplissant les conditions de la productivité exigée.

Les efforts visant à automatiser d'une manière plus complète le métier à tisser allaient se poursuivre tout au long du XXe siècle. Progressivement, bon nombre de métiers à tisser furent automatisés. Seuls quelques métiers à bras furent conservés et leur production était essentiellement destinée à satisfaire les commandes spéciales des musées, des châteaux, et autres demeures ou à fabriquer par très petites quantités.

Les changements automatiques de *navettes* « une couleur » furent étendus au changement de navettes « quatre couleurs ». Les changements de *canettes* furent généralisés et au fil du temps cette fonction fut entièrement robotisée. L'étape suivante fut l'apparition du métier sans navette. Dans les années 1960 deux technologies étaient disponibles sur la place de Lyon. Les métiers à tisser sans navette du type « monobras » (métier type Fatex) et les métiers a tisser sans navette à deux bras du type « aiguilles volantes »

---

2. Au XVIIIe siècle les filles sans droits étaient amenées à Lyon venant principalement du Bugey et du Dauphiné, parfois à l'âge de dix ans. On les engageait dans les ateliers comme « tireuses de cordes » autrement dit tireuses de lacs. Elles étaient donc indispensables pour le tissage des façonnés. Mais peu payées étant donnée leur jeunesse, au bout d'un certain temps elles cherchaient à améliorer leur sort en changeant d'occupations. Pour les en empêcher on leur refusait le droit de tisser, d'où leur appellation de « filles sans droits ». C'était une forme d'esclavage.

3. Nous ne voyons pas clairement la différence faite, en 1798, entre les métiers de façonnés et les métiers à la tire. Dans le registre des délibérations de la CCI à la date du 24 janvier 1805, il est mentionné que les ateliers ont été désertés, les machines et ustensiles nécessaires à la fabrication des belles étoffes n'existent plus que dans le souvenir (rapport Terrat). Peut-être y a-t-il un peu de chantage pour recevoir des commandes ?

(métier SACM) sont venus remplacer avantageusement les métiers à navettes. Ces concepts de machine allaient mondialement donner naissance à une grande créativité de la part de tous les constructeurs de métiers à tisser. Différentes technologies d'insertion de trame furent industrialisés. On peut citer d'une manière non exhaustive les métiers à projectiles (type Sulzer), les métiers à lances rigides (Dornier…), les métiers à lances souples (Ruti…), les métiers à jet d'eau (Tsudakoma…), les métiers à jet d'air première génération tels que les métiers tchèques Investa, puis ceux de la deuxième génération (Ruti, Picanol). Il faut souligner aussi l'existence de technologies plus particulières telles que celles des métiers à tisser à *foule ondulante* (Pignone….), les métiers à tisser multiphases (Ruti Sulzer). De nos jours, les métiers à tisser avec *navette* ne sont pratiquement plus utilisés industriellement.

Grâce aux améliorations des métiers à tisser, grâce aux progrès techniques concernant les matières premières (régularité, homogénéité…), les volumes de production firent un bond en avant. La machine qui pouvait produire au début du XXe siècle quarante mètres par équipe a vu doubler sa production, portée de trois cents à cinq cents mètres selon le type de matériel et de tissu. Ce gain de production s'est accompagné d'un progrès important de la productivité. Si, au milieu du XXe siècle, le tisseur avait en charge environ quatre métiers à tisser, il a de nos jours une charge de surveillance pouvant atteindre trente, voire plus de quarante machines, selon les types de tissus à réaliser.

La contribution du tisseur lyonnais ne fut pas seulement limitée à suivre les évolutions du matériel textile. La revalorisation de son savoir faire lui a permis d'exploiter les possibilités offertes par les améliorations techniques, et de conjuguer cette potentialité aux technologies « Jacquard » pour produire des tissus complexes aux textures multicouches. Dès les années 1970, ces concepts furent mis en pratique pour conférer des caractères d'indéchirabilité à des tissus enduits destinés à des structures gonflables. Puis ce savoir faire fut adapté en 1974 pour réaliser les premières textures multicouches carbone. Ces technologies furent refondues pour réaliser des structures épaisses de forme cylindrique, conique ou de géométrie plus complexe. Les tissus et les matériaux tridimensionnels étaient nés. De nos jours, en s'appuyant sur les possibilités de programmation des mécaniques Jacquard et en adaptant des métiers à tisser du type « sans navette », les tisseurs lyonnais parviennent à réaliser des structures textiles à plus de quarante-huit couches de tissu et dont les épaisseurs sont modulées selon les trois dimensions. Ce savoir faire des tisseurs lyonnais a permis de soutenir de nombreux programmes nationaux et a fait l'objet de cessions de licences aux États-Unis.

La *mécanique Jacquard* a, elle aussi, suivi l'évolution des technologies. Pendant de très nombreuses années les efforts portèrent essentiellement sur la fiabilité et l'adéquation de la mécanique au métier à tisser. La mécanique Verdol standard système Jacquard comportait 1 344 crochets. Il a fallu attendre les années 1980 pour qu'une nouvelle impulsion significative soit donnée. Jacques Brochier, soyeux désireux d'élargir les possibilités de la mécanique, soucieux de donner plus de liberté aux dessinateurs et aux créateurs, désireux d'augmenter la flexibilité et la réactivité des industriels, a lancé le concept d'informatisation de la mécanique Jacquard. La société Staubli, leader mondial des mécaniques Jacquard, a parfaitement mesuré l'intérêt majeur de cette ouverture technique et a développé et mis au point une mécanique électronique permettant de « dessiner » un motif complexe sur toute la largeur du tissu. Ces nouvelles mécaniques peuvent commander plus de 20 000 fils. L'étape de *lisage* a été supprimée et dorénavant le dialogue entre le bureau d'étude et les métiers à tisser de l'atelier de développement est direct. Les modifications du programme de tissage sont immédiates. Parallèlement à l'informatisation du tissage Jacquard se sont développés des logiciels permettant de simuler un tissu dans toutes ses nuances. Une deuxième révolution, basée sur la flexibilité et la réactivité est née. Jacquard, par l'industrialisation d'informations basées sur un système binaire, a indirectement contribué à cette remarquable évolution. Le savoir faire, qui fut une des caractéristiques de la soierie lyonnaise, se trouve banalisé et disponible. Cette banalisation fragilise ce corps de métier et d'autres valeurs doivent être développées pour justifier, maintenir et si possible sécuriser la contribution des soyeux lyonnais.

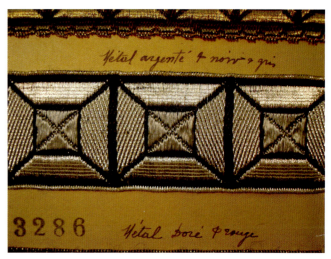

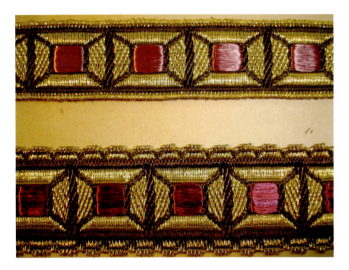

La rubanerie et le tressage

La fourniture de tissus satisfaisant autrefois les exigences des applications civiles, militaires et religieuses, répondant aussi aux exigences et aux contraintes des applications de l'ameublement, a nécessité la mise en place de technologies de transformation autres que le tissage en grande largeur. Le besoin de *rubans* de soie en petite largeur tissés ou tressés, le besoin de surfaces textiles ajourées obtenues par la technique de la dentelle, du crochet ou du tulle ; le besoin d'éléments creux ou déformables obtenus par *tressage* plan ou tubulaire a nécessité la mise en place de ces différentes technologies et a induit pour chacune de ces technologies des progrès importants. Ces moyens furent à l'origine d'innovations significatives. La place de Lyon, et sa région, se sont spécialisées dans la réalisation de « tissus larges ». La place de Saint-Étienne, elle, s'est tournée vers la production de « tissus étroits » obtenus par tissage ou par tressage.

La différence essentielle entre un métier à bras et un métier ruban réside dans le fait que, dans le cas du tissage « large », la navette est lancée par le tisseur, et dans le cas du tissage étroit, la navette est guidée par le *battant*. Les navettes de soieries vont aussi évoluer selon les matières et les tissus.

La rubanerie stéphanoise a tiré partie des possibilités offertes par les technologies de navettes portées dont la variété des coloris trame était excessivement importante. Les technologies du « Jacquard » ont grandement contribué à apporter à la manufacture de Saint-Étienne une grande richesse. L'innovation et l'esprit d'entreprise des rubaniers stéphanois ont apporté à la soierie régionale l'indispensable complément de gammes de produits pour conquérir de nouveaux marchés, spécifiques à leur outil de travail.

Pour compléter leur fourniture de rubans tissés, les industriels possédaient des ateliers de confection qui réalisaient en général manuellement des houppes pour garnir différents ouvrages d'église ou d'ameublement, des boutons, des tresses, des signets, des cordons, des glands… en mettant parfois en œuvre les technologies des dentellières combinant coussins et fuseaux. Au début du XIXe siècle,

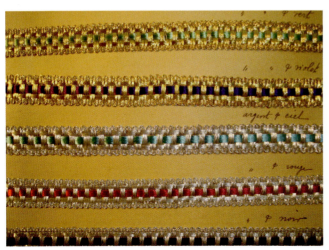

La rubanerie stéphanoise a tiré partie des possibilités offertes par les technologies de navettes portées.
Échantillons sur catalogue.

Chambovet découvrit au Conservatoire National des Arts et Métiers une machine en bois capable de produire des tresses. Sept de ces machines furent, dès 1808, implantées à Saint-Chamond. Le nombre de métiers automatiques progressa rapidement : 20 métiers cinq ans plus tard, 300 métiers en 1817. La spécialisation de Saint-Chamond dans la fabrication des tresses et lacets lui a permis de conquérir une réputation mondiale. L'industrie de la tresse s'était structurée en complétant les possibilités commerciales et techniques offertes par les tisseurs lyonnais et les rubaniers stéphanois. Lyon et sa région offraient les possibilités d'offre « globale ».

Au XXe siècle la technologie de tissage des rubans marque une avancée remarquable : le métier ruban subit aussi les perfectionnements naturels dus à l'expérience et au progrès des technologies. L'apparition des métiers « sans navette » permit des gains de productivité considérables. Ces gains se sont traduits par l'apparition de nouveaux produits et ont conduit les industriels à une spécialisation. Les machines multi-pièces ont été remplacées par des machines plus simples. La vitesse de production est passée progressivement de 50 coups à la minute à plus de 1 000 coups/minute.

En ce qui concerne le *tressage*, les progrès techniques furent beaucoup moins marquants. La technologie de base a subi les évolutions naturelles. Le principe d'élaboration de tresses plates ou tubulaires fut conservé et reconduit au fil des années. Les grandes nouveautés sont apparues sous l'impulsion des besoins issus d'applications très techniques. Des métiers à tresser permettant de réaliser des tresses tridimensionnelles sont apparues. Ces tresses pleines, creuses ou en forme, correspondent à des applications spécifiques.

Pour satisfaire une demande de plus en plus complète et diversifiée, une autre technologie est venue compléter les technologies de tissage large et étroit et de tressage : le tricotage, plus exactement appelé la « maille ».

La maille

La maille, ou bonneterie, a toujours été un peu considérée comme le parent pauvre du textile. On raconte pourtant à titre anecdotique que la technique qui consiste à entrelacer les fils (tricotage) est plus ancienne que la technique de croisement (tissage)... Matériellement, il n'est pas possible de défaire un tissage alors que Pénélope, qui défaisait la nuit son travail de la journée, n'avait qu'à tirer un fil...

La fabrication de tissu maille, ou crochet, ou dentelle, a toujours été réalisée à la main. Du fait de la complexité de la réalisation d'un tricot ou d'une dentelle, avec un entrelacement complexe des fils, cette technologie est restée longtemps le propre du « fait main ». Et il fallut attendre la révolution industrielle des XIXe et XXe siècles pour élaborer des machines permettant la réalisation mécanique de tricots et de dentelles.

Ainsi, pour ce qui concerne le *tricot*, du *métier à tricoter rectiligne* à bras pour tricotage simple, on est passé à celui à moteur pour augmenter la production, à celui à maille retournée pour fabriquer la layette, enfin au métier à tricoter rectiligne Jacquard. A partir de 1970, le développement des métiers modernes permet une plus grande production, une mise en forme élaborée et tout ce qui concerne le jacquard, le tissu complexe, l'*intarsia*.....

Les *métiers circulaires* à simple fonture, métiers à crochet, métiers mailleuse ont laissé la place aux métiers à simple et double fonture, puis aux métiers multi chutes et jacquard. Et à partir des années 1960 on assiste à une évolution importante de la technologie liée à l'utilisation de l'informatique.

La fabrication de la *dentelle* est marquée, elle, principalement par les métiers à fuseaux, dentelle du Puy, puis les métiers à crochet, et « Leavers » pour la dentelle industrielle, enfin par les métiers « Rachel » simples. A partir des années 1960 se dessine une évolution très rapide des métiers « Rachel » ou « Chaîne », qui entraîne la fabrication de nouveaux tissus en géo-textile ou supports d'enduction, tridimensionnels....

Car Lyon fut une place importante de la *dentelle*, fabriquée sur des métiers très lourds dont les secrets de fabrication étaient gardés jalousement jusqu'à la fin du XVIIIe siècle, date à laquelle un Anglais, Leavers, mit au point le métier qui porte depuis son nom. Ce métier, très complexe, permet de réaliser une très belle dentelle. L'Angleterre en en ayant interdit l'exportation, ces métiers furent importés clandestinement en France, d'où la forte implantation de ces métiers à Calais, ville devenue un haut lieu de la fabrication de la dentelle. Les fabricants lyonnais ne purent lutter contre de tels produits.

En parallèle on assiste bientôt à la naissance de nouveaux textiles comme le polyester, le polyamide, le verre, l'aramide… Ces évolutions réunies ont permis, comme en tissage, de voir apparaître ce que l'on appelle les textiles techniques. Pour aborder les spécificités de ces tissus en maille il faut maîtriser de parfaites connaissances spécifiques et technologiques, mais les spécialistes de la maille se heurtent à des idées préconçues et le mot le plus nuisible en terme de marketing, dans la branche des tricots techniques, est l'appellation tricot. Car, pour la plupart des spécialistes, si le terme «tricot» est synonyme de pull-over doux et souple, celui-ci ne répond pas au caractère High-Tech. Il convient alors d'éliminer avant tout le déficit en informations et de mettre en valeur la richesse de la technologie maille.

Le caractère de la maille, son allongement, sa souplesse, va à l'inverse des caractères demandés aux tissus techniques, résistance et rigidité. Les articles en maille offrent cependant des possibilités dans des domaines demandant des allongements et déformabilités élevés. Le grand choix de structures permet une conception ciblée suivant les caractères demandés.

Dans le secteur «automobile», on utilise actuellement par unité environ 10 m² de textile pour les recouvrements de sièges et 16 m² pour d'autres surfaces, sur 37 millions environ de véhicules fabriqués par an. En Europe les constructeurs automobiles utilisent plus de 60 % de leurs articles en maille. L'homme, qui passe de plus en plus de temps dans sa voiture, a besoin d'un intérieur confortable et personnalisé. En Europe de l'Ouest, la part des tissus dans l'équipement automobile évolue en faveur des articles «maille» : allongement, déformabilité, formage en profondeur, motifs étendus, rapidité de changement sont des atouts précieux. Au cours de ces dernières années des applications très variées ont été développées dans ce domaine dans l'industrie automobile, surtout pour les articles en velours, majoritaires dans les tricots circulaires utilisés en automobile. Les métiers électroniques pour tricots velours permettent une diversité sans pareille pour les dessins et une forte augmentation est envisageable. La mise en forme directe est un facteur important dans les calculs de prix de revient : elle réduit les déchets ainsi que les temps de confection. Actuellement, on tricote des surfaces bidimensionnelles. Confectionnées, on obtient une forme tridimensionnelle qui correspond au développement du corps dans l'espace. La technique du tricotage en «3 D» permet rapidité de réalisation, souplesse de changement de forme ou de dessin… Selon une étude de G.M. le temps de développement pour des recouvrements de sièges peut être réduit de 40 % par rapport à la confection traditionnelle.

Les *matériaux composites* en fibres comprennent plusieurs matériaux liés entre eux, dont les caractéristiques peuvent être optimisées pour chaque application et, en résistance particulièrement, en fonction du placement de certaines fibres et de leur orientation, ce qui entraîne des coûts importants et l'impossibilité de réaliser certaines formes. La technologie des tricots, armures, contexture… permet d'améliorer les résistances mécaniques. Les matériaux composites, dans le *tricot*, ont des avantages particuliers en matière d'absorption d'énergie. Ces valeurs peuvent atteindre le triple de celles des matériaux armés de tissus chaîne et trame.

Les *filtres textiles* pour applications industrielles sont traditionnellement composés de structures tissées ou aiguilletées. Ces filtres tissés ont un très bon rendement de par leur stabilité. Dans des applications de filtration de poussières et de gaz de fumées, les tricots ont d'excellentes caractéristiques du fait de l'entrelacement des fils. Un exemple intéressant pour l'utilisation technique de tricots est la fabrication de l'acide nitrique obtenu par un effet de catalyse. Un fluide sous pression passe à travers plusieurs couches d'un tissu de platine. De tels tissus sont très onéreux, mais dans le cas du tricotage, cette technique permet d'économiser sur le stock et les besoins de mise en œuvre.

En maille, on appelle « tricot Chaîne et Rachel » la technique de tricotage et d'entrelaçage des fils présentés sur des chaînes comme en tissage. Dans un premier temps a été élaboré le tricot « Rachel », du nom de son inventeur, pour répondre au marché de la Nouveauté. Avec les évolutions technologiques, l'avènement de l'informatique, et la production de fil fin à haute résistance apparaissent les métiers « Chaîne » dont la fabrication principale est « l'Indémaillable », et les métiers « Rachel » modernes pour la fabrication de dentelles. Ces métiers ont les caractéristiques de fabrication de tissu à haute production, en grande largeur, avec des structures stables (filet), et permettent des applications dans les tissus techniques, principalement dans les « géotextiles », les « tridimensionnels », les velours industriels, etc.

Enfin, on appelle « géotextiles » les tissus utilisés pour des applications géologiques, géographiques, etc. Dans ces domaines, on a besoin de grandes surfaces, d'aspect « grille » en général, de tels tissus techniques permettant de renforcer les terrains, de les transformer, tel que dans les fabrications de digues, de routes, de berges, en agriculture, etc.

On voit à travers ces divers exemples la richesse de ce que l'on appelle la « bonneterie » vers des applications de tissus techniques. On constate par ailleurs que la demande des marchés, les évolutions technologiques et techniques ouvrent à la maille un essor important. Les textiles techniques sont par ailleurs un véritable réservoir d'innovation, et ils représentent actuellement près de 40 % des productions textiles. La recherche textile investit l'ensemble des secteurs industriels. Ses découvertes intéressent autant le secteur de l'automobile, que ceux du médical, des transports, du sport, de l'hygiène, de l'agriculture... Mais aujourd'hui, comme le souligne l'ANVAR [4], la fibre intelligente va permettre d'innover dans des créneaux nouveaux ou dans la création de nouveaux produits.

Dans ces nouveaux produits on peut citer la micro encapsulation, qui permet d'enfermer diverses substances actives dans une membrane sphérique, cette substance se libérant progressivement. Ce procédé est à l'origine des textiles bio actifs. Les techniques de greffage et de traitement de plasma sont promises à un grand essor dans les fibres high-tech. Et les textiles chauffants qui lient métal et textile comme les tissus communicants à base de fibre optique et textile.

Cette liste ne peut que s'étendre, mais elle dépend de l'esprit d'innovation de l'homme du textile sachant marier évolution technique et technologique, adaptation et demande du marché.

Ennoblissement, enduction, préimprégnation...

La réalisation de surfaces textiles n'est pas suffisante pour satisfaire les exigences liées à l'application. En général il faut retirer du tissu tous les éléments étrangers venus contribuer à la fabrication ou résultant d'incidents de fabrication. Ces huiles d'ensimage, ces résidus de bain d'encollage, ces salissures de transformations doivent être supprimés et remplacés par un traitement ou un apprêt conférant au tissu un toucher, une souplesse, une main, une imperméabilité, une brillance... particulières. Cette méthode s'applique directement pour les tissus façonnés. Cependant, un certain nombre d'autres tissus servent de base à un traitement ultérieur. Le tissu « écru » peut, après lavage et décreusage, être soit teint « en pièce » dans les coloris mode, soit imprimé pour servir de support à un décor spécifique.

Le tissu, une fois dépouillé des corps étrangers, peut subir un complément de fabrication qui se traduit par une action mécanique : c'est le cas du *calandrage*, du *moirage*, du *flambage*, etc. ou par une opération chimique : c'est le cas de la teinture ou de l'impression. Les tissus subissent ensuite l'opération finale pour leur donner leur aspect et la présentation. Cette opération consiste surtout à leur donner le toucher approprié à l'usage auquel il est destiné. Le talent de l'apprêteur consistera à utiliser au mieux les apprêts chimiques et les apprêts mécaniques et de les combiner entre eux afin de rendre au tissu toute sa beauté par l'éclat de son brillant ou la profondeur de sa matité, toute sa délicatesse par la main et toute sa présence par un certain volume, un tombant ou une impression d'épaisseur. La combinaison de ces produits chimiques et des actions mécaniques vont aussi ouvrir la voie à la création, au sein des tissus, de caractères particuliers. Ces traitements sont connus sous les noms d'amidonnage, d'infroissable, et d'imperméabilisation ; mais on trouve aussi des traitements pour rendre les tissus incombustibles, irrétrécissables, imputrescibles. Il est aussi possible de faire des traitements pour donner un aspect similicuir ou encore pour protéger contre l'attaque d'insectes comme les mites.

Pour mettre en valeur les tissus de ses manufactures, Lyon a encouragé l'installation de sociétés spécialisées dans l'*ennoblissement* des tissus. Le domaine de compétence de ces spécialistes relevait de la mécanique et de procédés, mais surtout de la chimie en générale et de la chimie tinctoriale en particulier. Cette expérience séculaire a permis de développer régionalement une compétence visant à ajuster la surface des textiles à leur utilisation ou à leur environnement. Certes, pendant le XVIIIe et le XIXe siècles, les travaux de recherche et les traitements furent orientés vers les applications majeures de l'époque : l'habillement, la décoration, l'ornementation et l'ameublement. Mais une analyse plus fine des événements survenus au XVIIIe siècle permet de mettre en relief les prémices des applications techniques nécessitant des apports chimiques particuliers.

Les travaux des frères Montgolfier, d'Annonay, furent couronnés de succès, et le vol historique du 4 juin 1783, dans la plaine des Brotteaux à Lyon, permit de démontrer qu'une enveloppe étanche contenant un élément plus léger que l'air pouvait prendre de l'altitude et emporter des charges importantes. Les frères Montgolfier, de par leur origine de fabricants papetiers, concentrèrent leurs recherches sur des enveloppes du type «papier». Ce choix technique les condamna à retenir l'air chaud, seul élément compatible avec la porosité du papier. Environ trois mois plus tard MM. Charles et Robert reprennent le concept développé par les frères Montgolfier et font voler un ballon gonflé à l'hydrogène. Le 27 août 1783, le «Globe» aérostatique, constitué de fuseaux d'étoffe de taffetas de soie rendu parfaitement étanche par une gomme élastique, prend son envol à Paris place du Champ-de-Mars. Malgré une pluie battante, le «Globe» s'élève à grande vitesse en se dirigeant vers le nord de Paris. L'étanchéité insuffisante des toiles taffetas provoque des pertes importantes de gaz. Le «Globe» est obligé de se poser à Gonesse, ville rendue tristement célèbre deux siècles plus tard par l'accident du Concorde. La foule apeurée, conduite par le curé du village, détruit le ballon à coups de fourches et de faux.

Jacques Charles a donné une impulsion certaine dans l'élaboration de toiles étanchées au moyen d'un vernis. L'industrialisation de ce concept conduit aux technologies d'*enduction* exploitées largement de nos jours. André-Jacques Garnerin, mesurant les risques liés aux ascensions en montgolfière, et soucieux de sauver les aéronautes d'une mort certaine en cas d'éclatement d'un ballon, imagine et met au point un parachute à base de taffetas de soie. Le 22 octobre 1797, au parc de Monceau, il s'élève à 1 000 mètres d'altitude et, après avoir coupé la corde qui le retenait au ballon, il redescend sur terre dans une petite nacelle reliée à un parachute.

Après avoir conquis ses lettres de noblesse par l'exploitation de ses propriétés sensorielles que sont le toucher et la douceur du contact, le confort alliant selon les saisons chaleur ou fraîcheur, la beauté par sa capacité à restituer une très vaste gamme de coloris dont la brillance ou les reflets sont modulables, la soie venait de dévoiler d'autres potentialités par l'exploitation de ses propriétés physiques de finesse, de légèreté et de résistance mécanique. La soie, première fibre technique, apportait une contribution majeure dans le développement des aérostats précurseurs du développement de l'aéronautique. Les tissus de soie fonctionnalisés ouvraient la porte vers de nouveaux marchés, entre autres celui des tissus techniques.

L'impact de l'application de traitements physiques et de traitements chimiques sur des éléments textiles fut très conséquent. Tout d'abord les sociétés en charge de fabriquer des fils métalliques par *laminage* et *guipage* de lames d'or ou d'argent ont étendu leur gamme de produits à des fils moins coûteux obtenus par dépôt d'or par voie chimique. Ces fils appelés «faux or» furent eux-mêmes mis en concurrence par des lames obtenues par dépôt sous vide d'aluminium sur un film polyester qui subissait un vernis-

---

4. ANVAR : Association Nationale pour la Valorisation de la Recherche

sage coloré. L'application de vernis protecteur directement sur des fils métalliques est très ancienne. Cependant, de nos jours, cette technologie perdure et les couches de vernis peuvent être multiples et de nature différente selon les applications envisagées. Ce sont des revêtements multifonctions. Ce concept de dépôt chimique sur fil fut appliqué selon les technologies d'imprégnation.

L'imprégnation de fils de verre se pratique de nos jours industriellement. Des résines de polyvinyles imprègnent des fils de verre et sont utilisées pour la fabrication de stores et de grillages moustiquaires.

En ce qui concerne les surfaces textiles, on constate une évolution du même ordre. Les activités nominales de teinture, d'impression, d'apprêt ont suivi les progrès techniques et ont fait l'objet de productivité. Les besoins de vernissage, d'empesage, d'étanchéité… des tissus, matériau essentiel dans l'élaboration des voilures d'avion au début du XXe siècle, ont encouragé l'industrie à se doter d'équipements aux applications spécifiques connues de nos jours sous les noms d'*enduction*, contrecollage, transfert.

Plastiques et Textiles Lyonnais de Bernard Brochier, Chomarat en Ardèche et Tissage et Enduction Serge Ferrari sont les trois entreprises à avoir inventé et développé les tissus enduits modernes dont les applications se retrouvent aujourd'hui essentiellement dans la bâche, les tentes, les vêtements de protection et le store. Ce système lyonnais a été copié dans l'Europe entière selon la même technologie issue de celle appliquée à la fabrication des parachutes, et derrière la France, l'Allemagne et la Belgique sont bien placées en terme de production.

Les recherches particulières concernant les activités d'impression ont permis de mettre au point des procédés tels que les procédés sublistatiques. Cette notion de transfert avait déjà été mise en pratique dès le début du XXe siècle par Drouinat, soucieux d'élaborer le plus efficacement possible des «simili-tissus». Associé à Millar, ils conçoivent un nouveau procédé consistant à fabriquer au travers d'une filière sous forme de fente mince, un film plastique à transférer sur une surface telle que du papier, de l'étoffe. En changeant la forme de la filière, d'autres produits peuvent être réalisés, entre autres des grilles, des fils, des «non tissés». La potentialité de cette technologie est très grande et ces concepts vont ouvrir la voie à de nouveaux procédés industriels et aussi à de nouveaux matériaux, en vue de réaliser, entre autres, des structures aéronautiques à très hautes performances.

Avec le développement de l'utilisation des *fibres de verre* au XXe siècle, est née l'industrie des matériaux composites : association d'une résine thermodurcissable (polyester, phé-

Les sociétés en charge de fabriquer des fils métalliques par laminage et guipage ont étendu leur gamme à des fils moins coûteux.
Échantillons sur catalogue.

nolique époxy…) avec un renfort tissé qui assure ses performances mécaniques. La liaison des filaments de verre avec les différentes résines demande un traitement particulier pour assurer la cohésion et la transmission des efforts dans toutes les conditions ambiantes : température, hygrométrie, etc. Compte tenu de la bonne tenue du verre à la température, le nettoyage des tissus se fait dans l'opération de *désensimage* statique, en étuve thermique où toutes les huiles et autres ingrédients sont distillés dans un cycle de quelques dizaines d'heures, la température pouvant monter jusqu'à 350 à 400°. Puis, les tissus, refroidis, passent dans une solution de *finish* (composants silanes) qui vont établir une liaison chimique entre la surface du verre (atomes de silicium) et les radicaux organiques des résines. Il est intéressant de signaler que plus de un milliard de m² de tissus de verre subissent ce traitement chaque année pour la seule industrie des circuits imprimés, maillon de base des incontournables et nombreuses applications de l'électronique, du téléphone portable aux ordinateurs…

Plusieurs sociétés rhônalpines ont maîtrisé cette technologie et ont fait l'important effort d'investissement requis dans cette technologie : Société de Verre textile à Chambéry (73), Tissaverre à Bourgoin (38), Pierre-Genin & Cie aux Avenières (38), Porcher à Badinière (38). Aujourd'hui, Hexcel (ex. Genin) et Porcher continuent, mais les délocalisations en Asie de leurs clients européens ont sensiblement réduit leurs productions locales.

Autre étape de traitement en aval du *désensimage* et *finish* : la dépose d'une résine sur le tissu dans l'opération de *préimprégnation*. La maîtrise de la chimie des résines, autre point fort lyonnais, a conduit certains tisseurs comme P.Genin & Cie, Matthieu à Bourg-Argental, Brochier à Dagnieu (01), à proposer à leurs clients (fabricants de cannes à pêche, de pièces aéronautiques et spatiales, de meules abrasives, etc.), des matériaux dits «préimprégnés», prêts à être «thermo moulés» en pièces composites. La recherche chimique au niveau des formulations de résines est essentielle pour les performances diverses requises dans l'application : tenue en fatigue pour une tête de rotor d'hélicoptère, tenue thermique pour une pièce de réacteur d'avion, etc. Objet de qualifications longues et coûteuses en aéronautique, ces préimprégnés tissés ou en nappes unidirectionnelles assurent ensuite au tisseur préimprégnateur un débouché commercial pendant la durée de vie d'un avion, d'un hélicoptère ou d'un engin spatial…

L'industrie lyonnaise, on l'a bien compris à la lecture de ce chapitre un peu technique, a eu la volonté de se remettre en question et d'accompagner le marché dans son évolution. A l'aube du XXIe siècle elle se trouvait en effet confrontée à son futur et dans l'obligation de réagir pour ne pas mourir.

Toucher, douceur, confort, beauté à la brillance et aux reflets modulables…
La soie dévoile encore d'autres potentialités…

La soierie et son futur

Sécuriser fabrication et commercialisation

L'idée de récompenser la découverte de nouveaux procédés ou de nouveaux produits n'est pas nouvelle. Ce concept servit de fondement aux privilèges accordés, dès le XIVe siècle, par les souverains d'Europe aux inventeurs et artisans réputés. Ces privilèges conféraient le droit exclusif de fabrication et étaient accordés arbitrairement. Les idées libérales du XVIIIe siècle et la montée en puissance progressive de la bourgeoisie industrielle contraignent le gouvernement, le 24 décembre 1762, à accorder des privilèges exclusifs à l'auteur de l'innovation. Cependant cette concession dépendait uniquement de la volonté du souverain. Pour «stimuler le développement de l'esprit inventif et du progrès de l'industrie» l'assemblée constituante décréta le 31 décembre 1790 *«que toute idée nouvelle dont la manifestation ou le développement peut devenir utile à la société appartient primitivement à celui qui l'a conçue».* Cette profession de foi, fut suivie au début de l'année 1791, par la promulgation des deux premières lois sur les brevets industriels.

La révolution industrielle du XIXe siècle déclenche un mouvement de réforme de la propriété industrielle. La loi sur les brevets du 5 juillet 1844 fait évoluer le mode de gestion qui passe d'une organisation administrative primitive à une gestion plus élaborée. Le 9 juillet 1901, on assiste à la création de l'Office national de la propriété industrielle, devenu le 19 avril 1951 l'«Institut National de la Propriété Industrielle» (INPI).

Ce besoin de protection est important dans le domaine des procédés. Dans le cas des produits assujettis à la mode, la démarche lourde des brevets est d'autant moins justifiée que les produits ont une durée de vie assez brève. Dans le cas de tissus techniques où la mise au point est longue, où les certifications nécessitent beaucoup d'efforts, l'accompagnement de la mise sur marché de tels produits s'inscrit dans une politique de propriété industrielle. Cette démarche est d'autant plus souhaitable que les entreprises sont de plus en plus sujettes à la pression mondiale.

Pour assurer une meilleure gestion des différentes activités constituant la soierie lyonnaise au milieu du XIXe siècle, des groupes d'adhérents s'étaient constitués. La diversité des métiers et des domaines d'application des tissus de

la soierie est étonnante :
- dorure, passementerie, ornements d'église,
- mouchoirs, châles, tissus pour l'Orient, le Levant et les Indes,
- tissus légers teints en pièce, mousseline, lingerie, éventail, broderie, écharpes et voiles, grenadines, crêpes,
- tissus lourds teints en pièce, unis et façonnés, tissus pour chemises et corsets, doublures, tissus de soie artificielle,
- tissus teints en fil unis, foulards, paillettes, surahs, lustrines,
- tulles unis et façonnés, voilettes,
- dentelles et écharpes en dentelle, tissu jersey,
- velours et peluches,
- tissu pour parapluie et ombrelles,
- tréfilerie d'or, argent fin, argent mi fin, or faux et argent faux,
- tissu pour ameublement et voiture,
- tissu pour cravate,
- filets à cheveux.

Cet inventaire représentatif des principaux marchés permet de mesurer la large diversité des applications des tissus de soierie. La majorité des produits ont des connotations « mode » où les besoins de créativité liés à l'esthétique ou au toucher sont prépondérants. Cependant, certains produits présents dans cette liste sous-tendent une démarche prémonitoire, dans leur concept de mise au point, de la naissance et de la reconnaissance d'un groupe « tissu technique ». Comme l'activité « corset » avec ses fonctions de contention contrôlée et modulable, l'activité « parapluie » avec ses fonctions d'étanchéité et de légèreté, les activités « ombrelle » avec ses notions d'isolation solaire et de légèreté, l'activité « voiture » présentant une grande variété d'application : capotage, sellerie et habillage interne, tuyauterie et gaines isolantes. Enfin, l'activité « aéronautique » était évidemment inexistante.

Le XIXe siècle a été marqué par la démocratisation des produits. Les soieries n'étaient plus uniquement réservées à la noblesse et, progressivement, la bourgeoisie souhaita accéder à ces produits, obligeant les fabricants à développer des concepts de mode, les produits et les productions pour satisfaire les impératifs économiques. Et si, pendant longtemps, l'activité de la soierie lyonnaise fut concentrée sur la robe et l'ameublement, au XXe siècle, petit à petit, des groupes de fabricants se constituèrent en fonction des genres de fabrication. De nos jours l'activité industrielle du textile est répartie en sept secteurs distincts :
- les produits semi-manufacturés,
- les tissus de haute nouveauté,
- les tissus pour l'ameublement,
- la santé,
- la protection et l'environnement,
- les sports et loisirs,
- les textiles techniques.

Au XXe siècle, la soierie se trouve confrontée à des turbulences consécutives à la croissance industrielle. Les phénomènes les plus marquants sont ceux de la délocalisation des activités et ceux de la diffusion des savoir-faire, accompagnée d'un partage des connaissances. Les progrès des moyens de transport des hommes et des marchandises rendant les notions d'éloignement négligeables, la révolution dans les moyens d'information, fragilisant les notions de savoir, a largement contribué et encouragé ces profonds mouvements de réorganisation industrielle. De tout temps, la soierie lyonnaise a su garder le contrôle de la conception des produits et de l'ensemble du commerce et des approvisionnements. Forts de ce passé, forts de ces concepts d'organisation industrielle, et confrontés à ces nouvelles données économiques, les acteurs de la soierie lyonnaise ont réagi de différentes manières.

Les produits semi manufacturés

Les fournisseurs de produits semi manufacturés rentrant dans la fabrication des soieries ont, au fil du temps, évolué de différentes manières. Les fils d'or ou d'argent utilisés par la soierie lyonnaise et par la passementerie stéphanoise sont obtenus par *guipage* de fils métalliques tréfilés. Ces fils font partie du patrimoine local et sont connus sous le nom de « dorure lyonnaise ».

Parmi les spécialistes de *tréfilerie*, l'évolution du Comptoir Lyon Alemand fondé en 1804 est significative. Sa première activité était la fourniture de fils fins à base de métaux précieux. Cette activité s'est diversifiée pour répondre à de nouveaux besoins. Le point de départ de cette évolution fut l'arrivée de l'électricité. Le tréfilage de fils conducteurs pour des applications électriques fut rapidement complété par les applications téléphoniques et des télécommunications. Les nouveaux besoins liés au développement des marchés électroniques et de l'audiovisuel ont contraint la société à optimiser ses productions et à repousser les limites de *tréfilage*. La dernière étape est liée aux applications aéronautiques et spatiales où les besoins de transport d'information liés aux contraintes de masse ont nécessité de nouveaux efforts pour affiner les composants de base et pour fonctionnaliser les revêtements de surface. Ces activités sont complétées par des marchés de moindre importance tels que le médical, ou les cordes pour instruments de musique. Pour faire face à l'internationalisation de ses marchés, le Comptoir Lyon Alemand se trouve intégré au sein du groupe FSP-One.

Les *guimpiers* tels que Henry Mérieux et Carlhian assurent toujours les productions pour galons traditionnels ; mais chaque société cherche, en s'appuyant sur son savoir-faire spécifique, à diversifier les applications de ses produits. La Sté Henry-Mérieux, dont l'ancienneté remonte à 1820 est la plus ancienne maison de la Dorure lyonnaise. Elle a toujours été spécialisée dans la fourniture de fils à base d'or et d'argent pour l'habillement et a toujours réalisé la majorité de son chiffre d'affaires à l'exportation, notamment dans les Indes (où elle avait une usine dans les années 1930-1940) et au Moyen Orient, et en Afrique du Nord où elle a toujours eu une place de leader. Ses dirigeants (de père en fils) se sont toujours attachés à visiter ces marchés dont ils se sont assurés la fidélité. Carlhian (Lyon) diffuse mondialement ses fils guipés or et argent qui sont livrés sous forme de flottes. Il poursuit ses fournitures traditionnelles vers le marché des armées, les marchés liturgiques, l'ameublement et le vêtement tels que les « saris » indiens. Carlhian continue à dynamiser ses marchés traditionnels et intensifie ses efforts de diversification vers des applications techniques : la fourniture de tissu pour escrimeurs est devenue une de ses spécialités [1].

Une autre entreprise contribuant à la réalisation de la Haute Nouveauté mérite d'être mentionnée. La société Effet Passementerie (42), issue de la fusion en 1860 de Gehret et de Sibert Thévenet, a toujours développé une forte dynamique de création allant jusqu'à fabriquer des métiers pour chaque application spécifique. Au fil des années, cette démarche a permis de doter l'entreprise d'une gamme de moyens étendus et diversifiés. Ce parc de machines unique fut maintenu et préservé tant et si bien qu'aujourd'hui les possibilités de service, de création et d'adaptabilité sont très grandes. Ses grands atouts techniques et sa force commerciale reposent sur de très nombreux métiers à tresser traditionnels et sophistiqués, sur des métiers crochets traditionnels et électroniques et des machines séculaires capables de produire des chenilles exceptionnelles. La gamme « produits » se répartit entre tresses, galons, franges et chenilles. Les produits de l'entreprise sont présents dans des marchés très diversifiés tels que le vêtement, la lingerie, la haute nouveauté, la chaussure ; mais aussi des applications particulières telles que le vêtement de travail, les poupées, la pêche et les jeux éducatifs. Les matériaux en soie toujours déclinés au travers de ces technologies, se sont été enrichis de textures à base de fibres nouvelles et de fibres techniques. Fort de sa réactivité, de sa flexibilité et de son sens de l'écoute, l'entreprise base son futur sur la revalorisation du savoir-faire et sur la qualité des services.

Les textiles pour la haute nouveauté

Bucol, fut fondée le 1er juillet 1924 par Charles Colcombet associé à Claude Buchet. Les deux noms expliquant la raison sociale adoptée. Depuis lors la société est installée 20, rue Tronchet, à Lyon. Elle fut considérée très rapidement comme un fleuron de la soierie lyonnaise ouvrant de nombreuses succursales, entre autres à New-York et Londres, et un bureau rue de la Paix à Paris.

---

1. Carlhian s'est associé avec la Sté Gallia de Saint-Jean-de-Bournay qui, sortant de la passementerie classique a mis au point dans ses ateliers, en 1989, après de longues recherches, l'aorte artificielle ou prothèse aortique droite et bifurquée qui rend toujours de grands services lors de certaines opérations cardiaques.

L'activité s'intensifiant, Charles Colcombet appela auprès de lui, en 1937, son fils Hilaire qui prit sa suite en 1962. Ils surent s'entourer d'une équipe de création avec laquelle ils développèrent des tissus originaux à partir des fibres nouvelles : viscose, acétate, nylon qui donneront naissance, entre autres à Duvetine, peau douce, Cigaline, satins lézard. Ces tissus très prisés par la Haute Couture se retrouveront chez Coco Chanel, Balanciaga, Christian Dior, Yves Saint-Laurent, Givenchy, Balmain, Carven, Grès, Heim, Hermès, Lanvin, Patou, Rauch, Ricci.

Durant les années 1970, Bucol fit rayonner la créativité lyonnaise auprès des grands couturiers en proposant à chaque collection des soieries inédites, et développa un département d'éditions sur soie :
- en 1979, se seront « les Archaïques » comportant 11 réalisations.
- en 1981, une série de 24 panneaux décoratifs inspirés de documents anciens.
- en 1982, « L'art en soie » proposera 8 lithographies sur soie réalisées à partir de 8 œuvres de peintres contemporains.
- en 1987, Hilaire Colcombet céda l'entreprise et ses successeurs réalisèrent, en 1989, 8 foulards sur le thème de la Révolution française faisant encore appel à divers artistes de renom.

Enfin depuis 1995, Bucol est intégré au pôle textile du groupe Hermès. Si la société conserve la grande tradition lyonnaise (impression sur chaîne, peints mains, velours au sabre), elle développe un rayon d'ameublement ayant repris les importantes archives de la maison Jarosson-Volay dont certaines datent du XVIIIe siècle. Elle réactive, en outre, son laboratoire d'idées et de recherches pour les tissus de demain.

BIANCHINI-FÉRIER fut, entre les deux guerres, le plus beau fleuron de la soierie lyonnaise. Ayant acquis dès 1910 l'usine d'impression de Tournon, elle s'attacha les services de Raoul Dufy, collaboration fructueuse qui dura jusqu'en 1928 et donna naissance à une quantité d'étoffes en majorité imprimées et quelques-unes façonnées. Cette grande Maison connut malheureusement par la suite des problèmes. Cédric Brochier vient de reprendre la raison sociale et les archives restantes. Ce dernier, héritier d'un nom déjà porteur et du talent de créateur de ses aînés, doté par ailleurs d'une solide connaissance du métier d'imprimeur acquise au cours des années précédentes, devient ainsi fabricant à part entière. Toujours à l'affût des matières nouvelles, il a développé un département d'activité technique « haute nouveauté » qui l'a conduit par exemple à mettre en œuvre des fibres optiques pour développer de nouveaux concepts de communication.

Cédric Brochier Soieries, outre ses activités de fabricant, développe un secteur technique « Haute Nouveauté ».

Les textiles pour l'ameublement

Les XVIIIe et XIXe siècles furent marqués par le démarchage des fabricants lyonnais auprès des grands de ce monde afin de leur proposer d'enrichir les châteaux de la royauté et les demeures de la Cour ou de la noblesse des plus belles soieries. Ces étoffes précieuses contribuant à la réputation de Lyon furent diffusées dans le monde entier. Deux sociétés ont pu conserver en grande partie la documentation accumulée par leurs prédécesseurs, ce sont Tassinari-Chatel et Prelle. Bien entendu elles ne peuvent ajouter à leur propre ancienneté celle de leurs prédécesseurs, mais le fait d'en avoir repris les archives leur a permis de constituer une documentation de référence souvent précieuse lors des reconstitutions envisagées dans les demeures historiques.

Tassinari-Chatel fabriquaient, à leurs débuts, essentiellement des tissus pour « robe ». C'est ce qui leur valut de compter parmi leurs premiers clients Worth le créateur de la haute couture parisienne. Mais le développement de leur rayon « ameublement », sans doute à partir de la reprise en 1871 du fonds Grand (les successeurs de Pernon, fondateur de la fabrique en 1680), les amena à délaisser progressivement la « robe ». Spécialisés dans les grands façonnés, ils tissèrent autour de 1875 des marques de fabrique pour bon nombre d'importantes maisons de soieries lyonnaises. Ces marques de prestige, conservées au musée des Tissus, consistaient en panneaux représentant les emblèmes de ces Maisons, exécutés en soie façonnée brochée, offerts aux meilleurs clients. Ils gardèrent, jusqu'en 1907, un rayon de soierie pour ornements d'église. Leur livraison la plus exceptionnelle dans ce domaine, est sans doute celle des ornements choisis par les fidèles lyonnais pour être offerts au pape à l'occasion de Vatican I. Fournisseurs du Mobilier National sous les 3e, 4e et 5e Républiques, comme leurs prédécesseurs l'avaient été des empires et des monarchies tout au long du XIXe jusqu'en 1870, leurs soieries se retrouvent dans les palais nationaux, à l'Élysée, dans les ministères, les ambassades, sans oublier le château de Versailles et le cabinet du maire de Lyon. Par le canal des décorateurs, une partie de leur production contribue à orner les grandes

Tapisserie ornant le bureau du maire de Lyon, selon un lampas « Louis XV ». Réalisation Tassinari & Chatel. Également reprise pour le restaurant « La Tour d'Argent » à Paris (1980).

Prelle. Brocatelle brochée fonds crème, soie et lin. Lemire, 1846. Dessin de la bergère et du berger qui l'accompagne.

demeures privées. Exportateurs vers de nombreux pays, ils ont fourni, entre autres, des soieries pour la Maison Blanche, travail qui s'est échelonné sur plusieurs années et fut stoppé momentanément au moment de l'assassinat du président Kennedy en 1963. En Allemagne, ils ont participé à la restauration du château de Charlottenbourg à Berlin, ancienne résidence de Frédéric II détruite en 1945, et à la décoration du château de Brülh où étaient reçus les chefs d'États étrangers de passage à Bonn, la capitale fédérale.

Grâce à l'abondance de leurs archives, les stylistes travaillent en permanence pour reproduire fidèlement des documents anciens ou pour en permettre une reproduction approchante en utilisant des nouvelles matières tissées sur un matériel ultra moderne.

Prelle, demeure en relation suivie avec ses prédécesseurs immédiats puisque Aimé Prelle, tout comme son père Eugène qui avait travaillé pour eux comme dessinateur avant de monter son propre cabinet, saisit en 1918 l'occasion d'acheter les parts d'Édouard Lamy et de devenir ainsi fabricant. Le fondateur de la fabrique se nomme Pierre-Toussaint Déchazelle, né en 1752. Il fut l'élève de Donat Nonotte qui, depuis 1754, dirigeait l'école de peinture de Lyon. A une date qui demeure inconnue, Déchazelle cède son fonds de fabricant à Charles Corderier, qui s'associe sous l'Empire à Marie-Jacques Lemire. Sous diverses raisons sociales, l'activité de la manufacture se poursuit jusqu'au 21 octobre 1865, date à laquelle les Lemire la cèdent ainsi que ses archives à Antoine Lamy et Auguste Giraud. Ceux-ci, c'est important, abandonnent vers 1880 « la robe » pour se consacrer uniquement au tissu d'ameublement. En 1900 Édouard Lamy, fils d'Antoine, s'associe à Romain Gautier, qui s'associe à son tour à Aimé Prelle. A partir de 1927, Aimé Prelle dirige seul la manufacture et ce sont ses descendants qui en assurent encore aujourd'hui l'activité.

Lyonnaise avant tout, l'histoire de la manufacture se tisse aussi à Paris, dès 1877, à Londres à la fin du siècle dernier, à New-York enfin, depuis 2001. Le tissu d'ameublement prit au fil des générations une importance croissante dans la société Prelle. L'omniprésence de Paris orienta très vite la production vers les réalisations destinées à la capitale, si bien qu'aujourd'hui le retissage à l'identique sur métiers à bras d'étoffes anciennes destinées à des restaurations d'intérieurs privés ou publics est un secteur auquel la société reste très attachée. Cette activité est rendue possible par l'important patrimoine constitué par le fonds conservé par Prelle, mémoire d'une production vieille de 250 ans, d'un savoir faire technique, de l'histoire de toute une activité économique, mais aussi de l'histoire sociale de cette société. Aussi s'emploie-t-elle à lui donner un rôle prépondérant dans l'activité actuelle. De nos jours, la manufacture possède, aux côtés de 13 métiers à bras datant de 1880, les métiers électroniques pilotés sur ordinateur les plus performants. Le passé de l'entreprise devient un atout majeur faisant partie intégrante de sa stratégie commerciale actuelle. Prelle vient de fournir les 670 mètres de tentures du Grand foyer de l'Opéra Garnier de Paris. Les deux nouvelles techniques mises au point à cette occasion, un tissu anti-feu et des broderies tissées, ouvrent à cette entreprise, qui réalise 90 % de son activité à l'étranger, de nouveaux marchés.

Les textiles pour la santé

La relation entre le textile et les applications médicales existent depuis des millénaires. Le XVIIIe siècle et plus sensiblement le XIXe sont marqués par des fournitures textiles mieux ciblées, diversifiées et plus technologiques. Le besoin de simple bandage a lentement évolué vers des notions de bandages plus complexes combinant éventuellement des notions de facilité d'utilisation et d'efficacité médicale par le biais de la contention. L'expérience acquise par les manufacturiers produisant des tissus pour bretelles, pour corsets, fut bénéfique pour ce type de diversification. C'est le cas de la société Thuasne.

Thuasne, dont les origines remontent au milieu du XIXe siècle, était spécialisé dans la production de rubans étroits en soie pour la chapellerie, pour les sous vêtements et produisait des rubans élastiques possédant une élasticité longitudinale et mono directionnelle. En 1930, Thuasne dépose un brevet sur des bandes élastiques pour contenir les varices. Au cours du siècle dernier, un nouveau besoin est apparu nécessitant la mise au point d'une surface textile à base de gomme dont l'élasticité était bi directionnelle.

Thuasne. Tissu Combitex. Face hydrophobe qui chasse l'eau sur la surface extérieure.

Thuasne a mis sur le marché une ceinture connue sous l'appellation commerciale de CEMEN, « ceinture élastique de maintien par enroulement ». En 1958, le footballeur Juste Fontaine a profité du savoir de Thuasne pour mettre au point une chevillère de protection et de maintien. Ces différentes réalisations couronnées de succès commerciaux encouragèrent l'entreprise à focaliser ses efforts sur leur savoir-faire ancestral fondé sur la production de textures hybrides présentant une élasticité orientée. Ces dernières années la gamme produite s'est structurée et se compose de ceintures, d'orthèses, de bandes élastiques, de chaussettes, bas et collants de contention ainsi que de vêtements de compression. Le futur sera marqué par l'introduction de textures à base de nouvelles fibres, par la mise au point de systèmes définissant des degrés de mobilité, par la création de systèmes élastiques réglables, par l'apparition d'orthèses thermoformables. Les fournitures pour se prémunir des bactéries, de l'humidité, pour contribuer à la cicatrisation, pour gérer les odeurs, le chaud et froid, font partie des atouts du futur. Enfin, l'entreprise va bientôt intégrer des capteurs. La route de la soie est décidément complexe…

Les textiles pour la protection, l'environnement

La protection des hommes dans leurs activités professionnelles, dans les transports, dans leur intervention dans des milieux hostiles n'est pas récente. Les protections thermiques dans les industries de la métallurgie sont un domaine où les exigences sont de plus en plus grandes. La protection dans les transports terrestres ou aériens fit partie des soucis permanents des ingénieurs. Dès la naissance de l'industrie aéronautique au début du siècle dernier, des solutions originales étaient proposées. C'est le cas de l'invention du comte de La Vaux qui, en 1907, ayant constaté la fréquence des accidents à l'atterrissage, invente un vêtement de protection matelassé capable d'absorber des chocs d'une certaine violence. Son concept de vêtement n'a pas eu le succès escompté, mais l'idée allait être reprise plusieurs décades plus tard et mise en pratique sous la forme « d'air bag ».

Améliorer constamment la filtration par la recherche en tissus innovants est aussi l'un des enjeux de la politique de respect de l'environnement. L'obtention de tissus techniques performants est le fruit de compétences accrues et d'équipements de haute technologie.

Sefar Fyltis est le spécialiste français des médias synthétiques pour la filtration liquide, le dépoussiérage et la filtration de précision. Leader mondial des tissus pour la sérigraphie et la filtration, le Groupe Sefar intervient, au travers de ses filiales en Europe, en Amérique du Nord et du Sud, en Asie, dans plus de 100 pays dans le monde. A partir d'une gamme très étendue de tissus (monofilaments, multifilaments, double chaîne) Sefar Fyltis conçoit et fabrique des toiles (toile, sergé, satin, chevron) traitées pour des équipements munis de filtres. Installée à Lyon, la société, deux fois centenaire, est certifiée ISO 9001 version 2000 et privilégie une approche basée sur la recherche, l'innovation et l'expertise.

Babolat élargit son offre de produits grâce à un concept de textile technique baptisé « 360° motion »

Étudié pour favoriser la gestuelle du tennis, le fil Fiber Dry, en forme de croix, favorise la dispersion de l'humidité par capillarité.

Les textiles d'habillement pour les sports et loisirs

Dans la catégorie des sports et loisirs, l'habillement a considérablement évolué ces dernières années. Les textiles modernes aident à la mise en place de collections spécifiques et adaptées.

Spécialisée à l'origine dans les enveloppes pour la charcuterie et les cordages pour instruments de musique, la société BABOLAT a vu le jour, à Lyon, en 1875. Un an après avoir déposé les règles du tennis, le major Walter Clopton Wingfield lui demande de créer un cordage suffisamment long pour permettre de corder une raquette. Le premier cordage pour le tennis en boyau naturel était né. Il deviendra légendaire, dans le monde entier, utilisé par les plus grands champions, de Cochet, Brugnon, Lacoste et Borotra à Pete Sampras ou Kim Clijsters aujourd'hui. Dès les années 1970 la société se tourne vers les cordages synthétiques. Leader mondial sur le marché des cordages de tennis, Babolat adopte les technologies monofil, multifil, simple *guipage*, double *guipage*, l'utilisation de matériaux polyester ou polyamide, les revêtements de cobalt ou titanium, qui permettent de conférer aux cordages les propriétés de puissance, de durée de vie ou de confort, adaptées aux différentes typologies de joueurs. En même temps, Babolat élargit progressivement son offre de produits. L'équipement complet est possible en 2003 grâce au lancement d'une ligne de textile technique. Baptisé «360° Motion» le concept développé a été spécifiquement étudié pour favoriser la gestuelle du tennis, alliant structure des vêtements et fonctionnalité des tissus. Les vêtements ont été conçus à partir d'un fil technique (Fiber Dry) dont la section, en forme de croix, favorise la dispersion de la transpiration par capillarité : évacuation de la transpiration et séchage plus rapide.

Les textiles techniques

De tout temps Lyon connut une forte contribution dans les applications techniques de tissus à base de soie. Quelques exemples permettront d'apprécier l'étendue et la diversité des applications : dans le transport aérien, nous notons les enveloppes de structures gonflables, les toiles de parachute, les voilures de l'avion de Clément Ader, les suspentes et les drisses ; dans les transports terrestres, les tissus pour la garniture des chaises à porteur, des diligences et des voitures sur rail ou sur routes ; dans les transports maritimes, les revêtements muraux, les voiles, l'industrie, les tissus pour les cadres d'impression, les tissus pour machine à écrire, la filtration de matériaux, les isolants électriques et les protections thermiques ; dans le domaine médical, les fils de suture, la filtration, les gaines et corsets, etc.

L'apparition des fibres artificielles, des fibres synthétiques, des fibres techniques fut chaque fois une nouvelle opportunité offerte aux entreprises lyonnaises pour tenter l'aventure des applications à forte technicité. Le virage déterminant s'est présenté durant et surtout après la deuxième guerre mondiale. Le manque de matières premières traditionnelles laissait nombre de métiers à tisser arrêtés. La fibre de verre n'était pas dans ce cas et c'est ce qui a peut-être accéléré son développement.

Dès 1939, la société Colcombet dans la Loire tissait des tissus décoratifs et des fonds d'enduction. Dans les années 40, plusieurs tisseurs lyonnais essaient le tissage du verre : Cotton Frères, A. Dubois et Fils, Pierre-Genin & Cie... Mais, devant les difficultés, plusieurs abandonnent, même Colcombet le précurseur ; il reviendra «au verre» quelques années plus tard. La fibre de verre, silionne continue, ou verranne discontinue, provient au départ de l'usine de Saint-Gobain à Rantigny dans l'Oise (1941). Puis, en 1942, de l'usine de l'étang de Berre (zone non occupée). En 1949, devant l'accroissement des besoins, Saint-Gobain créera, avec le Comptoir des Textiles artificiels, la Société du Verre textile (S.V.T.). L'usine de Chambéry regroupera les fabrications de Rantigny et de Berre. Parmi les sociétés du début, nous signalons aussi la société Porcher qui se lancera vers 1950 dans les tissus fins pour l'isolation électrique.

Le développement des activités stratifiées (composites) nécessitera de la part de SVT la mise au point de fils plus gros (*Rovings*) et de nouveaux tisseurs apparaîtront, mettant en œuvre ces rovings : les Stés Ducharne, Brochier, Chomarat... en particulier pour la construction nautique (petits voiliers).

Colcombet, société stéphanoise aujourd'hui disparue, mit au point avec Rhône Poulenc un tissu en fil de verre gainé PVC pour la confection de stores extérieurs, matériau apprécié pour sa stabilité dimensionnelle, sa facilité de mise en œuvre et ses propriétés d'isolation. L'exploitation de ce tissu perdure 50 ans après. Colcombet a cessé ses activités, reprises par d'autres tisseurs.

Pierre-Genin & Cie a été créée en 1933 par Pierre Genin. Cette société travaille en fabricant lyonnais pour la vente de tissus aux grands magasins pour chemises d'hommes, mouchoirs, etc. Son essor industriel viendra des contrats importants de tissus en soie pour parachutes et ballons captifs auprès des ministères qui inciteront la société à acheter sa première usine aux Avenières (38) en 1939. Épaulé par ses deux frères François et Paul, qui ont rejoint la société, Pierre Genin se lance dans le tissage de la fibre de verre en 1943 et dépose la marque Textiglass en 1944. Après des débuts difficiles, P.Genin & Cie arrive à maîtriser la production de tissus fins destinés à l'isolation électrique et participe pleinement au marché de l'électrification du réseau SNCF à travers les sociétés Usines Dielectrique de Delle et Alsthrom.

Parallèlement, le tissu de verre, renfort de résines phénoliques, puis polyester, premier pas de l'industrie des composites, conduit P.Genin & Cie à s'équiper en 1952 (chose probablement unique chez un tisseur) d'un atelier de stratifié contigu à l'atelier de tissage. Cet atelier produira des prototypes de nombreuses pièces composites : casques de pilotes d'avions, carrosseries de voitures, pièces d'aéronautique… L'idée étant de mettre au point la technologie de fabrication des pièces stratifiées et de la céder au client en échange de l'achat de tissus auprès de P.Genin & Cie. Cet atelier produira entre autres en série pendant les années 50 des blindages pare balles pour les gilets de protection des militaires en Algérie.

Autre innovation du début des années 50 : la *préimprégnation* des tissus par des résines phénolique et polyester (les résines silicone et époxy viendront plus tard) afin de fournir au client un produit semi ouvré prêt à être moulé. Les premières applications ont lieu pour les cannes à pêche et les pièces pour hélicoptères.

Les fils de silice, grâce à un accord d'exclusivité avec Quartz et Silice (filiale de Saint-Gobain) seront tissés à partir de 1962 sous la marque Texti Quartz. En 1969 P.Genin & Cie créera avec Saint-Gobain une filiale, la Sté Traitement et Finish dont l'activité sera de traiter tous les tissus de verre industriel et décoratif pour les tisseurs français. Saint-Gobain arrêtera son activité de traitement à Chambéry et la Sté T.F. aux Avenières reprendra sa clientèle. L'objectif est de doter à travers T.F. le tissage de verre français d'une unité de traitement moderne pour faire face au développement des tissus de verre dans l'application des circuits imprimés. TF sera absorbé en 1975 par Genin (devenu entre temps Stevens Genin). Le tissage du carbone « structural » avait, quant à lui, démarré en 1971.

En 1961, P.Genin & Cie, que les journaux financiers présentent comme la plus importante société en Europe pour le tissage de verre, ouvre son capital à la Sté J.P. Stevens qui cherche un partenaire dans le marché commun nouvellement créé. J.P. Stevens, deuxième tisseur américain en prendra le contrôle complet en 1968, la famille ayant décidé de se retirer. En 1980, Stevens revendra Stevens

Les produits Porcher Industries sont aussi présents dans la voile, les parachutes, les spis et les parapentes…

Genin au groupe Hexcel, spécialiste du nid d'abeille et des matériaux composites.

Porcher Industries, fondée en 1912, produisant des tissus soie, des crêpes de chine et des satins pour la lingerie, s'est progressivement spécialisée dans la production de tissus fins et légers. Dès les années 1950, Porcher réalise des tissus de verre fins pour des applications d'isolation électrique. Cette activité s'est considérablement développée avec l'expansion des applications électriques, l'apparition des marchés électroniques et le développement des circuits imprimés. Les années suivantes, Porcher Industries poursuit son développement par l'acquisition d'une société spécialisée dans les tissus synthétiques NCV, dans l'enduction de fils Sovoutri et Chavanoz (surtout spécialisée dans la fabrication de la grille non tissée) ou de tissus Griffendux et de son concurrent américain BGF. Pour suivre l'évolution du marché, Porcher s'est installé en Chine dès les années 1990. Le groupe Porcher Industries avec 2 300 employés est implanté sur trois continents et sa présence commerciale est effective sur cent pays. Les produits Porcher Industries sont présents dans les pneumatiques, l'électronique, l'aéronautique, le bâtiment, les matériaux isolants mais aussi dans les air bag, la voile, les parachutes, les spis et les parapentes. Dans le cadre de la protection des hommes, Porcher s'est longtemps perfectionné dans la production de tissus balistiques pour la confection de gilets pare balles.

Brochier, société familiale créée en 1896, produisait des tissus haute nouveauté et avait créé un département spécialisé dans la production de foulards de soie. Ce secteur lui a permis de mettre en œuvre les dessins de grands artistes comme Chagall, Miró. Pour assurer la diffusion de ses produits et soucieux d'une grande proximité avec sa clientèle, Brochier avait ouvert des bureaux commerciaux à Paris, Londres, New York et Melbourne. L'après guerre est marquée par un souci de diversification de ses moyens de production et de ses marchés. L'acquisition d'une société d'enduction lui permit d'être présent dans les marchés techniques des bâches, des tuyaux de transport d'air, de la sellerie et des structures gonflables. La mise en œuvre de fils nouveaux aux propriétés « non feu » lui fit réaliser des tissus d'ameublement pour les lieux publics et les salles de théâtre et de cinéma. La fabrication des derniers paquebots tels que le « Normandie », le « France » lui a donné l'occasion, outre la fabrication des tissus « non feu », de réaliser des panneaux pour la protection des parois dans les zones de grand passage. Ces produits combinant les activités de tissage de verre, d'impression et de laminage lui donnèrent un premier contact avec les matériaux composites.

En 1968, la société était organisée autour de deux pôles d'activité dont la synergie était faible. Jean Brochier et son frère Jacques décident de se séparer pour créer deux sociétés distinctes, l'une spécialisée dans les activités soierie Haute Nouveauté (Jacques), l'autre dans les tissus techniques, concernant notamment l'aéronautique naissante (Jean). L'opportunité de participer à de nouvelles percées technologiques telles que « Concorde » ou « Airbus » s'est présentée et les ressources techniques de l'entreprise furent focalisées sur le challenge que représentait le tissage du nez du « Concorde » en exploitant les possibilités des technologies Jacquard. Les besoins d'Airbus conjugués avec ceux des hélicoptères ont permis de développer une nouvelle technologie consistant à imprégner les tissus de verre d'une résine. Le succès de ces deux développements fut intensifié par la production des premiers tissus de carbone. Les nouveaux marchés liés à la défense nationale et à la conquête de l'espace Ariane IV puis Ariane V ont permis à l'entreprise d'être présente dans tous les marchés aéronautiques européens et ont encouragé les démarches visant à promouvoir ces nouveaux produits et ces nouvelles technologies aux États-Unis.

Pour structurer le développement de son entreprise, Jean Brochier s'est rapproché du groupe suisse Ciba Geigy (résines époxydes, complément des tissus de verre et de carbone pour l'élaboration de préimprégnés), pour devenir le leader européen des matériaux composites. A la suite du rachat de Ciba Composites par le groupe Hexcel en 1996, les activités textiles et préimprégnation de la Sté Brochier sont intégrées dans le groupe américain Hexcel.

Mentionnons, pour compléter ce tour d'horizon des tisseurs de fibres de verre, les sociétés Chomarat en Ardèche et Mermet en Isère, qui tout en restant des sociétés familiales, se sont spécialisées au fil des années autour de produits performants.

La soierie, fleuron incontesté des activités lyonnaises du XVIIIe et du XIXe siècle, grâce à sa tradition séculaire de créativité et à son sens artistique, grâce à sa maîtrise technique éprouvée et à ses capacités d'innovation technologique, grâce à son sens de compréhension du marché et ses capacités d'écoute des clients, grâce à son sens d'ouverture sur le monde et à ses capacités d'adaptation, a su saisir l'opportunité qui lui était offerte pour conquérir un deuxième quartier de noblesse et créer un pôle performant en « tissus techniques ». La dimension mondiale de l'activité de ce pôle peut être illustrée par l'exemple du groupe Porcher qui a suivi le déplacement du marché des tissus de verre pour circuits imprimés en s'implantant fortement en Chine ou par le choix qu'a fait le groupe américain Hexcel de concentrer son pôle d'excellence des technologies de transformation de la fibre de carbone sur le site des Avenières (38) soixante ans après les débuts du tissage de la fibre de verre dans cette même localité rhône-alpine.

240

Liste des appellations techniques utilisées

Acétate, 7
Acrylique, 8
Agnolet, 53
Aiguille, 70, 73, 76, 80, 217
Amidonnage, 220
Analyse, 66
Anthéraea, 31
Apprenti, 140
Apprêt, 131, 161
Apprêteur, 131, 163, 186
Arbalète, 62
Arcade, 76
Armure, 45, 59
Arrachure, 62
Assembleur, 124
Atelier, 140
Aune, 187, 194
Baguettes, 18
Balle, 34, 36, 177
Banque à dévider, 120
Banquette, 48
Barque, 126
Bascule, 44
Bascule à besace, 44
Bascule montante, 44
Bascule à savoyard, 44
Bascule romaine, 44
Bâti, 80, 81
Battage, 41
Battant, 41, 45, 46, 219
Battant à clinquettes, 83
Battant marcheur, 215

Bayadère, 57
Berceau, 80
Besace, 44
Bistanclaque, 93
Bobine, 44, 179, 193
Boîte, 46, 83, 84, 197
Bombyx, 29, 30, 31, 32
Bonneterie, 220, 222
Bouton, 53, 70, 71, 215
Bout, 34
Branche, 115
Brasse-roquets, 124, 161
Brocart, 34
Brocatelle, 59, 60
Broche, 126
Broché, 60
Brochetiers, 96
Brocheur, 78
Broderie, 142
Brodeur, 78, 133, 134, 135
Brodeuse, 131
Brodeuse au tonneau, 78
Cabinet de dessin, 145
Cache, 45
Cadre plat, rotatif, Galvano, 111, 112
Cafard, 51
Caissetin, 46
Calendrage, 131, 222
Canetière assembleuse, 52
Canetière verticale, 52, 128
Canetière horizontale, 52

Caneteuse, 128
Canetillé, 57
Canette, 57
Canette à la déroulée, 52, 53
Canette à la défilée, 52
Canne d'envergure, 42
Cannelé, 57
Cantre, 60, 128
Canut, 21, 89, 90, 91, 92, 94, 96, 124, 158, 163, 164, 197, 203
Carbone, 8
Carête, 48
Cartonnier, 125
Carton, 21, 76, 77, 80, 94, 129, 138, 200, 203, 204
Casse chaîne, 84
Casse trame, 84, 197
Cassin, 49, 76
Cellulose, 7, 191
Chaîne, 21, 34, 41, 69, 84, 94, 183, 184, 187, 193, 215
Châle, 80, 102
Chasse, 84, 191
Chelu, 98
Chemin, 80
Chenille-ruban, 133
Chenilleur, 133
Chevron, 57
Chinage, 115, 117
Chiné à la branche, 125
Chineur, 125
Chlorofibre, 10

Clichage, 111
Cliché, 111
Collet, 51, 76
Colletage, 51
Collodion, 7
Commis, 123
Compagnon, 183, 184, 191
Compte de peigne, 184
Condition des Soies, 175, 176, 177, 178
Conditionnement, 175, 177, 178
Conducteur, 53
Cône d'alimentation, 128
Console de repos, 125
Contrecollage, 224
Cordeline, 43
Cordon, 43
Cordonnet, 34
Corps de maillons, 45
Coup, 45
Coupeur, 124
Courtelle, 108
Crapaud, 62
Crêpe, 34
Crochet, 76, 220
Cupro, 7
Cylindre, 76, 80, 101
Dactylisage, 129
Damas, 57, 60, 185, 186, 187
Decitex, 66
Décomposition, 66
Décreusage, 36, 126, 178
Défilée, 52
Dégraisseur, 130, 163
Denier, 66
Densité chaîne, 128
Dent du peigne, 45
Dentelle, 198, 204
Dépouillage, 111
Dessiccation à l'absolu, 177
Dessin, 179
Dessinateur, 128, 143, 145, 147, 161, 191
Détissage, 117

Détrancannage, 126
Détrancanoir, 126
Dévidage, 44, 179
Dévideuse, 124, 126, 127, 161, 163, 215
Diagonale, 57
Dorure, 228
Double lance, 86
Dralon, 8
Droguet, 58, 59
Écart, 36
Écheveau,
Élastique, 76
Emballeur, 124
Embarbe, 129
Embrayer, 41
Embuvage, 57, 59, 60
Enduction, 222, 223, 224, 235, 237
Enjoliveuse, 161
Ennoblissement, 223
Ennoblisseur, 131
Ensouple, 42, 43, 45
Entrelaçage, 222
Enverger, 42
Espolins, 52, 53
Esquisse, 128, 145, 147, 154, 201
Estase, 46
Essayeur de soie, 35
Étincelle, 34
Étuve, 177
Fabrique, 29, 123, 177, 179, 191, 194
Fabricant, 33, 34, 106, 123, 159, 163, 176, 179, 180, 189, 191, 198, 200
Façonnés, 18, 19, 20, 45, 60, 69, 70, 73, 78, 89, 94, 117, 135, 185
Façure, 55, 126
Faille, 57
Ferrandine, 96
Fers, 56
Fibranne, 7
Fibre de carbone, 211, 212
Fibre de carbure de silicium, 212
Fibre de polyamide, 212

Fibre optique, 8, 230
Fibre de verre, 26, 224, 235
Fibroïne, 33
Fil, 45, 186, 191
File de bore, 213
Fil de carbone, 211
Fil métalloplastique, 34
Fil de silice, 210, 211, 236
Fil de verre, 210, 213
Fil en dent, 45
Fil synthétique,
Filature, 33, 164
Filé riant, 34
Filet, 34
Finish, 225
Flambage, 222
Flambeur, 131
Flotte, 34, 36, 127, 179, 180
Flotté, 57
Forces, 55
Fouet, 84, 197, 215
Foule, 44, 45
Fuseau, 51
Gabardine, 57
Galoche, 131
Galvanoplastie, 34
Garçon de peine, 124
Gareur, 41
Gaufreur, 131, 163
Gaze, 57, 111
Géo-textile, 222
Gourgourand, 57
Graine, œuf de Bombyx, 32
Graveur, 111
Grande Fabrique, 18, 123, 131, 184
Grège, 15, 191
Grenadine, 34
Grès, 33
Guidane, 43
Guimpier, 34, 186, 229
Guipage, 212, 223, 228, 235
Haute Nouveauté, 60, 106
Ikat, 115

Ikat chaîne, 115
Ikat trame, 115
Imberline, 57
Impanissure, 62
Impression ad hoc, 112
Impression sur chaîne 117
Impression au cadre, 112
Imprimeur, 101, 117, 131, 163
Indienne, 111
Intarsia, 220
Jambes de battant, 83, 84
Jointe, 43
Kevlar, 8, 212
Lacs, 49, 200
Lam, 34
Lame de griffe, 76
Laminage, 212, 223
Laminette, 34
Lampas, 57, 59, 60
Lampassette, 59
Lampas taille-douce, 58, 59
Lance, 69, 86
Lancé découpé, 60
Lance navette, 82
Lanterne, 76
Lardure, 62
Latté, 58, 59
Lés, 78
Liage, 60
Ligature, 18, 115
Lisage accéléré, 129
Lisage au tambour, 129
Liseur, 129, 200
Lisière, 43, 184, 186
Lisière parlante, 43
Lisse, 45, 48, 71
Loquet, 76
Losange, 57
Machuron, 98
Magnanerie, 25, 31
Maille, 220, 221
Maillon, 51
Main, 36

Maître marchand, 183, 184, 185, 186
Maître ouvrier, 183, 184, 185, 186
Maître garde, 179, 180, 184, 185, 186, 194
Maître tisseur, 19, 94, 140
Marche, 41, 48
Marcheur, 83
Masse, 46
Mécanicien gareur, 41
Mécanicien régleur, 41
Mécanique d'armure, 48
Mécanique Falcon, 185
Mécanique Jacquard, 21, 89, 215, 218
Mécanique ronde, 126
Médée, 44
Menage, 8
Metteuse, 35
Métier à bras, 204
Métier à boutons ou à quilles, 70
Métier à crochet, 220, 229
Métier à la tire, 138, 204
Métier à tricoter rectiligne, 220
Métier circulaire, 220
Métier jet d'air, 84
Métier jet d'eau, 84
Métier mailleuse, 220
Metteur en carte, 128, 129
Mignonettes, 43
Mise en carte, 140, 147, 150, 154, 196, 200, 202
Moirage, 222
Moire, 131, 158
Moireur, 131, 163
Montage, 45, 48, 197
Monteur de métier, 51
Mouchet, 55
Moulinage, 164
Moulinier, 33, 34, 186
Mouvement à coups pairs, 84
Mouvement de boîtes, 84
Mouvement pick-pick, 84
Musette, 43
Nappe, 41

Navette, 41, 52, 69, 84, 86, 197, 204, 215, 217
Navette volante, 46, 73, 215
Navette de broché,
Négociant, 19, 106, 158
Négociant marchand, 183
Nomex, 212
Noueuse, 53
Nylon, 8, 212
Ondé, 34
Organsin, 31, 34, 36, 133
Orillon, 42
Ourdissage, 42, 59, 163, 165, 179
Ourdisseur, 97, 124, 126, 161, 215
Ourdissoir, 94, 126, 128
Ovaliste, 33
Paillon, 34
Panaire, 55
Pantin, 55
Pas, 44
Pas failli, 62
Passée, 129
Passementier, 134
Passette, 55
Patintaque, 93
Pédale, 48
Pedonne, 76
Peigne, 46
Pékin, 57
Perlon, 8
Petite tire, 70
Pied, 46
Pied de semple, 129
Pince, 56
Pincetage, 62
Pincette, 55
Piquage d'onces, 179
Piquage en peigne, 193
Planche, 115
Planche à espolins, 55
Planchettes d'empoutage, 51
Plieuse, 142
Plomb, 51, 184

Poil, 34, 118
Poignée, 46
Pointiselle, 52, 53
Polyamide, 8
Polyester, 8
Ponteau, 46
Portée, 66, 187
Potence, 46
Pouce, 45, 64
Pré imprégnation, 222, 225, 236
Quart de pouce, 66
Quiau, 52
Quille, 70
Quinte, 162
Rabot, 56
Rame, 49
Rat, 73
Ratière, 48
Rayonne, 7, 8, 26, 178, 191, 211
Réduction, 45
Reflotteuse, 161
Régence, 57
Régulateur, 45, 76, 78, 101
Remetteuse, 51
Remisse, 44, 45, 48
Remondage, 126
Rhabiller, 43
Rondier, 25, 124, 161
Roquet, 43, 44, 124, 126, 127, 193
Roquet-canon, 124
Rouet, 52, 94
Rouleau de chaîne, 42
Rouleau de devant, 45
Rouleau de derrière, 42
Rouleau d'étoffe, 45
Rouleau poitrinière, 45, 131
Roulotteuse, 161
Roving, 235
Ruban, 219
Rubanier, 105, 134
Sabre, 84
Satin, 18, 57, 69, 96, 185
Satinaire, 96

Schappe, 29
Semple, 49, 70, 71, 80, 129, 143
Semple mobile, 71, 150
Sergé, 57, 69, 186
Silionne, 211, 235
Sofycar, 211
Soie artificielle, 7, 213
Soie de silice, 211, 213
Soie de verre, 210, 211, 213
Soie grège, 33
Soumission, 159
Taffetas, 18, 36, 57, 69, 99, 117, 185, 186
Taffetatier, 93, 94, 96
Tarif, 158
Tassage, 41
Taveleuse, 126
Tavelle, 126
Teinturier, 125, 126, 130
Tempia, 56
Tempia à molettes, 56
Tenue, 43
Tergal, 8
Tire, 18, 20, 48, 69, 101, 200
Tirelle, 162, 193
Tireur, 49
Tireur d'or, 34
Tireur de fers, 131
Tireur de lacs, 49, 71, 138, 139, 143, 191, 215, 216
Tisseur, 123, 124, 125, 134, 203
Tisseur ferrandinier, 96
Tissutier à la petite navette, 134
Titrage, 66, 178
Torayca, 211
Tordage, 51
Tordeuse, 51, 53, 215
Toronnage, 212
Torsion, 184
Tournoise, 117
Trafusoir, 35
Traçage, 131
Trait, 34, 212

Trame, 21, 34, 41, 69, 71, 94, 183, 184, 193, 197, 215
Trame tirante, 62
Transfert, 224
Tréfilage, 34, 212, 229
Tréfilerie, 213, 228
Tressage, 219, 220
Tricot, 220, 221
Tricotage, 220, 222
Tringle, 81, 197
Tussah, soie sauvage, 31
Tuyau, 52
Twaron, 212
Twill, 57
Unis, 18, 45, 89, 185, 204
Vaisseau, 126
Variage, 44
Velours, 18, 57, 117, 118
Velours aux fers, 60
Velours au sabre, 60
Velours coupé, frisé, ciselé, 59, 60
Velours de Gênes, 59
Velours double pièces, 56
Velours jardinière, 59, 60
Veloutier, 124, 131
Verge, 42
Verguette, 46
Verranne, 211, 235
Verre de silice, 211
Viscose, 7
Visiteuse en soie, 131

Index des noms de personnes

Ader (Clément), aviateur, 235
Albe (prince d'), 152
Alberti (Émile), teinturier, 126, 127, 159
Algoud, fabricant, 166, 168
Angivillier (comte d'), 117
Arlès-Dufour, marchand de soie, 33, 103, 196
Artaud (Joseph-François), enseignant, conservateur, 139
Artois (comte d'), 152
Atuyer, Bianchini & Ferrier, fabricants, 166, 168
Audemars, 212
Audras, fabricants en Russie, 196
Aumale (duc d'), 140
Aynard (Édouard), président CCI, fondateur musée des Tissus, 105, 107
Babolat (Sté), fabrique, 235
Bachelier, peintre, 147
Badger, moireur, 158
Balanciaga, couturier, 230
Balmain, couturier, 230
Baltard, architecte, 151
Bareneby-Choney, compagnie américaine, 211
Barioz, fabricant, 166
Baron (Mme), loueuse de peigne-brocheur, 78
Barraban (Jacques), professeur, peintre, 153, 198
Barret, imprimeur-libraire, 137
Baumann Nouveautés, fabricant, 161
Baune, négociant, 195
Bélanger (Adélaïde), épouse de Jean-Démosthène Dugouse, 152

Bélanger (François-Joseph), architecte, 152
Bénédictus (Édouard), dessinateur, 154
Bérain, ornemaniste, 198
Berger (Lucien), tisseur, fondateur de la Maison des Canuts, 96
Béridot (Sté), fabricant de matériel, 134
Berjon (Antoine), dessinateur, 152, 197
Bertet (Marie-Françoise), seconde épouse de Carquillat, 142
Bertrand (Henry), fabricant, 79, 168
Bessy (Félix), maître-tisseur, 96, 99
Bianchini & Férier, fabrique, 154, 230
Billonnet (Pierre), tisseur MOF, 131
Bissardon Cousin et Bony, fabricants, 153
Blanc (Pierre), fabricant, 168
Boichon (Antoine), beau-père de Jacquard, 137, 138
Boichon (Claudine), 137
Boichon (Catherine), 138
Bonaparte, 1er Consul, 21
Bonaparte (Joseph), frère de Bonaparte, 152
Bonnefond (Claude), peintre, 139, 140
Bonnet (Claude-Joseph), fabricant, 27, 105, 164, 165, 204
Bony (Jean-François), dessinateur, 153
Borotra, champion de tennis, 235
Boucher (François), peintre, 147
Bouchon (Basile), passementier, 70, 71, 73, 76, 81
Bourne (Joseph), dessinateur, 151
Bouton, fabricant, 168
Bouvier, 91
Bret (Mme), tisseuse, 43

Breton, mécanicien, 77, 80, 138, 139
Brocard (François), enseignant tissage, 196
Brochier (famille), fabricants, 168, 224, 235, 237, 238
Brochier (Bernard), industriel, 224
Brochier (Cédric), soyeux, 166, 230
Brochier (Jacques), soyeux, 218, 238
Brochier (Jean), industriel, 238
Bruand (Aristide), artiste, 91
Brun, mécanicien, 73
Brunet-Lecomte, imprimeur, 101
Bruyère-Banzet (Sté), construction de matériel textile, 134
Buchet (Claude), fabricant, 229
Buchmann (Max), dessinateur, 154
Bucol, fabrique, 168
Bunel, 91
Burgnon, champion de tennis, 235
Calabrais (Jean le), personnage contesté, 49
Camenoïstrof, 152
Carbone Lorraine, 211
Carlhian (Sté), guimpier, 229
Carnot (Sadi), Président de la République, 158, 178, 197
Carothers, chimiste, 212
Carquillat (Michel-Marie), tisseur, 140, 142, 203
Carrabin, fabricant, 168
Cartwrigt, inventeur, 70
Carven, 230
Casanova, aventurier, 143
Casati, confiseur, 158
Caserio, assassin de Carnot, 158
Castex-Degrange, enseignant, 200
Catherine II de Russie, Impératrice, 20, 71, 147, 150, 152
Chagall, peintre, 237
Chanel (Coco), Haute couture, 230
Chambovet, fabricant, 220
Charbotel (Ernest et Françoise), tisseurs MOF, 106, 107
Chardonnet (Hilaire de), inventeur, chimiste, 7, 191, 212
Charles (Jacques), aéronaute, 223
Charles (Joseph-Marie), dit Jacquard, mécanicien, 137

Charles III, Roi d'Espagne, 152
Charles IV, Roi d'Espagne, 152
Charles IX, Roi de France, 179
Charles X, Roi de France, 140
Charryé (François), fabricant, 147
Charryé Père-et-Fils, fabricants, 147
Chatillon-Mouly-Roussel, fabricants, 166
Chavanis, fabricant, 168
Chjsters (Kim), champion de tennis, 235
Chomarat (Sté), 224, 235
Chouvy, moireur, 131
Ciba Geigy (Sté), industrie chimique, 238
Clairençon, dessinateur, 154
Clarinval (Yvonne), dessinateur, 154
Cochet, champion de tennis, 235
Cocteau (Jean), écrivain, 27
Colbert (Jean-Baptiste), surintendant des finances, 18, 123, 184, 187, 193
Colcombet (Charles), fabricant, 229
Colcombet (Hilaire), fabricant, 230
Colcombet (Sté), fabricant, 235, 236
Colette, 146
Comptoir Lyon Alemand, 228
Comptoir des Textiles artcificiels, 235 ? (255)
Confucius, 31
Coquillat, acteur, 140
Coront (Augustin), 73
Cotton Frères, 235
Coudurier-Fructus-&-Descher, fabricants, 166
Courtaulds, 211
Courtois, dessinateur, 147
Cueilleron, professeur, 213
Currat (Jacques et Nicolas), 73
Damon (Mme), plieuse, 142
Dangon (Claude), tisseur, 18, 19, 49, 70, 204
Danloux, peintre, 151
Dantin (François), cafetier, 159
Dardois, mécanicien, 73

David, peintre, 153

Déchazelle (Pierre-Toussaint), dessinateur, 153, 232

De Feure, dessinateur, 154

Delacquis (le Père), tisseur, 91

Delaunay (Sonia et Robert), peintres, 154

Delphin (Adolphe), commissionnaire, 27

Devay-et-Paule, fabricants, 168

Diederichs (Sté), constructeur, 103, 134

Diochon, fabricant, 168

Dior (Christian), couturier, 230

Dognin (Isaac), fabricant, 165

Dornier, inventeur, constructeur, 217

Douet, peintre, 153, 198

Drumond Libbey (Édouard de Toledo), 210

Dubois et Fils, fabricant, 235

Dubost (Michel), dessinateur, 145, 146, 154, 200, 201

Ducharne (François), fabricant, 145, 154, 200

Ducharne (Maison), fabricants, 146, 168, 235

Dufrène (Maurice), dessinateur, 154

Dufy (Raoul), dessinateur, 154, 230

Dugourc (Jean-Démosthène), ornemaniste, 143, 145, 152

Dupont de Nemours, chimiste, 8

Dupont (Pierre), chansonnier, 91

Dutel, fabricant, 168

Dutillieu (Gabriel), inventeur, fabricant, 45, 77, 78, 101

Edison (Tom), inventeur, 211

Effet Passementerie (Sté), fabricant, 229

Eugénie, Impératrice, 33, 140

Eulalie d'Espagne, princesse, 210

Eymard (Paul), journaliste, 139

Falcon (Jean-Philippe), mécanicien, 70, 76

Fatex, constructeur, 217

Fay de Sathonay, adjoint au maire de Lyon, 143

Férier (François), fabricant, 189

Ferry (Jules), ministre, 31

Fesquet, fabricant, 168

Flatin-Granet, transporteur, 125

Fleury, 138, 139

Fory, tisseur, 91

Foxleur, mécanicien, 103

Frachon, fabricant, 168

François 1er, Roi de France, 14, 15

Frédéric II de Prusse, Empereur, 21, 70, 232

Fructus, fabricant, 166

FSP One (Sté), 229

Fumat (Sté), constructeur, 134

Galles (prince de), 140

Garnier (Tony), architecte, 198, 201

Gaulle (Charles de), Président de la République, 154

Gautier (Romain), fabricant, 154

Gay (Joseph), architecte, 176

Genin (Sté), fabricant, 235, 236

Gillet (famille), teinturiers, 168, 169

Gillet (François), teinturier, 168, 196

Gillet (Joseph), teinturier, 105

Gillet (Paul, Edmond et Charles), teinturiers, 168

Gindre (Claude), fabricant, 163, 164

Giraldon, dessinateur, 154

Girard (le Père), coiffeur, 159

Giraud (Alexandre), fabricant, 168

Giraud (Auguste), fabricant, 232

Giraud, fabricant en Russie, 196

Givenchy, couturier, 230

Gnafron, marionnette, 93

Godard, tisseur, 168

Godart (Justin), ministre, maire de Lyon, 92

Gondouin (Jacques), dessinateur du garde meuble, 145

Gonichon, enseignant, 153

Grand Barbe, dessinateur, 154

Grand Frères (Sté), fabricants (Zacharie, Paul, Jean-Baptiste), 118, 143, 144, 166

Grassy, fabricant, 168

Grasset, fabricant, 154

Grégoire (Gaspard), créateur, 117, 118

Grès, 230

Grévy (Jules), ministre, 178

Grognard, dessinateur, 142, 143, 152

Grognier, 138

Guicherd (Félix), directeur de l'école de tissage, 197, 198, 200

Guignol, marionnette, 93, 203

Guigou (Père et Fils), fabricants, 159, 161, 165, 168

Guillermain (Raymond), fabricant, 168

Guillard-Lièvre, enseignant, 195

Hauptmann (Gehart), compositeur, 91

Heim, couturier, 230

Henri II, Roi de France, 183

Henri IV, Roi de France, 18, 31, 70, 183

Herriot (Édouard), maire de Lyon, 26, 107, 190, 191, 201

Huchard (Jean), chercheur, 137

Hugo (Victor), 210

Investa, constructeur, 217

Iribe (Paul), dessinateur, 154

Jacquand-Renaud, fabricants, 168

Jacquard (Joseph Charles, dit), mécanicien, inventeur, 19, 21, 71, 80, 82, 90, 137, 138, 139, 140, 195, 198, 200, 204

Jarosson Volay, fabricants, 230

Jaume, fabricant de cartes, 152

Joséphine, impératrice, 47, 139

Joubert de l'Hiberderie, dessinateur, 146

Jussieu, botaniste, 175

Justinien, empereur romain, 32

Karbowsky, dessinateur, 154

Kay (John), inventeur, 73

Kennedy, 232

Lacoste, champion de tennis, 235

Lacroix, moulinier, 103

La Fontaine (Jean de), écrivain, 184

Lamartine, écrivain, 91

Lamour (Paul), directeur de l'école de tissage, 198

Lamy (Antoine), fabricant, 232

Lamy (Édouard), fabricant, 232

Lamy & Giraud (Maison), fabricants, 154, 165

Lanvin, couturier, 230

Lasalle (Philippe de), dessinateur, inventeur, 20, 70, 71, 143, 147, 150

Lasselve, enseignant, 90, 195

La Vaux (comte de), inventeur, 234

Léa, plieuse, 160

Leavers, inventeur anglais, 220, 221

Lebatard (Guillaume), tisseur, 142

Lebrun (Charles), ornemaniste, 147, 198

Lemire (Père et Fils), fabricants, 165, 232

Leroudier (Mme), brodeuse, 135

Leszczynski (Stanislas), beau-père de Louis XV, 70

Letourneau (Mme), passementière MOF, 129, 135

Loir (Jean-Baptiste), enseignant, 196, 197, 200

Loubet (Émile), Président de la République, 178

Louis XI, Roi de France, 13, 14, 15

Louis XIII, Roi de France, 193

Louis XIV, Roi de France, 18, 19

Louis XV, Roi de France, 147

Louis XVI, Roi de France, 150

Louis XVIII, Roi de France, 177

Mac-Mahon, Président de la République, 140, 178

Maire (Maison), moireur, 131

Maisiat (Étienne), enseignant, inventeur, 81, 196, 197

Maisiat (Stéphane et Jony), répétiteurs, 196

Marie-Antoinette, reine, 150

Marion-Richard-Giraud, fabricants, 168

Martin (Arthur), dessinateur, 154

Martin (Claude), major, mécène, 196

Martin (Jean-Baptiste), fabricant de velours, 168

Martinez (Mme), ourdisseuse, 127, 129

Mathevon (Henri), fabricant, 140

Mattelon (Georges), tisseur MOF, 83, 90, 91

Matthieu, tisseur, 224

Mayeuvre, citoyen, 195

Mérieux (Sté), dorures, guimperie, 229

Mey (Octavio), lustreur, 18

Michel (Frères), 168

Michelet, historien, 91

Millar, ingénieur, 224

Miró, peintre, 237
Mollard & Guigou, fabricants, 165
Mondoloni (Maria), ourdisseuse, 158
Montgolfier (frères), aérostiers, 223
Morel (Ennemond), marchand de soie, 33
Morgan Crucible, 211
Moulin, dessinateur, 140
Mourguet (Laurent), marionnettiste, 91, 93
Napoléon 1er, Empereur, 9, 89, 140, 150, 176, 210
Nanterme (Sté), constructeur, 134
Naris (Bartholomé), tisseur, 14
National Carbon, 211
Neichtauser (le Père), marionnettiste, 93
Nicolas, fabricant, 168
Noël (Nicolas), tisseur, 168
Nonotte, peintre, 152, 153, 198
Oudry, peintre, 198
Owens, 211
Paget, représentant, 142
Pailleron (Antoine), propriétaire, 97
Pasteur (Louis), biologiste, 25, 33
Paul (dit « le danseur »), tisseur, 91
Paul 1er, Grand Duc de Russie, 152
Paulet, technicien, 71, 145
Payerne (André), enseignant, 196, 197
Pelletier, fabricant, 168
Permezel (Léon), fabricant, 107
Perrache, 152
Pernollet (Geneviève), épouse de Carquillat, 140
Pernon (Camille), fabricant, 20, 115, 127, 139, 142, 143, 150, 152, 154, 166
Pernon (Étienne), fabricant, 142, 143
Pernon (Sté), fabrique, 146, 231
Perrot (la Mère), 91
Pétain, maréchal de France, 154
Peyrotte (Alexis), dessinateur au garde meuble, 145
Picanol, constructeur, 217
Pichat & Chaléard (Maison), fabricants, 161, 168

Pie IX, pape, 140
Pierre-Genin & Cie, 211, 224
Pierron (Marie), épouse de François Gillet, 168
Pila (Ulysse), marchand de soie, 103
Pillement (Jean), ornemaniste, 145, 150
Pinte, chanoine, chercheur, 178
Piottet, 104
Pipon, tisseur, 73
Pirat, fabricant, 168
Pithiod, tisseur, 138
Pitrat, imprimeur, 137
Poivre (Pierre), pépiniériste, 175
Ponson, mécanicien, 73
Porcher Industries, 168, 224, 235, 237, 238
Poss, directeur de l'école de tissage, 198
Pradel (Louis), maire de Lyon, 154
Prelle (Maison), fabricant, 154, 168, 231, 232, 233
Prelle (Aimé), dessinateur, fabricant, 165, 232
Prelle (Eugène), dessinateur, 232
Privat, 138
Proïes (David), tisseur MOF, 160, 203
Provence (Comte et Comtesse de), 150, 152
Quartz et Silice, 236
Quenin & Cartalier (Maison), fabricants, 166, 168
Rachel, inventeur, 220, 222
Raspail, médecin, 160
Rast-Maupas (Jean-Louis), conditionneur, 95, 175, 176
Rauch, 230
Ravaillac, assassin de Henri IV, 31
Ravy (Henri), associé de Camille Pernon, 143
Raymond, enseignant, chimiste, 195
Réaumur (René-Antoine), physicien, 191
Récamier (Juliette), femme de lettres, 27
Recordon (Aimé), fabricant, 160
Reignier (Jean-Marie), enseignant, 200
Restout (Jean-Bernard), responsable du garde meuble, 95
Revel (François), fabricant, 168
Revel (Jean), dessinateur, 147

Revel (Gabriel), frère de Jean, 147
Revoil, enseignant, 153
Rey (Alexandre), imprimeur, 137
Reynier, 73
Rhône-Poulenc (Sté), industrie chimique, 235
Riboud (Léon), fabricant, 105
Ricci (Nina), 230
Richard (Père & Fils), chineurs, 115, 125
Rive (Antoinette), famille Jacquard, 137
Rivet (Claude), 73
Robert, 223
Roquet (Jérôme), tisseur de légende, 94
Roosevelt, Président des Etats-Unis d'Amérique, 154
Rosset & Rendu, fabricant, 165
Rousseau (Jean-Jacques), écrivain, 150
Roux, apprêteur, 161
Rude (Fernand), historien, 95
Ruti, constructeur, 217
S.A.C.M., constructeur, 217
Saint-Ange (Louis-Jacques), dessinateur du garde meuble, 145
Saint-Gobain (Sté), 235, 236
Saint-Jean (Simon), peintre, dessinateur, 200
Saint-Laurent (Yves), couturier, 230
Saint-Michel (André et Jean), 73
Salomon, collaborateur de Camille Pernon, 143
Sampras (Pete), champion de tennis, 235
Sarrabat, dessinateur, 147
Sefar Fyltis (Sté), 234
Serres (Olivier de), sériciculteur, 16, 31
Schultz & Béraud (Maison), fabricants, 166
Shindo, chercheur à Osaka, 211
Soficar, appellation, 211
Société du Verre Textile, fabricant, 235
Sovoutri et Chavanoz (fils), 237
Stanislas, 150
Staubli (Sté), constructeur
Stevens (Sté), 236
Stern, peintre, 154

Suchet (Louis-Gabriel), fabricant, Maréchal de France, 20, 21
Suède (Roi de), 152
Sully, ministre, 16
Sulzer (Sté), constructeur, 217
S.V.T, 224
Talabot, ingénieur, 177
Tassinan, fabricant, 158
Tassinari & Chatel (Maison), fabricants, 143, 158, 166, 168
Teppaz, fabricant de tourne-disques, 166
Ternaux (Guillaume), fabricant, 102, 103
Thiers, homme d'État, 140
Thomas II de Gadagne, 14
Thornell, 211
Thuasne (Sté), inventeur, 233
Tissa verre, 224
Tissage et Enduction Serge Ferrari, 224
Tissier, enseignant, chimiste, 195
Tissot, enseignant, 197
Tollendal (Lally), interlocuteur de C. Martin, 196
Toray (Sté), 211
Traitement et Finish (Sté), 236
Toussaint-Deschazelles (Pierre), dessinateur, 232
Tribollet (le Père), tisseur, 91
Tronel, fabricant, 168
Truchot, fabricants, 168
Tsudakoma, consructeur, 217
Turgot, ministre, 150, 186, 194
Turquet (Étienne), importateur italien, 14
Union Carbide, 211
Vaïsse (Claude-Marius), sénateur, préfet du Rhône, 98, 99, 204
Valansot (Maximilien), fabricant, 165
Valansot (Odile), enseignante, 198
Vaschalde (Jean), historien, 26
Varambon (Jean), chef d'atelier MOF, 96
Vaucanson (Jacques de), mécanicien, inventeur, 19, 71, 76, 94, 117, 138, 179, 185
Verdol (Jules), constructeur, 81, 82, 83
Verdol (Sté de mécanique), constructeur, 129

Vernon Boys, 211
Verzier (Jean), 73, 80
Vial (Gabriel), enseignant, 198
Victor Emmanuel, Roi d'Italie, 142
Vignard (Antoine), 138
Villard (Claude), enseignant, 46, 197
Villaret, fabricant, 168
Ville (le père), dégraisseur, 131
Ville d'Avray (Thierry de), 21
Vilmorin, 175
Vincent (citoyen), 151
Vincenzi (Eugenio), constructeur, 81, 82
Vinci (Léonard de), dessinateur, 46
Vingtrinier, historien, 204
Volay-Jarosson, fabricants, 168
Voltaire, écrivain, 147
Washington, Président des États-Unis d'Amérique, 140, 154
Wingfield, Walter Clopton, major, 235
Worth, couturier, 231

Bibliographie succincte

Ne sont pas cités les ouvrages déjà mentionnés en note dans le texte.

ALGOUD, 1908
Henri Algoud, *Gaspard Grégoire et ses velours d'art*, Paris, Société française d'imprimerie et de librairie, 1908.

ARIZZOLI CLÉMENTEL, 1988
Pierre Arizzoli-Clémentel, in catalogue *Soieries de Lyon, commandes royales au XVIIIe siècle (1730-1800)*, Lyon, musée des Tissus, 1988-1989.

BARRE, 2001
Josette Barre, *La colline de la Croix-Rousse*, Éditions lyonnaises d'Art et d'Histoire, 2001.

BENOIT, 1866
Jules Benoit, *Indicateur de la Fabrique de soierie*, Imprimerie et lithographie Pinier, Lyon, 1866.

BEZON, 1857
Bezon, *Dictionnaire général des tissus*, Lyon, 1857, Imprimerie et lithographie de Th. Lepragnez.

BLAZY, 2001
Guy Blazy dir., *Musée des Tissus de Lyon. Guide des collections*, Éditions Lyonnaises d'Art et d'Histoire, 2001.

BOUZARD, 1985, 1999
Marie Bouzard-Tricou, « Analyse et catalogue raisonné de la production des frères Grand, fabricants de soierie à Lyon, de 1808 à 1871 », mémoire/thèse, 1985.
Marie Bouzard, *La soierie lyonnaise, du XVIIIe au XXe siècle*, Éditions Lyonnaises d'Art et d'Histoire, 1999.

CHASSAGNON, 1998
Charles Chassagnon, *Loisirs, histoire et conférences*, Lyon, Éditions du Rhône, 1998.

CHAIGNON, 1991
Marie-Jo de Chaignon, *Ph. de Lasalle dessinateur et fabricant. Les d'étoffes de soie à Lyon au XVIIIe siècle, Les filières de la soie lyonnaise*. Centre Alpin et Rhodanien d'Ethnologie Grenoble, 1991.

Coural, 1980, 1982
Jean Coural avec la collaboration de Chantal Gastinel-Coural et Muriel Müntz de Raïssac, *Paris, Mobilier national. Soieries Empire. Inventaire des collections publiques françaises*, 25, Paris, Édition de la Réunion des musées nationaux, 1980.
Jean Coural, « Les commandes impériales » in catalogue *Soieries de Lyon. Commandes impériales. Collections du Mobilier national*, Lyon, musée des Tissus, 1982-1983.

Herriot, 1937
Édouard Herriot, *Soierie*, plaquette éditée par le Syndicat des fabricants de soieries et tissus de Lyon à l'occasion de l'exposition internationale de Paris en 1937, Éditions Archat.

Gilonne, 1948
Georges Gilonne, *Soieries de Lyon*, Éditions du Fleuve, Lyon, 1948.

Godart, 1899, 1909
Justin Godart, *L'ouvrier en soie*, Lyon et Paris, 1899.
Justin Godart, *Travailleurs et métiers lyonnais*, Réimpr. Laffitte Reprints, 1979.

Guicherd, 1946
Félix Guicherd, *Cours de théorie de tissage*, Lyon, Chambre d'apprentissage des métiers de la soie, 1946.

Huchard, 1996
Jean Huchard, « Entre la légende et la réalité », in *Bulletin municipal de la Ville de Lyon*, nos 5 104, 5 105, 5 195, 5 196, 5 219, 5 220, 5 250, 5 281, 5 310, 5 346, de 1996 à 2000…

Lean, Bastard, 2000
Lean Godefroy et Bastard Laurent, *Compagnons au fil de la Loire*, Paris, 2000.

Metzger, 1914
Pierre Metzger, « Le piquage d'onces », extrait de la *Revue de l'Histoire de Lyon*, Lyon, 1914, fascicules 4 et 5.

Niederhauser J.P.
Niederhauser J.P., « Impression », *Encyclopédia Universalis*, vol. 15, 1975.

Nisier du Puitspelu, 1894, 1948
Nizier du Puitspelu, *Le Littré de la Grande Côte*, Lyon, 1894. Réimpres. Éditions Lyonnaises d'Art d'Histoire, 2000.
Nizier du Puitspelu, *Les vieux mots lyonnais de la soierie*, Éditions du Tout Lyon, 1948.

Paulet, 1775
M. Paulet, dessinateur et fabricant en étoffes de soie de la ville de Nîmes, « L'art du fabriquant d'étoffes de soie », *Étoffes de soie*, 1775.

Pansu, 2003
Henri Pansu, Claude-Joseph Bonnet, *Soierie et Société à Lyon et en Bugey au XIXe*, Lyon-Jujurieux, 2003.

Prat (de), 1921
Prat (de) D., *Traité de tissage au Jacquard*, Librairie polytechnique Béranger, Paris-Liège, 1921.

Rodon et Font, 1934
Rodon et Font, *L'histoire du métier pour la fabrication des étoffes façonnées « Claude Dangon »*, Librairie polytechnique Ch. Béranger, Paris, 1934.

Vaschalde, 1961
Jean Vaschalde, *Les Industries de la soierie*, Paris, Presses universitaires de France, 1961.

Villard, 1923, 1963
Claude Villard, *Manuel de Théorie de tissage*, Lyon, Imprimerie A. Rey, 1923.
Claude Villard, *Anciens tissus de la Fabrique de soierie*, Imprimerie A. Rey, 1963.

Vingtrinier, 1898
Emmanuel Vingtrinier, *La vie lyonnaise*, Lyon, Bernoux & Cumin, 1898.

Wiederkehr, 1981
Anne-Marie Wiederkehr, *Joubert de l'Hiberderie*, thèse de 3e cycle Université Lyon III. Institut d'Histoire de l'Art.

Zins, 2005
Ronald Zins (dir.), *Lyon et Napoléon*, Dijon, Éditions Faton, 2005.

Sources

Archives municipales de Lyon (BB 142 et HH 156 Dangon)

Association des anciens élèves de l'enseignement textile de Lyon, *Bulletin no 166*, « L'École d'apprentissage et les petits ateliers ».

Bibliothèque du musée des Tissus :
Desplante et Brunzt, *Mémoire expositif 1762*, réf. C 1557.
P. Clayette, *Conférence sur l'histoire de la soierie lyonnaise*, réf. D 2186.

Commission technique du syndicat français des textiles artificielles et synthétiques. *Recommandations pour l'utilisation des textiles chimiques.*

Encyclopaedia Universalis, J. P. Niederhauser, *Impression volume 15*, 1975.

Inter soie France, *Soie*, Plaquette, 2004.

Musée de l'impression sur étoffe, *Du burin au laser*, Éditions de l'Albaron, 1990.

Revue d'histoire de Lyon, fasc. IV, juillet-août 1908, « Les dessinateurs de la Fabrique lyonnaise au XVIIIe siècle ».

Crédits photographiques

p. 8 : Cl. Georges Truc. © Tassinari - Chatel, 1980.
p. 12 : Cl. Georges Truc. © Tassinari & Chatel, 1980.
p. 14 : musée des Beaux-Arts, Lyon.
p. 14 : B.M. Lyon.
p. 15 : Ext. Ant. du Verdier, B.M. Lyon.
p. 15 : B.M. Lyon.
p. 16 : musée Gadagne-Fonds Justin Godart.
p. 17 : musée des Tissus de Lyon.
p. 18 : musée des Tissus de Lyon.
p. 19 : musée des Tissus de Lyon.
p. 20 : Gravure de J. Drevet. Extr. de : Lyon de nos pères, Lyon, 1905.
p. 21 : A.M. Lyon.
p. 22, 23, 24 : Cl. C. Poirieux - Collection B. Tassinari.
p. 28 : B.M. Lyon – Documentation Monique Decitre.
p. 29 : Cl. C. Poirieux.
p. 30 : Cl. C. Poirieux.
p. 30 : Extr. Le Tour de France par deux enfants, Paris, 1882. Lecture LXVIII – Les mûriers et les magnaneries du Dauphiné. Coll. C. Poirieux.
p. 32 : B.M. Lyon – Documentation Monique Decitre.
p. 33 : Cl. C. Poirieux.
p. 35 : Cl. C. Poirieux. Musée Gadagne.
p. 36 h : Cl. C. Poirieux. Coll. B. Tassinari.
p. 36 b : Cl. C. Poirieux. Coll. B. Tassinari.
p. 36 d : Cl. C. Poirieux. Coll. B. Tassinari.
p. 37 : Coll. B. Tassinari.
p. 40 : Coll. Guy et Marjorie Borgé.
p. 42 g : Cl. C. Poirieux. © Tassinari-Chatel.
p. 42 h : Cl. C. Poirieux. © Tassinari-Chatel.
p. 42 b : Cl. C. Poirieux. Coll. B. Tassinari.
p. 43 : Cl. C. Poirieux. © Tassinari-Chatel.
p. 44 : Cl. C. Poirieux. © Tassinari-Chatel.
p. 45 : Extr. de Recueil de planches de l'Encyclopédie par ordre de matières, tome sixième, Paris, 1786.
p. 46 g : Cl. C. Poirieux. © Tassinari-Chatel.
p. 46 d : Cl. C. Poirieux. Coll. B. Tassinari.
p. 47 g : B.M. Lyon – Documentation Monique Decitre.
p. 47 h : Cl. C. Poirieux. © Tassinari-Chatel.
p. 47 b : Cl. C. Poirieux. © Tassinari-Chatel.
p. 48 : Cl. C. Poirieux. © Tassinari-Chatel.
p. 49 : Cl. C. Poirieux. © Tassinari-Chatel.

p. 50 : musée des Tissus de Lyon.
p. 51 : Cl. C. Poirieux. © Tassinari-Chatel.
p. 52 h : Cl. C. Poirieux. Coll. B. Tassinari.
p. 52 b : Cl. C. Poirieux. Coll. B. Tassinari
p. 53 h : Cl. C. Poirieux. © Tassinari-Chatel.
p. 53 b : Cl. C. Poirieux. © Tassinari-Chatel.
p. 54 hg : Cl. C. Poirieux. Coll. N. Romarie.
p. 54 bg : Cl. C. Poirieux. Coll. B. Tassinari.
p. 54 hd : Cl. C. Poirieux. Coll. N. Romarie.
p. 54 bd : Cl. C. Poirieux. © Tassinari-Chatel.
p. 55 h : Cl. C. Poirieux. Coll. Lucien Poirieux.
p. 55 b : Cl. C. Poirieux. © Tassinari-Chatel.
p. 56 g : Extr. de Recueil de planches de l'Encyclopédie par ordre de matières, tome sixième, Paris, 1786.
p. 56 d : Cl. C. Poirieux. © Tassinari-Chatel.
p. 57 : Cl. C. Poirieux. © Tassinari-Chatel.
p. 58 g : Cl. C. Poirieux. Coll. B. Tassinari.
p. 58 hd : Cl. C. Poirieux. © Tassinari-Chatel.
p. 58 bd : Cl. C. Poirieux. Coll. B. Tassinari.
p. 59 : Cl. C. Poirieux. Coll. B. Tassinari.
p. 60 : Cl. C. Poirieux. Coll. B. Tassinari.
p. 61 h : Cl. C. Poirieux. Coll. B. Tassinari.
p. 61 b : Cl. C. Poirieux. Coll. B. Tassinari.
p. 62 h : Cl. C. Poirieux. © Tassinari-Chatel.
p. 62 b : Cl. C. Poirieux. © Tassinari-Chatel.
p. 62 d : Cl. C. Poirieux. © Tassinari-Chatel.
p. 63 : Cl. Georges Truc. © Tassinari-Chatel.
p. 64 : Cl. C. Poirieux. © Tassinari-Chatel.
p. 65 : musée des Tissus de Lyon.
p. 67 : Cl. C. Poirieux. Coll. Lucien Poirieux.
p. 68 : Cl. C. Poirieux. Coll. Lucien Poirieux.
p. 69 : Cl. Georges Truc. © Tassinari-Chatel.
p. 71 g : Cl. C. Poirieux. © Tassinari-Chatel.
p. 71 d : Cl. C. Poirieux. © Tassinari-Chatel.
p. 72 : musée des Tissus de Lyon.
p. 73 : musée des Tissus de Lyon.
p. 74 : musée des Tissus de Lyon.
p. 75 : musée des Tissus de Lyon.
p. 76 : musée des Tissus de Lyon. Documentation Monique Decitre.
p. 77 h : Cl. C. Poirieux. © Tassinari-Chatel.
p. 77 b : Cl. C. Poirieux. © Tassinari-Chatel.
p. 79 : Cl. C. Poirieux. Musée Gadagne.
p. 80 h : Cl. C. Poirieux. © Tassinari-Chatel.
p. 80 b : Cl. C. Poirieux. © Tassinari-Chatel.
p. 81 h : Cl. C. Poirieux. © Tassinari-Chatel.
p. 81 b : Cl. C. Poirieux. © Tassinari-Chatel.
p. 82 : Cl. C. Poirieux. © Tassinari-Chatel.
p. 83 : Coll. particulière.
p. 84 : Cl. C. Poirieux. © Tassinari-Chatel.
p. 85 h : Cl. Georges Truc. Coll. Tassinari, 1980.
p. 85 b : Cl. Georges Truc. Coll. Tassinari, 1980.
p. 86 : Cl. C. Poirieux. © Tassinari-Chatel.

p. 87 : Cl. C. Poirieux. © Tassinari-Chatel.
p. 88 : Cl. C. Poirieux. Coll. B. Tassinari.
p. 90 g : B.M. Lyon. Documentation Monique Decitre.
p. 90 d : B.M. Lyon. Documentation Monique Decitre.
p. 91 : Coll. Soierie vivante.
p. 92 h : B.M. Lyon. Documentation Monique Decitre.
p. 92 b : B.M. Lyon. Documentation Monique Decitre.
p. 93 : Coll. Guy et Marjorie Borgé.
p. 94 : musée Gadagne. Inv. 46.325.
p. 94 b : musée Gadagne, In Justin Godart, La Révolution de 1830 à Lyon, P.U.F. 1930).
p. 95 : Cl. C. Poirieux. Coll. B. Tassinari.
p. 95 b : Coll. B. Tassinari.
p. 97 : Cl. C. Poirieux. Coll. B. Tassinari.
p. 97 b : Coll. Guy et Marjorie Borgé.
p. 98 : musée Gadagne – Inv. 58.87.
p. 99 : musée Gadagne.
p. 99 b : musée Gadagne – Inv. 54.479
p. 100 : Cl. Georges Truc. © Tassinari.
p. 101 : Cl. C. Poirieux. Coll. B. Tassinari.
p. 102 : musée Gadagne – Fonds Justin Godart.
p. 103 : musée Gadagne – Fonds Justin Godart.
p. 103 b : musée Gadagne – Inv. 54.508.
p. 104 g : Coll. Guy et Marjorie Borgé.
p. 104 d : musée Gadagne – Fonds Justin Godart.
p. 105 : musée Gadagne – Inv. SN.
p. 106 : Coll. B. Tassinari.
p. 106 : musée Gadagne. Documentation Monique Decitre.
p. 106 : Cl. C. Poirieux.
p. 108 : musée Gadagne – Fonds Justin Godart.
p. 112 : musée des Tissus de Lyon.
p. 113 : musée des Tissus de Lyon.
p. 114 : musée des Tissus de Lyon.
p. 115 h : Cl. C. Poirieux. © Tassinari-Chatel.
p. 115 b : Cl. C. Poirieux. © Tassinari-Chatel.
p. 116 : musée des Tissus de Lyon.
p. 119 : musée des Tissus de Lyon.
p. 122 : Cl. C. Poirieux – Coll. B. Tassinari
p. 123 : Cl C. Poirieux – Coll. B. Tassinari.
p. 124 : Le Progrès Illustré. B.M. Lyon. Documentation Monique Decitre.
p. 126 : Cl. C. Poirieux. Coll. B. Tassinari.
p. 126 b : Cl. C. Poirieux. © Tassinari-Chatel.
p. 127 h : Extr. de Recueil de planches de l'Encyclopédie par ordre de matières, tome sixième, Paris, 1786.
p. 127 m : Cl. C. Poirieux. © Tassinari-Chatel.
p. 127 b : Coll. particulière.

p. 128 : Cl. C. Poirieux. Coll. Lucien Poirieux.
p. 128 b : Cl. C. Poirieux. Coll. Lucien Poirieux.
p. 129 : Coll. B. Tassinari.
p. 129 b : D.R. Documentation Monique Decitre.
p. 130 : Coll. particulière.
p. 130 b : musée Gadagne – Fonds Justin Godart.
p. 131 : Cl. C. Poirieux. © Tassinari-Chatel.
p. 132 h : Cl. C. Poirieux. © Tassinari-Chatel.
p. 132 bd : Cl. C. Poirieux. Coll. B. Tassinari.
p. 132 bd : musée des Tissus. Documentation Monique Decitre.
p. 133 : Cl. C. Poirieux. © Tassinari-Chatel.
p. 133 d : Cl. C. Poirieux. Coll. B. Tassinari.
p. 134 h : musée Gadagne – Fonds Justin Godart.
p. 134 b : Cl. C. Poirieux. Coll. B. Tassinari.
p. 135 h : Coll. Soierie vivante.
p. 135 m : Cl. C. Poirieux. Coll. N. Romarie.
p. 135 b : Cl. C. Poirieux. Coll. B. Tassinari.
p. 136 : Cl. C. Poirieux. Coll. B. Tassinari.
p. 138 : BM. Lyon. Documentation Monique Decitre.
p. 139 : musée des Tissus de Lyon.
p. 141 : musée des Tissus de Lyon.
p. 142 : Ext. de Camille Pernon, fabricant de soierie à Lyon sous Louis XVI et Napoléon Ier, 1753–1808, Lyon, 1912. Musée Gadagne.
p. 144 : Cl. C. Poirieux. Coll. B. Tassinari.
p. 146 : musée des Tissus de Lyon.
p. 147 : musée des Tissus de Lyon.
p. 148 : musée des Tissus de Lyon. Documentation Monique Decitre.
p. 149 : musée des Tissus de Lyon. Documentation Monique Decitre.
p. 150 : musée des Tissus de Lyon.
p. 151 hg : Cl. C. Poirieux. © Tassinari-Chatel.
p. 151 bg : BM. Lyon. Documentation Monique Decitre.
p. 151 d : Cl. C. Poirieux. © Tassinari-Chatel.
p. 153 hg : musée des Beaux-Arts de Lyon.
p. 153 b : Coll. B. Tassinari.
p. 153 d : musée des Tissus de Lyon.
p. 155 : musée des Tissus de Lyon.
p. 156 : B.M. Lyon. Documentation Monique Decitre
p. 158 : Coll. particulière.
p. 159 : Coll. Guy et Marjorie Borgé.
p. 160 : Cl. C. Poirieux.
p. 161 g : Cl. C. Poirieux.
p. 161 d : Cl. C. Poirieux. Coll. B. Tassinari..

p. 162 h : Cl. C. Poirieux. Coll. Lucien Poirieux.
p. 162 b : Cl. C. Poirieux. © Tassinari-Chatel.
p. 162 d : Coll. B. Tassinari.
p. 163 : Coll. B. Tassinari.
p. 164 : musée des Tissus de Lyon.
p. 164 : © Coll. publique musées des Pays de l'Ain.
p. 165 : musée Gadagne – Inv. 1616-20.
p. 166 : Extr. de la plaquette réalisée pour le trentenaire de la maison Coudurier Fructus & Descher, en 1929.
p. 166 : Coll. particulière.
p. 167 : musée Gadagne – Fonds Justin Godart.
p. 169 : musée Gadagne – Inv. 72 2 100.
p. 171 : musée des Tissus de Lyon.
p. 174 : musée Gadagne – Fonds Justin Godart.
p. 176 : B.M. Lyon – Documentation Monique Decitre.
p. 177 : Cl. K. Pelletier. Maison des Canuts.
p. 178 : Cl. C. Poirieux – Coll. B. Tassinari.
p. 180 g : Cl. C. Poirieux. Coll. Tassinari-Chatel.
p. 180 d et 181 : musée Gadagne – Fonds Justin Godart.
p. 182 : musée Gadagne – Fonds Justin Godart.
p. 185 : musée Gadagne – Fonds Justin Godart.
p. 186 : D.R. Château de Versailles et de Trianon.
p. 187 : B.M. Lyon. Documentation Monique Decitre.
p. 188 : musée Gadagne – Inv. 454.10.
p. 189 : musée Gadagne - Fonds Justin Godart.
p. 190 : Coll. particulière.
p. 192 : Coll. particulière.
p. 194 : musée Gadagne – Fonds Justin Godart.
p. 195 : musée Gadagne – Fonds Justin Godart.
p. 196 : Coll. Lucien Poirieux.
p. 197 h : Cl. C. Poirieux. Coll. Lucien Poirieux.
p. 197 b : Coll. Guy et Marjorie Borgé.
p. 199 : musée des Tissus de Lyon.
p. 200 : Cl. C. Poirieux – Coll. Lucien Poirieux.
p. 200 b : Cl. C. Poirieux - Coll. B. Tassinari.
p. 201 : musée des Beaux-Arts de Lyon. Documentation Monique Decitre.
p. 201 b : Cl. C. Poirieux. Coll. B. Tassinari.
p. 202 : musée des Tissus. Documentation Monique Decitre.
p. 205 : Cl. Poirieux – Coll. B. Tassinari
p. 208 : Cl. C. Poirieux- Coll. B. Tassinari.
p. 210 : musée des Tissus de Lyon.
p. 221 : Extr. de l'ouvrage paru sur la société Pierre Genin & Cie, 1992. D.R.

p. 213 : Coll. particulière.
p. 214 : Cl. C. Poirieux. ©Tassinari-Chatel.
p. 216 : Cl. C. Poirieux. Musée des Tissus de Lyon.
pp. 218-219 : Cl. C. Poirieux. Coll. particulière
p. 224 : Cl. C. Poirieux. Coll. particulière.
p. 225 : Cl. K. Pelletier. Maison des Canuts.
p. 226 : Cl. C. Poirieux. Coll. particulière.
p. 230 : Cl. C. Poirieux. © Cédric Brochier Soieries.
p. 231 : Cl. C. Poirieux. Hôtel de Ville de Lyon.
p. 232 : musée des Tissus de Lyon.
p. 233 : Cl. Lombacross Activity. © Thuasne.
p. 234 : Cl. et © Babolat.
p. 234 : Cl. et © Babolat.
p. 236 : Extr. de l'ouvrage paru sur la société Pierre Genin & Cie, 1992. D.R.
p. 237 : Cl. Xavier Murillo. © Porcher Industries.
p. 239 : Cl. C. Poirieux. ©Tassinari-Chatel.

La soie à Lyon

*de la Grande Fabrique
aux textiles du XXIᵉ siècle*

Préface 5
de Guy Blazy,
Conservateur du musée des Tissus de Lyon

Témoignage 7
de l'auteur, Bernard Tassinari

Quelques mots d'histoire

De Louis XI au Concorde 13
La soie, matière première 29

Le métier, quel métier ?

Le vocabulaire de l'ouvrier en soie 41
La technique du tissage et son évolution 69
La Croix-Rousse au XIXᵉ siècle 89
Impression sur étoffe, impression sur chaîne
et velours Grégoire… 111

Les hommes

La Grande Fabrique 123
*Trois célébrités lyonnaises : Jacquard, Carquillat
et Pernon* 137
Les dessinateurs de soierie 145
Ambiances… *Place Croix-Paquet,
et grandes Maisons lyonnaises* 157

Structures, traditions et règlements

Condition des Soies et piquage d'onces… 175
Une activité structurée 183
La formation professionnelle 193

Conclusion 203

Les textiles d'aujourd'hui

Du fil de soie comme fil d'Ariane,
les matières premières 209
Des techniques en constante évolution 215
Le tissage 215
La rubannerie et le tressage 219
La maille 221
Bernard Thévenet
*Ennoblissement, enduction
et préimprégnation* 222
La soierie et son futur 227

Liste des appellations techniques utilisées 241
Index des noms de personnes 245
Bibliographie 251
Crédits photographiques 253
Table des matières 255

Achevé d'imprimer en juin 2005 par Beta, Barcelone